主　　编　曹士兵　中国应用法学研究所所长
副 主 编　关　毅　国家法官学院科研部主任
　　　　　刘　畅　国家法官学院科研部副主任
主编助理　边疆戈　国家法官学院科研部编辑
　　　　　苏　烽　国家法官学院科研部编辑

《中国法院年度案例》编辑人员（按姓氏笔画）
边疆戈　朱建伟　刘　畅　关　毅　苏　烽
杨小利　罗胜华　赵丽敏　袁登明　唐世银
曹士兵　曹海荣　梁　欣　程　瑛　谭　红

本书编审人员　罗胜华

中国法院

2019年度案例

国家法官学院案例开发研究中心◎编

金融纠纷

中国法制出版社
CHINA LEGAL PUBLISHING HOUSE

《中国法院年度案例》通讯编辑名单

序

法律的生命在于实施，而法律实施的核心在于法律的统一适用。《中国法院年度案例》丛书出版的价值追求，即公开精品案例，研究案例所体现的裁判方法和理念，提炼裁判规则，为司法统一贡献力量。

《中国法院年度案例》丛书，是国家法官学院于2012年开始编辑出版的一套大型案例丛书，之后每年年初定期出版，由国家法官学院案例开发研究中心具体承担编辑工作。此前，该中心坚持20余年连续不辍编辑出版了《中国审判案例要览》丛书近90卷，分中文版和英文版在海内外发行，颇有口碑，享有赞誉。现在编辑出版的《中国法院年度案例》丛书，旨在探索编辑案例的新方法、新模式，以弥补当前各种案例书的不足。该丛书2012～2018年已连续出版7套，一直受到读者的广泛好评，并迅速售罄。为更加全面地反映我国司法审判的发展进程，顺应审判实践发展的需要，响应读者需求，2014年度新增3个分册：金融纠纷、行政纠纷、刑事案例，2015年度将刑事案例调整为刑法总则案例、刑法分则案例2册，2016年度新增知识产权纠纷分册，2017年度新增执行案例分册，2018年将刑事案例扩充为4个分册。现国家法官学院案例开发研究中心及时编撰推出《中国法院2019年度案例》系列丛书，共23册。

总的说来，当前市面上的案例丛书百花齐放，既有判决书网，可以查询各地、各类的裁判文书，又有各种专门领域的案例汇编书籍，以及各种案例指导、案例参考等读物，十分活跃，也各具特色。而《中国法院年度案例》丛书则试图把案例书籍变得“好读有用”，故在编辑中坚持以下方法：一是高度提炼案例内容，控制案例篇幅，每个案例基本在3000字以内；二是突出争议焦点，剔除无效信息，尽可能在有限的篇幅内为读者提供有效、有益的信息；三是注重对案件裁判文书的再加工，大多数案例由案件的主审法官撰写“法官后语”，高度提炼、总结案例的指导价值。

同时，《中国法院年度案例》丛书还有以下特色：一是信息量大。国家法官学院案例开发研究中心每年从全国各地法院收集到的上一年度审结的典型案例超过10000件，使该丛书有广泛的选编基础，可提供给读者新近发生的全国各地的代表性案例。二是方便检索。为节约读者选取案例的时间，丛书分卷细化，每卷下还将案例主要根据案由分类编排，每个案例用一句话概括裁判规则、裁判思路或焦点问题作为主标题，让读者一目了然，迅速找到需求目标。

中国法制出版社始终全力支持《中国法院年度案例》的出版，给了作者和编辑们巨大的鼓励。2018年新推出数据库增值服务，2019年继续提供数据库增值服务并充实完善数据内容。购买本书，扫描前勒口二维码，即可在本年度免费查阅使用上一年度案例数据库。我们在此谨表谢忱，并希望通过共同努力，逐步完善，做得更好，真正探索出一条编辑案例书籍、挖掘案例价值的新路，更好地服务于学习、研究法律的读者，服务于社会，服务于国家的法治建设。

本丛书既可作为法官、检察官、律师等司法实务工作人员的办案参考和司法人员培训推荐教程，也是社会大众学法用法的极佳指导，亦是教学科研机构案例研究的精品素材。当然，案例作者和编辑在编写过程中也不能一步到位实现最初的编写愿望，可能会存在各种不足，甚至错误，欢迎读者批评指正，我们愿听取建议，并不断改进。

曹士兵

目 录

Contents

一、银行卡纠纷

（一）借记卡纠纷

（二）信用卡纠纷

二、储蓄存款合同纠纷

三、金融借款合同纠纷

（一）金融借款合同担保

（二）金融借款合同履行

（三）其他金融借款合同纠纷

四、票据纠纷

（一）票据追索权纠纷

（二）票据返还请求权纠纷

（三）票据损害责任纠纷

（四）其他票据纠纷

五、证券纠纷

六、信用证纠纷

七、融资租赁纠纷

一、银行卡纠纷

（一）借记卡纠纷

1

银行卡被盗刷，银行应否担责

——方某诉交通银行股份有限公司柳州柳邕支行借记卡案

【案件基本信息】

1. 裁判书字号

广西壮族自治区柳州市中级人民法院（2017）桂02民终3293号民事判决书

2. 案由：借记卡纠纷

3. 当事人

原告（被上诉人）：方某

被告（上诉人）：交通银行股份有限公司柳州柳邕支行（以下简称交通银行柳邕支行）

【基本案情】

2007年3月2日，方某到交通银行柳邕支行处申请开办了尾号为××××的借记卡，并开通了该卡的短信息提示业务，约定支取方式为凭密支取，方某对该卡设置了密码。2016年12月6日，方某到交通银行南站支行通过柜面交易的方式向其上述借记卡内存入了20000元。2016年12月7日凌晨，方某尾号为××××的手机号码接到交通银行 95559 发送的 6 条短信息提示其上述借记卡内的存款被在他行自助设备境外取现了三次并被扣取了因异地取款发生相应的手续费，以上支出合计 10022.49 元。当晚，方某用其所持有的上述借记卡在其持有“广西柳州市爱默尔酒吧”POS 机上刷付了 9000 元，之后方某亦在当天凌晨到交通银行的自助 ATM 机插卡操作查询其上述借记卡的存款信息，但其后该借记卡在当天的 2 时 1 分 46 秒被自助 ATM 机吞了卡。2016 年 12 月 7 日上午，方某到交通银行柳州南站支行查询打印了其上述借记卡在 2016 年 12 月 6 日至 2016 年 12 月 7 日的存款支取流水明细单。2016 年 12 月 7 日中午，方某以其上述借记卡被盗刷为由向柳州市公安机关进行了报案，之后柳州市公安局柳石派出所对该报案进行了立案受理，现该案件尚无侦查结果。方某以被告未尽到对其存款的安全保障责任致使其遭受经济损失为由诉至法院，请求法院判令：交通银行柳邕支行支付其借记卡存款损失 10022.49 元。

【案件焦点】

1. 方某主张其借记卡内的存款被盗刷的事实是否成立；2. 方某、交通银行柳邕支行在本案中是否存在过错，如何确定其举证责任。

【法院裁判要旨】

广西壮族自治区柳州市柳南区人民法院经审理认为：方某自愿到交通银行柳邕支行处申请开户办理借记卡业务，交通银行柳邕支行予以受理并向方某签发了借记卡，故其双方成立储蓄合同关系，受法律保护，交通银行柳邕支行作为发卡银行应当保证其所签发借记卡的唯一性和安全性，其对于签发卡内的储户存款具有安全保障的义务。经查，方某的借记卡内的存款在 2016 年 12 月 7 日凌晨被他人在他行自助设备境外取现了三次，该被支取的款项合计 10022.49 元，而方某之后在当晚用其上述借记卡在其持有“广西柳州市爱默尔酒吧”POS 机上刷付了 9000 元，并且其后亦在当天的凌晨到交通银行的自助 ATM 机插卡操作查询了该张借记卡内的存款信息而该借记卡在当天凌晨被自助 ATM 机吞了卡，方某后在当天上午到交通银行柳州南站支行查询打印了其借记卡的存款支取流水明细单，且其亦在当天的中午到柳州市公安机关进行了报案，由此以上的事实可以形成证据链证实方某上述借记卡在事发当天的凌晨由方某持有，并且方某在当天亦应当在境内而并未出境，因此方某在本案中主张其上述借记卡被案外他人使用伪造的银行卡在境外进行涉案交易的事实具有高度盖然性，在交通银行柳邕支行没有举证证明涉案交易是方某授意他人在境外操作的情况下，故对方某该主张的事实应予采信。方某上述借记卡被案外他人使用伪造的银行卡盗刷说明交通银行柳邕支行向方某提供的银行卡易被提取信息且该银行卡的防伪技术不足以防范不法分子制作伪卡，由于交通银行柳邕支行并未能举证证明方某对其借记卡的信息和密码泄露具有过错，应由交通银行柳邕支行承担举证不能之不利后果，由此交通银行柳邕支行应对其提供的银行卡存在的安全缺陷所导致方某遭受的经济损失承担违约责任。方某诉请交通银行柳邕支行向其赔偿借记卡存款损失 10022.49 元于法有据，予以支持。

广西壮族自治区柳州市柳南区人民法院依照《中华人民共和国合同法》第六十条第二款、第一百零七条之规定，作出如下判决：

交通银行柳州柳邕支行向方某赔偿借记卡存款损失 10022.49 元。

交通银行柳州柳邕支行不服一审判决，提出上诉。广西壮族自治区柳州市中级人民法院同意一审法院的裁判意见。

广西壮族自治区柳州市中级人民法院依照《中华人民共和国民事诉讼法》第一百七十条第一款第（一）项之规定，作出如下判决：

驳回上诉，维持原判。

【法官后语】

近年来，因银行卡被盗刷的案件时有发生，本案系该类案件的代表性案例之一。在审判实务中，对该类案件的处理通常有三种裁判思路：第一种思路是判决持卡人承担 100% 的资金损失责任；第二种思路是判决发卡行承担 100% 的资金损失责任；第三种思路是按照过错比例判决持卡人、发卡行分担资金损失责任。以上裁判思路均重在对持卡人或者发卡行具有过错的认定，但由于规定的举证责任主体不同，故其认定的责任主体也不同。因此，如何确定举证责任关系到该类案件责任主体的最终认定问题。对于持卡人而言，其应对银行卡内的存款是否被盗刷的事实承担举证责任，若持卡人举证不足以证实被盗刷事实的发生，则发卡行不承担资金损失责任；而对于发卡行而言，其应对持卡人对银行卡信息和密码泄露是否具有过错承担举证责任，若发卡行能举证证明持卡人有过错，则发卡行不承担资金损失责任，若发卡行不能举证或者其举证不能证实持卡人有过错，则其应对被盗刷事实实际发生所造成的资金损失承担责任。

为防范银行卡被盗刷案件的发生，笔者建议：居民消费者首先要做好自身的防范措施，避免将自己银行卡的信息和密码泄露给他人，平时应尽量避免在非正规的商铺刷卡消费，尤其避免使用POS机套现，输入密码时要遮挡按键，尽量不在公共网吧和使用公共WI-FI时输入银行卡信息或使用网上支付功能，电子支付载体要安装必要的杀毒软件和网银安全控件；若发现银行卡被盗刷时应当首先拨打银行服务电话进行银行卡挂失以避免损失扩大，而后迅速到距离最近的银行交易网点或者ATM机进行查询或者现金存取操作以证明所涉银行卡在案发时就在身边，为日后维权留存证据，之后要及时到公安机关进行报案。另外对于银行而言，在平时也应主动优化银行内部信息科技系统，做好ATM机、网上银行等设备或者APP的安全防范措施，同时要对金融操作系统严加监控，定期检查，以保障其安全使用，让不法分子没有可乘之机。

编写人：广西壮族自治区柳州市柳南区人民法院　阮锋

2

第三方支付平台中银行卡被盗刷的责任承担

——滕某英诉中国农业银行股份有限公司南宁长岗支行借记卡案

【案件基本信息】

1. 裁判书字号

广西壮族自治区南宁市兴宁区人民法院（2017）桂0102民初674号民事判决书

2. 案由：借记卡纠纷

3. 当事人

原告：滕某英

被告：中国农业银行股份有限公司南宁长岗支行（以下简称农行长岗支行）

【基本案情】

2014年9月18日，滕某英在被告农行长岗支行开立个人银行结算账户，农行长岗支行向滕某英发放了农业银行借记卡，卡号为622845083801864××××。滕某英的银行账户设置了交易密码，并开通账户余额变动短信提醒业务，每月服务费为2.5元。滕某英办理业务预留的手机号码为1360788××××。

2016年7月6日，滕某英在办理业务时发现其银行账户资金异常，于是在7月6日16时23分前往南宁市公安局邕武派出所报案，案件至今尚未侦破。经查询滕某英的银行账户于7月3日在"易宝支付""网银在线""中国移动支付""飞天诚信""年年卡""财付通"6个网络平台通过快捷支付方式消费15笔，合计20951.01元。2017年3月7日，滕某英收到"财付通"交易平台消费的两笔退款2850元、1140元，合计3990元。

关于银行卡开通快捷支付方式，经被告当庭电脑演示，农行长岗支行通过"易宝支付"和"财付通"绑定农业银行卡开通快捷支付方式步骤大致如下：进入相应交易平台页面后，需输入持卡人的农业银行卡号，农业银行95559服务平台会向持卡人在银行预留的手机号发送短信验证码，在相应页面输入银行发送的短信验证码后，经银行验证无误后便开通银行卡快捷支付方式。滕某英称未曾将其案涉银行卡绑定过第三方支付平台，亦未开通快捷支付方式，其在银行预留的手机也未收到任何短信验证码，银行账户资金发生异常时，手机也未收到账户余额变动短信提醒。

【案件焦点】

1. 农行长岗支行在滕某英的银行卡开通快捷支付方式过程中是否履行了必要的身份验证义务；2. 农行长岗支行在诉争交易过程中是否按照合同约定履行了相应的风险提示和通知义务。

【法院裁判要旨】

广西壮族自治区南宁市兴宁区人民法院经审理认为：本案中，农行长岗支行在其业务开展过程中是否履行了相应的合同义务，应从以下两个方面进行考量：

银行卡绑定第三方支付平台身份验证问题。关于银行与第三方支付机构建立业务关联情况。2014年4月3日，中国银监会、中国人民银行联合下发的《关于加强商业银行与第三方支付机构合作业务管理的通知》（银监发〔2014〕10号）规定，客户在初次将银行卡绑定第三方支付平台提供的账户时，银行应该验证客户身份，应在客户进行支付时对第三方支付平台提供的手机号码和银行预留的手机号码进行一致性检验，通过后方可进行支付。如果银行已按前述要求在业务关联时进行了相关信息验证，确保客户身份真实可靠，在进行之后的交易时无须再次验证，只须按指令付款，由此体现第三方快捷支付的便捷性。本案中，滕某英否认其银行卡绑定第三方支付平台，并开通快捷支付方式。此点亦可从农行长岗支行提交的滕某英银行卡流水清单可以得到确认，滕某英的银行卡自 2016 年 1 月 9 日至 6 月 29 日均为正常存、取款，未见有第三方支付平台交易。在法庭调查中，针对滕某英银行卡在上述交易平台开通快捷支付方式的时间、程序，以及在开通过程中被告是如何验证滕某英身份等问题，农行长岗支行均未能予以明确，并提供充分证据予以证明。

农行长岗支行在诉争交易过程中是否履行了相应的合同义务。银行在为客户提供服务时，理应在业务开通及交易流程中尽到相应的风险提示和通知义务。本案中，滕某英已经在被告处订购账户余额变动短信提醒业务，并每月按时支付服务费，滕某英的银行账户在 2016 年 7 月 3 日密集发生资金变动时，应及时予以提醒，履行告知义务，及时告知行为可提醒滕某英采取补救措施，避免损失进一步扩大，但农行长岗支行亦未能充分举证已经履行合同提示和通知义务。滕某英在发现其银行账户资金异常后前往南宁市公安局邕武派出所报案，用于证明涉案交易并非本人所为。滕某英的上述行为，表明其具有积极维护自身权益的意识，是其在当时的条件下能够采取的合理自救方式，也基本穷尽了其所能及的救济途径，且自愿承担因报警而产生的法律后果，由此可以认定滕某英已就其事实主张尽到了初步的举证责任。农行长岗支行作为合同相对人，未能充分举证证明将滕某英银行卡内的存款支付给第三方，是因为双方合同约定或者在履行过程中经滕某英明确授权或指令所为，应承担相应的法律后果。

农行长岗支行违反了存取款业务所要求的最基本的安全保障义务，应对滕某英在本案中的损失承担责任，扣除滕某英已经获得的退款 3990 元，农行长岗支行应向滕某英支付存款损失 20951 元 − 3990 元 = 16961 元。

广西壮族自治区南宁市兴宁区人民法院依照《中华人民共和国商业银行法》第五条，《中华人民共和国合同法》第六十条、第一百零七条的规定，判决如下：

被告中国农业银行股份有限公司南宁长岗支行向原告滕某英支付存款 16961 元。

【法官后语】

在银行卡绑定第三方支付平台的情形下，持卡人通过互联网线上交易完成支付，所以互联网线上交易盗刷事实的认定是审判实践中的一个难题。

本案中诉争交易均为第三方支付平台下的快捷支付，双方当事人的争议焦点为被告农行长岗支行在滕某英的银行卡开通快捷支付方式过程中是否履行了必要的身份验证义务，在诉争交易过程中是否按照合同约定履行了相应的风险提示和通知义务。

一、银行卡绑定第三方支付平台盗刷案件事实的认定

传统的银行卡盗刷案件大多是持卡人和发卡行之间的纠纷，该类纠纷的特征是指他人利用伪造的银行卡进行消费或取现后，持卡人起诉发卡行要求其赔偿银行卡账户内的资金损失或按合同约定偿还本息。伪卡交易案件中，按照“谁主张，谁举证”的原则，持卡人应提供银行卡、银行卡在案涉时间内的使用情况、发现银行卡异常后采用的措施（如挂失、报警情况等）等证据，发卡行应当提供盗刷时的视频资料、交易单据等证据。法院根据持卡人与伪卡交易地点的距离、时间、报警情况、挂失记录、交易详情等证据综合判断是否属于盗刷交易。而在网络盗刷案件中，当事人提供的证据十分有限，仅能提供银行卡及交易流水、挂失及报警记录，交易地点亦无法确定，只有账户内的资金流向，法院无法充分认定双方争议的交易是否属于盗刷。本案中能认定的是滕某英的银行卡于2016年7月3日在第三方支付平台的密集交易记录和滕某英在7月6日发现银行账户异常后的报警情况，以及滕某英的银行卡在六个第三方支付平台消费十五笔的事实，故案件的盗刷事实难以认定。在该类案件的实际审理中，还应结合交易记录、发卡行的提醒短信、交易的IP地址与持卡人的位置综合判断是否存在盗刷事实。

二、银行卡绑定第三方支付平台盗刷案件的责任承担

在银行卡盗刷案件中，当事人责任承担主要存在两种法律构成，分别是侵权责任和违约责任。实践中该类纠纷主要是在违约责任法律构成下对双方举证责任分配和责任分担，本案依据当事人的主张亦采用该种路径。持卡人和发卡行之间的合同并非合同法中规定的十五类有名合同，按其法律性质更符合借款合同范畴，发卡行负有向持卡人交付银行账户资金的义务。快捷支付方式属于银行提供给持卡人的一项业务，滕某英否认开通快捷支付方式，农行长岗支行作为合同相对人对此应承担

以下举证责任：（一）滕某英的银行卡何时开通快捷支付方式；（二）农行长岗支行在滕某英的银行卡开通快捷支付方式时如何进行的身份验证。农行长岗支行未能对开通快捷支付方式及其在合同履行中向第三方进行付款的合法性进行充分举证，应承担相应的违约责任。而且滕某英已经开通账户余额变动短信提醒业务，并每月支付服务费，在其银行账户发生异常时亦未收到短信提醒，农行长岗支行违反了合同约定的风险提示和通知义务，故在本案中应承担全部赔偿责任。

编写人：广西壮族自治区南宁市兴宁区人民法院　王星

3

盗刷事实无法查明时应由发卡行承担举证责任

——牌某平诉中国农业银行股份有限公司北京京石支行借记卡案

【案件基本信息】

1. 裁判书字号

北京市第二中级人民法院（2017）京02民终11935号民事判决书

2. 案由：借记卡纠纷

3. 当事人

原告（被上诉人）：牌某平

被告（上诉人）：中国农业银行股份有限公司北京京石支行（以下简称农行京石支行）

【基本案情】

牌某平于2009年7月在中国农业银行股份有限公司北京京石支行开办借记卡一张。2015年10月26日17时26分左右，牌某平收到农业银行的短信提示，通知该银行卡在该时间段内消费19600元。收到短信后，为证明涉案银行卡与其本人并未分离，该消费行为系银行卡被盗刷，牌某平于当日18时47分许到北京超市发羊坊店持卡进行POS机刷卡消费。2015年10月27日，牌某平到北京市丰台区公安分局西局派出所报警。

根据农行京石支行提供的交易查询结果，涉案交易的受理机构为银联商务有限公司，系通过 ATM 机的一般转账转出，将 19600 元转至了户名为张某阳的账户中。牌某平表示其并不认识张某阳，也从未进行过上述转账交易。

关于交易发生的具体情况，农行京石支行表示尚未查清 ATM 机的设置地点；西局派出所表示，涉案交易的具体地点暂无法确定，亦未调取到交易的视频资料，案件目前尚未告破；银联商务有限公司表示涉案交易的 ATM 机系其下属公司北京数字王府井科技有限公司所属，经与该公司核实，该公司回复情况如下："因交易发生终端是统一发放给商户的，且该终端早已撤机，与商户早已解除合作，故无法提供具体交易地点与相关视频。"

现牌某平诉至法院，请求判令农行京石支行赔偿因盗刷产生的经济损失 19600 元，并要求判令农行京石支行支付同期存款利息。

【案件焦点】

盗刷行为无法查明的举证责任分配。

【法院裁判要旨】

北京市丰台区人民法院经审理认为：银行掌握并控制着储户登记资料、资金存储、数据交换、加密算法、交易设备、交易监控等一切信息及技术。相对于普通储户来讲，银行在储蓄合同及交易过程中都占有积极和主导的地位，在银行卡或者交易系统安全性方面的举证能力来讲，银行的举证能力较强。银行为专业金融机构，应当提供交易地点等与交易相关的准确信息，在该地点无法确定的情况下，银行应对此承担责任。牌某平作为储户，在涉案交易发生后的一小时左右持卡进行交易，证明人卡未分离，在本案中已经做出了合理的说明，在此前提下，应当由银行对牌某平有过错承担举证责任。而根据农行京石支行的举证情况，其未能证明涉案交易系牌某平本人持卡操作或牌某平存在遗失卡片或泄露密码等过错行为，应推定为涉案交易系他人持伪卡操作。作为专业机构，银行未能保证其发放的借记卡具有可识别性和唯一性，已构成违约，应对此承担违约责任。

北京市丰台区人民法院依照《中华人民共和国合同法》第一百零七条、《中华人民共和国商业银行法》第六条的规定，判决如下：

中国农业银行股份有限公司北京京石支行于本判决生效之日起十日内赔偿牌某平存款19600元及利息（以19600元基数，自2015年10月27日起计算到实际给付之日止，按照中国人民银行同期存款利率计算）。

农行京石支行不服一审判决，提出上诉。北京市第二中级人民法院经审理认为：农行京石支行作为发卡银行，负有保障持卡人用卡安全的义务。涉案ATM机虽非农行京石支行布放，但农行京石支行允许其发行的银行卡在该设备上联网通用，即有义务向持卡人提供银行卡交易的具体信息。农行京石支行未能提供诉争交易发生的位置信息，亦未能提供ATM机监控视频用于核查诉争交易过程，一审法院认定本案交易系伪卡交易，合理有据。故对于农行京石支行的上诉主张不予采信。

北京市第二中级人民法院依照《中华人民共和国民事诉讼法》第一百七十条第一款第（一）项之规定，作出如下判决：

驳回上诉，维持原判。

【法官后语】

银行卡盗刷，是指在未经持卡人授权的情况下，他人擅自使用银行卡信息导致持卡人账户资金减少或者信用透支额度增加的交易。

在银行卡合同关系中，发卡行作为银行卡业务的推出方、银行卡服务的提供者和银行卡的所有权人，在储蓄合同及交易过程中都占有积极和主导的地位，同时有义务向持卡人提供安全的用卡环境（如确保各网点及ATM机监控录像系统运行正常）和网上支付系统（如银行网络平台无病毒、网络安全系统正常），保障银行卡信息不易复制，确保伪造的银行卡能够被识别并无法使用，操作严格按照银行卡业务流程进行，在账户发生变动情况时及时向持卡人提示，在得到持卡人关于银行卡被盗刷的通知时应及时采取挂失止付、封存监控录像及相关盗刷凭证等措施。持卡人作为银行卡及密码的保管者和使用者，应当负有妥善保管并谨慎使用银行卡和密码的义务，在账户信息发生变动时，应认真核对发卡行发送的变动信息，并及时向银行通知盗刷情况。对于盗刷行为的发生，发卡行的违约行为一般包括未提供安全的用卡环境或网上支付系统导致银行卡信息或密码泄露，未能保障银行卡信息不易复制以及未能识别伪卡，未按银行卡业务流程进行操作，未保障事发时监控录像系统正常运行等；持卡人的违约行为一般指未妥善保管银行卡和密码导致银行卡信息或密码泄露。

盗刷事件发生时，持卡人应当提供证据证明其银行卡账户变动情况，并提供真卡、用卡记录、报警记录或挂失记录等证据，证明涉案交易发生时持卡人及真卡均不在交易现场，发卡行应当提供对账单、签购单或监控录像等证据证明涉案交易系真卡交易或持卡人授权交易的事实主张。持卡人在接到发卡行有关账户变动的通知后，因没有及时将账户变动情况通知发卡行、报警或挂失，最终导致无法查明涉案交易是否存在伪卡交易事实的，持卡人应承担举证不能的不利后果。发卡行在接到持卡人关于账户信息异常变动的通知后，未能提供交易凭证、监控视频还原盗刷发生时的场景，从而证明交易系真卡交易或持卡人授权交易的，发卡行应承担举证不能的不利后果。本案中，持卡人牌某平在发现账户信息异常变动后，及时持卡进行消费证明人卡未分离，并于次日向公安机关报案，已采取持卡人在发现银行卡异常交易后可能采取的合理措施。农行京石支行作为发卡银行，负有保障持卡人用卡安全的义务，其既未能提供诉争交易发生的位置信息，亦未能提供ATM机监控视频用于核查诉争交易过程，应承担举证不能的不利后果，法院认定本案交易系伪卡交易合理有据。

编写人：北京市丰台区人民法院　吕慧敏　曹蕾

4

银行卡被盗刷后如何证明系伪卡交易

——张某东诉中国建设银行股份有限公司昆明北门街支行银行卡案

【案件基本信息】

1. 判决书字号

云南省昆明市中级人民法院（2017）01民终7088号民事判决书

2. 案由：银行卡纠纷

3. 当事人

原告（上诉人）：张某东

被告（被上诉人）：中国建设银行股份有限公司昆明北门街支行

【基本案情】

张某东持有在中国建设银行股份有限公司昆明北门街支行处办理的卡号为434062386029××××的中国建设银行visa理财白金卡借记卡一张，2016年11月8日至2017年2月9日张某东前往美国期间，该银行卡于2016年11月21日至11月27日，在美国境内产生人民币购汇交易33笔，其中31笔的交易金额共为295209.87元，张某东认为该31笔交易系伪卡交易，但张某东于2016年11月27日才对银行卡进行了挂失。在此之前，张某东仍然一直在持续使用该银行卡。张某东在回国后于2月24日向公安机关进行了报案，昆明市五华区人民法院根据被告申请，向昆明市公安局五华分局翠湖路派出所调取了一份关于张某东报案的《询问笔录》，从其在公安机关询问笔录陈述的内容看，张某东于2016年11月24日就已经收到银行卡消费短信提示内容，并且经向该派出所了解，公安机关并未对此立案侦查。

【案件焦点】

诉争的31笔银行卡交易是否属于伪卡使用情况。

【法院裁判要旨】

云南省昆明市五华区人民法院经审理认为：张某东在中国建设银行股份有限公司昆明北门街支行处办理了借记卡，双方已经形成储蓄存款合同关系，现张某东诉请中国建设银行股份有限公司昆明北门街支行对其损失进行赔偿，应当对所依据的事实提供证据加以证明。张某东主张其所持有的卡号为434062386029××××的中国建设银行visa借记卡在境外有31笔金额共为295209.87元的刷卡消费属于伪卡交易，则原告应对涉案的借记卡在发生伪卡交易时，银行卡仍由其本人持有承担举证责任。根据张某东所提交的证据交易明细、消费商户/网点谷歌地图截图及美国谷歌地图截图，均无法证明涉案银行卡在发生伪卡交易时，仍由张某东本人持有，在原、被告双方所提交的银行卡交易明细中，也无法看出在同一时间段在不同地点出现两张或两张以上相同信息的涉案银行卡发生交易的情形。根据张某东在公安机关所作的询问笔录中的陈述及被告所提交的原告无异议的银行卡事故查询清单显示，在2016年11月24日张某东就已收到银行卡刷卡消费的短信提示，但张某东于2016年11月27日才对银行卡进行挂失，并于2017年2月9日回国后，直到2月24日才向公安机关进行报案，张某东的上述行为显然不符合常理，存在疑点，故张某东因不能证明本案诉争的31笔银行卡的刷卡消费系伪卡交易，应承担举证不能的不利后果。

云南省昆明市五华区人民法院依照《最高人民法院关于适用〈中华人民共和国民事诉讼法〉若干问题的解释》第九十条，《中华人民共和国合同法》第八条、第六十条及《中华人民共和国民事诉讼法》第六十四条第一款、第一百一十八条之规定，判决如下：

驳回原告张某东的诉讼请求。

原告张某东持原审起诉意见提起上诉。云南省昆明市中级人民法院经审理认为：《中华人民共和国民事诉讼法》第六十四条规定："当事人对自己提出的主张，有责任提供证据。"本案中上诉人张某东主张其借记卡发生伪卡交易，对此其应该承担举证责任。即上诉人张某东应当举证证实其主张的31笔交易系在银行卡及交易密码由其本人持有的情况下，被他人利用非法制作的卡片使用产生，而从本案查明的案件事实来看，该银行卡发生境外交易时，上诉人张某东本人亦身处境外，其并无证据证实该交易系伪卡交易，且从其在公安机关询问笔录陈述的内容来看，早在2016年11月24日其就已经收到银行卡消费短信提示内容，但其仍然在继续使用卡片，并未及时采取安全防范措施，故在其无证据证实本案存在伪卡交易的情况下，其主张要求被上诉人承担赔偿责任的上诉观点不能成立；就上诉人张某东提出被上诉人未尽到签名审查义务应承担款项赔偿责任的观点，本案所涉银行卡为借记卡，其不同于信用卡，其消费、取现所使用的款项均为该借记卡所对应的储蓄存款账户内实际存入的钱款，而非银行所提供的信贷借款，只要输入的密码与预先留存的密码一致，则进行的交易即为本人所为，本案所涉交易均为凭密交易，故上诉人张某东认为银行未尽签字审查义务应承担赔偿责任的观点因无合同依据而不能成立。张某东的上诉主张不能成立，依法予以驳回。

云南省昆明市中级人民法院依照《中华人民共和国民事诉讼法》第一百七十

条第一款第（一）项及第一百一十八条之规定，判决如下：

驳回上诉，维持原判。

【法官后语】

实践中，一旦发生银行卡被盗刷的情况，需以“谁主张，谁举证”的举证原则来证明自己的银行卡系被盗刷的事实。根据常识，同一张银行卡是不可能在同一时间段在不同的地点进行操作的。一般情况下，当发现银行卡被盗刷后，应尽快到附近的银行或者ATM机上用自己手上的银行卡进行查询或者进行少量存取款的交易，并保留好交易凭证，以证明自己的银行卡并未离身，系由自己亲自在保管，或者立即打电话给银行进行挂失止付，并同时向公安机关报案并出示银行卡原件。当事人在发现自己的银行卡被盗刷后，应及时采取安全防范措施，并尽快固定证据，予以证明被盗刷的银行卡系由自己亲自在保管，且并未离开自身保管的范畴，这样才能够在将来的诉讼中，使法院相信存在伪卡交易的情况。

本案中，因张某东认为自己的银行卡被盗刷后，并未采取及时有效的手段予以证明被盗刷的事实，并且还在持续使用该银行卡，故无法证实本案存在伪卡交易的情况，而导致其诉讼请求被驳回。本案所涉银行卡为借记卡，其不同于信用卡，借记卡的消费、取现所使用的款项均为该借记卡所对应的储蓄存款账户内实际存入的钱款，而非银行所提供的信贷借款，所以借记卡只要输入的密码与预先留存的密码一致，即可视为本人进行的交易。本案所涉交易均为凭密交易，原告认为银行未尽签字审查义务的观点因无合同依据不能成立。

编写人：云南省昆明市五华区人民法院　贾军　王诚

5

异地盗刷银行卡“先刑后民”的认定

——李某冰诉中国工商银行股份有限公司乌鲁木齐新民西街支行借记卡案

【案件基本信息】

1. 判决书字号

新疆维吾尔自治区乌鲁木齐市水磨沟区人民法院（2017）新0105民初1377号民事判决书

2. 案由：借记卡纠纷

3. 当事人

原告：李某冰

被告：中国工商银行股份有限公司乌鲁木齐新民西街支行（以下简称工行新民西街支行）

【基本案情】

李某冰在被告工行新民西街支行办有牡丹灵通借记卡一张，卡号为622202300201541××××。李某冰在申领时提交了身份证明材料，并设置了密码、办理了手机短信通知业务。2017年1月17日19时33分至19时36分，正在乌鲁木齐市乘坐交通工具的李某冰连续接到手机短信通知，告知其卡号为622202300201541××××的借记卡被取现五笔，支取现金17200元。李某冰遂即拨打110报警电话，处警民警陪同李某冰在就近的ATM自动柜员机上进行了查询。2017年1月17日20时许，李某冰到乌鲁木齐市公安局高新区（新市区）分局二工派出所报案，《报警回执单》载明：“2017年1月17日20时许，报警人李某冰拿着卡号为622202300201541××××的工商银行卡来我所报警称，此工商银行卡内17200元于2017年19时33分在福建省厦门市集美区乐海北里333号被盗刷。”

2017年1月18日，李某冰在工商银行打印借记卡账户历史明细清单，显示李某冰的借记卡于2017年1月17日通过ATM机取款五笔，共计取款17200元，余额7.87元。同日，李某冰在工商银行填写《非本人交易声明》。庭审中，被告工行新民西街支行认可2017年1月18日李某冰打印明细单时向银行出示了被盗刷的借记卡，并经银行确认该借记卡是真卡。

【案件焦点】

工行新民西街支行应否承担赔偿责任及其责任范围。

【法院裁判要旨】

新疆维吾尔自治区乌鲁木齐市水磨沟区人民法院经审理认为：李某冰在被告工行新民西街支行处申领了借记卡，双方即形成了储蓄合同关系。在合同关系中，李某冰负有妥善保管和规范使用借记卡及其密码的义务，工行新民西街支行负有安全保障及谨慎审查借记卡的义务，以保障储户的卡内资金安全。关于新民西街支行主张“先刑后民”原则的适用问题。“先刑后民”原则是指同一法律事实同时涉及民事纠纷和刑事案件，且两者又是同一法律关系的情形。工行新民西街支行认为李某冰已经向公安机关报案，应待公安机关侦破案件后，李某冰才能向实际侵权人主张权利。李某冰基于储蓄合同关系主张权利，要求工行新民西街支行承担的是合同责任，与公安机关就款项被盗取追究作案人的刑事责任，并非同一法律关系，故本案不适用“先刑后民”的原则。工行新民西街支行向李某冰履行赔偿责任后，可向盗取卡内现金的犯罪分子追偿损失。

关于被告工行新民西街支行应否承担赔偿责任及其责任范围？

第一，从举证责任上看，李某冰提供的证据能够证实2017年1月17日19时33分至19时36分，身在乌鲁木齐并且在李某冰本人持有借记卡的情形下，该借记卡在外省的ATM自动柜员机上被连续取款五笔共计17200元。案发后，李某冰及时查询、报警并到银行进行确认的行为足以排除该五笔取款行为系李某冰支取或其授意他人进行支取，故可确认该五笔取款行为使用的是伪造的借记卡。工行新民西街支行辩称该损失可能是由于该借记卡被盗刷前原告存在将借记卡和密码泄露的情形，但并未向法庭提交证据证明李某冰存在不规范使用借记卡而导致卡号及密码泄露的事实。

第二，从过错责任上看，因借记卡在 ATM 自动柜员机上取款需借记卡和密码一致，李某冰作为储户，负有妥善保管借记卡和密码的义务，而在该五笔取款行为发生时，该借记卡和密码均由李某冰保管。工行新民西街支行作为发卡行，接受了伪造的借记卡交易，未对储户尽到采取安全措施防范风险的义务，也未提交证据证明李某冰在用卡过程中存在不规范使用借记卡和密码的证据，故无法证明李某冰对借记卡及密码泄露存在过错，工行新民西街支行对李某冰借记卡资金损失负有完全的过错责任。

第三，对于李某冰要求工行新民西街支行承担存款被盗期间利息的请求，应考虑银行提供的 ATM 机自助服务为大众提供了便捷服务，在客观上存在安全防范措施方面的技术缺陷，在完善防范措施方面也会遇到各种不确定的因素，且工行新民西街支行在主观方面并无过错，而李某冰本身也是 ATM 机自助服务的受益者，故对李某冰要求工行新民西街支行承担存款被盗期间利息损失的诉讼请求，不予支持。

新疆维吾尔自治区乌鲁木齐市水磨沟区人民法院依照《中华人民共和国合同法》第六十条第一款、第一百零七条之规定，作出如下判决：

一、被告中国工商银行股份有限公司乌鲁木齐新民西街支行于本判决生效之日起十日内赔偿原告李某冰存款损失 17200 元；

二、驳回原告李某冰要求被告中国工商银行股份有限公司乌鲁木齐新民西街支行承担存款被盗期间存款利息的诉讼请求。

【法官后语】

借记卡纠纷通常涉及传统的伪卡盗刷案件和新型的网上快捷支付交易被盗刷案件，前者是普通的储蓄存款合同纠纷，后者具有混合契约性质，既包含储蓄存款合同关系，又有网络支付业务关联服务合同关系，是多种合同关系的集合。在实务处理中，又涉及民刑交叉问题的认定，基本合同相对性原则，合同纠纷先行处理与“先刑事后民事”原则也不冲突，相反，避免了因涉及刑事犯罪嫌疑而“一刀切”，使利益损失人的合法权益得不到及时保护情况的发生。借记卡纠纷中归责原则的确定，应注意平衡保护持卡人和发卡行的利益，在促进银行卡和第三方支付机构产业发展的同时，注重对作为金融消费者持卡人合法利益的保护。

编写人：新疆维吾尔自治区乌鲁木齐市水磨沟区人民法院　张雪莉

6

伪卡交易中举证责任的分配

——陶某诉中国建设银行股份有限公司北京展览路支行借记卡案

【案件基本信息】

1. 裁判书字号

北京市第二中级人民法院（2017）京02民终8525号民事判决书

2. 案由：借记卡纠纷

3. 当事人

原告（被上诉人）：陶某

被告（上诉人）：中国建设银行股份有限公司北京展览路支行（以下简称建行展览路支行）

【基本案情】

陶某在建行展览路支行开立卡号为×的借记卡。该借记卡分别于2017年1月6日7时24分、2017年1月6日12时24分、2017年1月6日12时25分、2017年1月6日12时33分、2017年1月6日12时57分在境外消费19600美元、500美元、500美元、496.99美元、2美元，交易方式系POS刷卡交易，交易发生地为美国。2017年1月1日至2017年1月7日，陶某于加拿大8次拨打1095533并通过客服挂失银行卡，最早拨打时间为当地时间2017年1月5日23时50分17秒，最晚拨打时间为当地时间2017年1月6日20时21分11秒。

2017年1月6日，陶某致电北京市公安局西城分局展览路派出所报案。2017年1月12日，北京市公安局西城分局展览路派出所出具京公西（展）受案字（2017）000003号受案回执。陶某认为建行展览路支行未尽到保障资金安全义务致使其受损，故诉至法院，请求判令建行展览路支行赔偿陶某存款损失146576.79元及利息损失。

【案件焦点】

1. 诉争交易是否构成伪卡交易；2. 发卡行是否应当承担违约责任。

【法院裁判要旨】

北京市西城区人民法院经审理认为：建行展览路支行为陶某办理借记卡，双方之间形成借记卡服务合同法律关系。关于伪卡交易的认定：诉争交易发生地为美国，交易发生时陶某在加拿大。陶某在发现银行卡资金被他人支取后，及时与建设银行客服沟通并办理挂失，及时向公安机关报案，已尽到诉争交易系伪卡交易的初步举证责任，而建行展览路支行未能提交反证证明陶某授权他人进行了诉争交易。据此，结合交易发生的时间、地点，比照陶某及所持有的借记卡所在地等时间、空间等常识判断，可以认定诉争交易系伪卡交易。发卡行是否应当承担违约责任？伪卡交易的条件包括发卡行未能防范卡片复制和伪卡使用，亦包括银行卡信息和密码因泄露而被伪卡使用人窃取。发卡行作为储蓄服务提供者，具备或应当具备识别真伪储蓄卡的技术能力和硬件设施，故应当承担伪卡识别义务，如发卡行主张减免其对持卡人的违约责任，应当举证证明银行卡信息或密码泄露系因持卡人未能妥善保管银行卡或密码所致，而建行展览路支行未能提供相应证据，故其主张银行没有责任的答辩意见不能成立。

北京市西城区人民法院依照《中华人民共和国合同法》第六十条、第一百零七条，《中华人民共和国民事诉讼法》第六十四条第一款，《最高人民法院关于民事诉讼证据的若干规定》第二条，《中华人民共和国涉外民事关系法律适用法》第四十一条，《最高人民法院关于适用〈中华人民共和国涉外民事关系法律适用法〉若干问题的解释（一）》第一条第（一）项之规定，判决如下：

一、被告中国建设银行股份有限公司北京展览路支行于本判决生效之日起十日内赔偿原告陶某储蓄存款损失人民币146576.79元；

二、被告中国建设银行股份有限公司北京展览路支行赔偿原告陶某存款利息损失（以人民币146576.79元为基数，按照中国人民银行同期存款利率的标准，自2017年1月7日起计算至实际支付之日止）。

建行展览路支行不服一审判决，提出上诉。北京市第二中级人民法院经审理认为：关于伪卡交易的认定。根据陶某在交易发生后于加拿大拨打中国建设银行客服电话的通话记录，认定陶某不在交易发生地。中国人民银行发布的《中国人民银行关于信用卡业务有关事项的通知》要求，持卡人提出伪卡交易和账户盗用等非本人授权交易时，发卡机构应及时引导持卡人留存证据。中国建设银行客服人员在接到陶某有关银行卡盗刷的报告后，并未核实涉案借记卡的位置，亦未引导其留存借记卡位置的证据。据此，对陶某所称其一直持有涉案借记卡这一符合常理的陈述予以采信。陶某发现诉争交易后，立即致电银行客服说明情况并报警，建行展览路支行并未提供证据证明上述交易是陶某本人或授权他人持涉案借记卡进行。可以认定诉争交易系伪卡交易。关于违约责任承担一节，二审法院同意一审法院的裁判意见。

北京市第二中级人民法院依照《中华人民共和国民事诉讼法》第一百七十条第一款第（一）项之规定，判决如下：

驳回上诉，维持原判。

【法官后语】

本案为涉伪卡交易的典型案件，诉辩双方对于诉争交易是否构成伪卡交易、银行应否承担违约责任以及相关举证责任分配问题存在争议。

1. 关于伪卡交易的认定及举证责任分配。本案中，法院认定诉争交易系伪卡交易所依据的事实为：持卡人本人不在诉争交易发生地、持卡人一直持有涉案借记卡、诉争交易非持卡人本人或授权他人实施。根据民事诉讼“谁主张，谁举证”的证明责任分配原则，当事人对自己提出的主张应当提供证据加以证明。首先，持卡人提出涉案交易系“伪卡交易”，其举证证明了本人不在涉案交易发生地，在发现涉案交易后立即致电银行客服说明情况并报警，尽到了初步举证责任。而发卡银行未能就其主张提交反证证明陶某本人或授权他人进行了诉争交易。其次，对于持卡人是否一直持有涉案借记卡一节，双方均未提交证据加以证明。在双方均举证不能的情况下，二审法院综合考量双方的缔约能力和缔约地位，结合《中国人民银行关于信用卡业务有关事项的通知》的要求，合理确定了举证责任。该通知要求，在涉伪卡交易时，发卡机构负有及时引导持卡人留存证据的义务。本案中，建设银行客服在接到持卡人有关银行卡盗刷的报告后，未核实涉案借记卡的位置，亦未引导持卡人留存借记卡位置的证据，银行一方作为储蓄合同服务方未尽到应负的义务，应当承担相应责任。

综上，由持卡人承担初步、适当的举证责任，再由银行进行反证的举证责任分配方式，既体现了民事诉讼举证责任分配的基本原则，也兼顾了实质公平。

2. 关于违约责任认定与举证责任分配。银行卡信息和密码泄露仅是盗刷发生的原因之一，发卡行作为银行卡业务的推出方，应当保障银行卡不易被复制且能够识别伪造的银行卡，防止他人利用获取的银行卡信息和密码制作伪卡并实施盗刷行为。在发卡行未能全面履行其防范盗刷义务的情况下，若提出减免其违约责任的主张，应当举证证明银行卡信息或密码泄露系因持卡人保管不当所致。本案中，发卡银行未能提供相应证明，故其关于不应向陶某承担违约责任的主张不能成立。

涉伪卡交易案中，当事人通常对交易用卡真伪、违约责任承担的问题产生争议。法官应当综合考量当事人的缔约地位、缔约能力、主观过错等因素，合理分配举证责任，既要遵循举证责任分配原则，也要兼顾实质公平，避免由其中一方当事人承担过重或不可能完成的举证责任。透过该案，应当引起重视的是持卡人和银行均应提高防范伪卡交易风险的能力，银行方面应当加强防伪技术的开发、积极引导持卡人留存证据；持卡人方面应当提升保护密码信息和留存证据的意识。

编写人：北京市西城区人民法院　杨惠惠

7

伪卡交易的事实认定

——党某燕与交通银行股份有限公司镇江分行借记卡案

【案件基本信息】

1. 判决书字号

江苏省镇江市京口区人民法院（2017）苏1102民初84号民事判决书

2. 案由：借记卡纠纷

3. 当事人

原告：党某燕

被告：交通银行股份有限公司镇江分行

【基本案情】

党某燕于2016年12月28日晚22时21分收到三条短信提示，其名下交通银行学子卡内个人所得奖学金8482.29元在一分钟内分三批转走，金额分别为：3525.56元、3525.56元、1431.17元，并由此产生手续费47.26元、47.26元、26.31元。短信显示操作途径为“他行自助设备境外取现”。案发时，党某燕在学校，银行卡在其身上，未丢失也未出境。看到信息后原告立即拨打95559挂失银行卡并验证此事，并于当晚23时左右前往辖区正东路派出所报案。随后前往附近ATM机插卡操作，因银行卡已经挂失，ATM机作吞卡处理，并输出吞卡处置单。党某燕于2016年12月29日早上8时30分于镇江交通银行江科大支行（原告银行借记卡发卡行）打印28日账户流水明细，交易清单显示原告账户资金于2016年12月28日晚22时21分分三批在境外取现。银行出具具体取款信息为柬埔寨澳新银行ATM自助取款机取款。因此，党某燕要求被告支付原告经济损失8603.12元（含被转移三笔资金以及由此产生的手续费）并赔偿各类材料费用以及精神损失费620元。

【案件焦点】

1. 持卡人有无过错；2. 是否存在伪卡盗刷。

【法院裁判要旨】

江苏省镇江市京口区人民法院经审理认为：党某燕与交通银行股份有限公司镇江分行之间因办理借记卡形成的储蓄存款合同关系合法有效，双方应当充分履行安全保密和保障义务，否则应当承担违约责任。党某燕在交通银行股份有限公司镇江分行处办理的交通银行学子卡（622262022000276××××）发生境外自助取款时，党某燕身处镇江，借记卡在其身边，故可推断该境外自助取款非党某燕本人持卡操作，伪卡交易及被盗刷的事实可推定成立。交通银行股份有限公司镇江分行作为发卡行未能有效防堵借记卡被复制、被盗刷的技术漏洞，应对党某燕的存款损失予以赔偿。现无证据表明持卡人未妥善保管借记卡和密码，故党某燕对其账户损失无须承担责任。交通银行股份有限公司镇江分行应赔偿党某燕借记卡账户损失8603.12元。党某燕主张交通银行股份有限公司镇江分行赔偿各类材料费用以及精神损失费未提交证据予以证明，不予支持。

江苏省镇江市京口区人民法院依照《中华人民共和国合同法》第六十条、第一百零七条，《中华人民共和国民事诉讼法》第一百六十二条之规定，判决如下：

一、交通银行股份有限公司镇江分行于本判决生效后十日内给付党某燕8603.12元；

二、驳回党某燕的其他诉讼请求。

【法官后语】

借记卡纠纷的基本当事人为发卡行和持卡人，发卡行对持卡人账户内资金安全负有保障义务，持卡人则需要妥善保管银行卡及密码。而日常生活中，不法分子利用技术手段复制他人的银行卡账户信息和密码异地提取受害人的银行存款事件屡有发生。由于提取地点往往离受害人所在地较远甚至在境外，公安机关的侦破难度和时间跨度较大，因此，受害人往往会基于与发卡行之间的储蓄合同关系，绕开刑事程序，向发卡行提起民事诉讼，主张资金损失的赔偿。在审理该类案件时，需要注意对相关事实的认定以及举证责任的分配。

案件审判中要认定的事实是持卡人有无过错或是否存在伪卡盗刷。持卡人就其主张的事实应提出初步的、合理的证据证明交易为非本人操作，事发时人卡未分离且未泄露过银行卡密码。经法官结合相关事实审查后认为具有高度可信性的话将认定该事实的存在。发卡行作为银行卡的提供者，对于银行卡的识别、使用、操作等具有专业性，同时，国内的各发卡行网点密布并配有监控等安全保障措施，相较于持卡人，发卡行具有更强的证据获取能力。审判中，发卡行往往会以持卡人将银行卡密码告知他人、多人共用一卡、将银行卡与其他支付平台绑定等因持卡人未尽妥善保管和合理使用的义务造成资金损失来抗辩，发卡行若无法提供证据证明则将承担举证不能的法律后果，赔偿持卡人的财产损失。

本案中，党某燕为了证明案发时其并不在事发地点且人卡未分离提供了初步合理证据，法官推定伪卡盗刷事实存在且原告党某燕无过错。而被告交通银行股份有限公司镇江分行就其抗辩未能出示相应的证据，因此，由交通银行股份有限公司镇江分行来承担党某燕被伪卡盗刷的经济损失。

编写人：江苏省镇江市京口区人民法院　束放成

8

银行卡款项被盗取银行和持卡人的责任认定

——黄某敬诉中国建设银行股份有限公司南安洪濑支行借记卡案

【案件基本信息】

1. 裁判书字号

福建省南安市人民法院（2017）闽0583民初3732民事判决书

2. 案由：借记卡纠纷

3. 当事人

原告：黄某敬

被告：中国建设银行股份有限公司南安洪濑支行（以下简称中行南安洪濑支行）

【基本案情】

黄某敬单位因工资代发关系在中行南安洪濑支行办理了银行账户、龙卡借记卡及工资代发等业务。黄某敬持有的龙卡借记卡号码为622700183310007××××。该卡为凭密码交易。黄某敬承诺遵守《中国建设银行储蓄卡章程》。2016年12月9日，该卡中的款项在ATM机上分多次在境外（泰国）被支取，共计支取现金10135.54元。黄某敬在当日中午收到短信发现情况后立即向中行南安洪濑支行反映，并于当日分别向南安市洪濑派出所报案，因当时卡不在黄某敬身边，该所不让其报案。后黄某敬向公安机关泉州市公安局乌屿边防派出所报案，该所于当日下午17时32分受理。诉争卡在2016年12月13日销户；2016年12月9日至12月13日，黄某敬未实际控制并出示借记卡。黄某敬称案发后一直找不到借记卡，12月13日18时左右在自己的小车副驾驶座发现该卡。2016年1月1日至2016年12月22日黄某敬并无出入境。诉争借记卡黄某敬在庭审中当庭出示。

【案件焦点】

中行南安洪濑支行是否应当对银行卡中款项被盗取承担责任。

【法院裁判要旨】

福建省南安市人民法院经审理认为：黄某敬要求中行南安洪濑支行赔偿的诉讼请求缺乏事实和法律依据，应依法予以驳回。黄某敬承认，在案发 2016 年 12 月 9 日至销户 12 月 13 日，他一直找不到涉案借记卡，直到 12 月 13 日 18 时左右在自己的小车副驾驶座发现该卡。这就不能排除授权、卡被他人拿走、复制等可能性，黄某敬本身存在保管不善的过错。根据《中国建设银行理财卡章程》第十五条规定：“持卡人须妥善保管和正确使用密码。凡使用密码进行的交易，发卡银行均视为持卡人本人所为。因密码保管或使用不当而导致的损失由持卡人本人承担。”《中国建设银行龙卡借记卡章程》第十三条规定：“龙卡借记卡只能由持卡人本人使用，不得出租和转借。因持卡人卡片保管不善、将卡片转借他人或自身使用不当而造成的损失，由持卡人本人承担。”涉案借记卡为凭密码才能支取，光有卡或密码均无法支取，而卡的密码系原告自己设置，中行南安洪濑支行及他人均无法知晓。在这种前提下，根据举证就近原则，基于诉争款项系通过境外在 ATM 机上所支取，取款的方式是采用密码取款，依法应当由黄某敬就其已经妥善保管涉案借记卡密码承担举证责任。但黄某敬并未完成已妥善保管好密码的举证责任。依法应承担相应的法律后果。在黄某敬无法证明借记卡被复制伪造且存在密码泄露的情形下，答辩人并未违背储蓄卡安全保障义务，不应对黄某敬的损失承担责任。黄某敬在中行南安洪濑支行处开立银行账户，中行南安洪濑支行向黄某敬发放龙卡借记卡，双方形成了存款合同法律关系。该法律关系合法有效，依法受法律保护。后因黄某敬保管不善，涉案借记卡中的款项在境外 ATM 机上被支取。黄某敬并未能举证证明存在“伪卡交易”行为及中行南安洪濑支行对此存在其他过错。故黄某敬应承担举证不能的不利后果，其提出的诉请，缺乏事实和法律依据，依法应予以驳回。

福建省南安市人民法院依照《中华人民共和国民事诉讼法》第六十四条、《最高人民法院关于民事诉讼证据的若干规定》第二条之规定，作出如下判决：

驳回黄某敬的诉讼请求。

【法官后语】

近年来，不法分子使用或复制银行卡盗取持卡人资金，持卡人起诉银行要求支付存款或赔偿案件频发，持卡人和银行由此产生的索赔纠纷不断。不法分子往往通过窃取或复制银行卡和密码实施盗窃。在银行和持卡人责任划分问题上，司法实务界观点不一，判决也莫衷一是。一定程度上影响了司法权威。本案中，主要存在两种截然相反的判决处理观点：一种观点认为，银行有识别伪卡和保障交易安全的法定义务和合同随附义务。银行借记卡在使用过程中，银行卡中的款项被盗取，与银行未能有效识别伪卡有直接关系。银行应将被盗取的款项全额或部分支付给持卡人。另一种观点认为，款项被盗取系持卡人的保管不善过错所引发，持卡人的保管不善行为直接给不法分子盗取款项以可乘之机，持卡人具有过错，开户银行无责，持卡人无权向银行索赔。

综合本案庭审和当事人提供的证据，本院采纳了第二种观点，现分析如下：

认定双方的责任，首先应对双方的义务进行法律分析。分析双方是否有违反法定义务或合同义务的事实存在。

银行借记卡持卡人的义务主要表现为合同约定义务和附随义务。储蓄合同中一般约定了持卡人负有不得出借银行卡、妥善保管银行卡和密码等义务。持卡人在使用银行卡时应对账号、密码、身份证件等信息和资料承担保密义务，特别是银行卡密码，持卡人要严格保密，不能随意告诉他人。

作为发卡行的银行的义务主要表现为法定义务和附随义务。银行与持卡人存在储蓄合同关系，合同条款主要体现为借记卡或贷记卡章程、申请书、办卡须知等。国家为保障客户资金安全，将银行的安全保障义务限定为银行的法定义务。例如，《中华人民共和国侵权责任法》第三十七条规定，宾馆、商场、银行等公共场所的管理人或者群众性活动的组织者，未尽到安全保障义务，造成他人损害的，应当承担侵权责任。从合同义务角度分析，银行的保障持卡人资金安全的义务主要表现为合同附随义务。《中华人民共和国合同法》第六十条规定："当事人应当遵循诚实信用原则，根据合同的性质、目的和交易习惯履行通知、协助、保密等义务。"在储蓄合同关系中，银行的附随义务包括注意义务、告知义务、协助义务、保密义务和保护义务等。

本案中，经庭审查明，2016年12月9日至12月13日，款项是在此期间被盗取。原告未实际控制并出示借记卡。黄某敬称案发后一直找不到借记卡，12 月 13 日 18 时左右在自己的小车副驾驶座发现该卡。足以表明持卡人黄某敬对卡片保管不善，自身对款项的盗取存在过错。持卡人违反了合同义务和法定义务，依法应自行承担由此产生的法律后果。对于银行是否违反识别伪卡的义务及违反安全保障义务，因持卡人黄某敬的过错在先，根据“优势证据”和“高度盖然性”原则，借记卡中的款项被盗取归责于持卡人的先行保管不善的行为所致。可推定两者存在直接的因果关系。由此，银行无须举证证明自身无过错。

本案采用了过错责任归责原则，认定责任的前提是持卡人违反附随义务，即未妥善保管银行卡，致使卡片脱离自身掌控多日，给不法分子作案有可乘之机，持卡人明显违反合同随附义务。持卡人并无证据证明借记卡被复制而致使卡内资金被盗刷，故未能证明银行未对银行卡信息进行有效保护及银行已构成违约。

编写人：福建省南安市人民法院　余善根

9

银行卡纠纷案件的归责原则

——江某云诉中国建设银行股份有限公司北京丰台支行借记卡案

【案件基本信息】

1. 裁判书字号

北京市丰台区人民法院（2017）京 0106 民初 10590 号民事判决书

2. 案由：借记卡纠纷

3. 当事人

原告：江某云

被告：中国建设银行股份有限公司北京丰台支行（以下简称建行丰台支行）

【基本案情】

江某云于 2010 年 10 月 30 日在建行丰台支行处申办了一张龙卡通储蓄卡（卡

号为622700001350024××××)，双方建立了储蓄合同关系，该卡一直由江某云使用。2016年11月21日，在江某云持有该卡的情况下，该卡于农行广东茂名电白电城支行（西街）被他人分别通过ATM机转账和网络ATM机支取的方式，先后九次盗取人民币共计84500元。同日，江某云用该卡在北京美廉美连锁商业有限公司时代风帆店刷卡消费人民币174.45元。2016年11月22日，江某云前往建设银行北京光彩支行办理业务时发现该卡被盗刷，立即在该行办理了挂失手续并向丰台分局石榴园派出所报案。江某云从未委托他人代为取款和消费，也未向他人提供过储蓄卡和密码。该卡存款被他人在广东茂名市盗刷时，江某云于同日在北京美廉美超市刷卡消费，在发现存款被盗取后江某云立即办理了挂失并报警。江某云认为建行丰台支行是金融机构，理应严格审查客户取款和消费资料的真实性，尽到对储户资金的安全保障义务，但建行丰台支行却未能识别出伪造的储蓄卡，致使江某云遭受财产损失。建行丰台支行应对江某云存款被他人盗刷负全部责任。故江某云起诉至法院，请求依法判令：1. 判令建行丰台支行支付江某云建行储蓄卡被盗刷的存款84500元、盗刷手续费431元，以上共计84931元；2. 判令建行丰台支行赔偿江某云的利息损失（以84931元为基数，自2016年11月22日起至实际给付之日止，按照中国人民银行同期贷款利率计算）；3. 建行丰台支行承担本案的全部诉讼费用。

【案件焦点】

建行丰台支行在借记卡合同履行过程中是否存在未尽到安全保障义务的违约行为。

【法院裁判要旨】

北京市丰台区人民法院经审理认为：涉案交易发生期间为2016年11月20日23时49分至2016年11月21日0时9分，发生地点在广东省茂名市。2016年11月21日上午9时53分，江某云在北京美廉美连锁商业有限公司时代风帆店通过刷卡消费人民币174.45元。2016年11月22日，江某云前往建行光彩支行办理业务时发现该卡被盗刷，当日，在该行办理了挂失手续并持卡前往北京市公安局丰台分局石榴园派出所报案。结合取款交易发生时间和交易地点，比照持卡人江某云及所持有的涉案银行卡所在地等时间、空间、距离等常识的判断，持卡人江某云难以使用同一张银行卡往返两地操作。现亦无其他证据证明江某云存在委托他人异地取款以及故意或者重大过失泄露密码等情形。据此可以认定，本案涉及的银行卡交易应认定为犯罪嫌疑人利用伪造复制的银行卡进行的伪卡交易。犯罪嫌疑人能够利用伪造复制的银行卡进行交易，表明建行丰台支行发放的此类银行卡不具有唯一的可识别性和不可复制性，亦证明了建行丰台支行制发的此类银行卡及银行卡交易系统存在一定的安全隐患，即此类银行卡可能被复制且被复制的银行卡不能被交易系统排除。因此，建行丰台支行在借记卡合同履行过程中存在未尽到安全保障义务的违约行为。

北京市丰台区人民法院依照《中华人民共和国合同法》第六十条第二款、第一百零七条，《中华人民共和国民事诉讼法》第六十四条之规定，判决如下：

一、中国建设银行股份有限公司北京丰台支行于本判决生效后十日内赔偿江某云损失 84931 元；

二、中国建设银行股份有限公司北京丰台支行于本判决生效后十日内赔偿江某云利息损失（以 84931 元为基数，自 2016 年 11 月 22 日起至实际给付之日止，按照中国人民银行同期贷款利率计算）。

【法官后语】

随着社会经济的发展，银行卡在民商事领域的适用越来越普遍，随之，银行卡被盗刷一类纠纷的数量也出现连年增长的趋势。

该类案件一个重要的争议焦点就是被告银行在借记卡合同履行过程中是否存在未尽到安全保障义务的违约行为。目前，在司法实务中，针对争议焦点，该类案件处理有三种思路：第一种思路是判决持卡人对伪卡交易损失承担全部责任。该种审判思路是按照双方储蓄合同约定的权利义务，即持卡人有“妥善保管银行卡和密码”的义务，依据“谁主张，谁举证”，在其无证据证明发卡行对伪卡交易存在过错的情形下，根据“密码交易即视为本人交易”的原则，其应承担伪卡交易损失的责任。第二种思路是判决发卡行对伪卡交易损失承担全部责任。该种审判思路的理由是，发卡行如果没有证据证明持卡人对伪卡交易具有过错，则属于发卡行一方违反了安全保障义务，致使持卡人权益受损，应承担赔偿持卡人卡内资金损失的责任。第三种思路是按照过错比例判令发卡行、持卡人分担卡内资金损失的责任。该种思路理由是银行卡密码具有唯一性和专有性，既然伪卡能够实现交易行为，则说明该卡密码已经泄露，持卡人未尽到妥善保管银行卡内信息和密码的义务，具有过错。伪卡实现盗刷行为，除持卡人银行卡密码泄露外，还说明一个事实，就是发卡行提供的银行卡安全保障技术性较差，信息易被测录，且其交易系统不具有识别伪卡的功能，未能尽到安全保障义务，致使伪卡交易得以实施，也具有过错，双方应在各自过错范围内承担卡内资金损失的责任。

之所以出现上述不同审判思路，主要是选择适用的归责原则不同。而不同的归责原则，当事人举证责任的分配是不一样的。目前，关于银行卡纠纷归责原则的适用存在争议：第一种是严格责任原则，即不论违约的当事人主观上有无过错，只要不是存在依照合同约定或者法律规定可以免责的事由，违约方就必须承担违约责任。第二种是过错推定原则，实行举证责任倒置，即如果被告人不能够证明自己并无过错，则推定被告有过错，应承担法律责任。第三种是过错责任原则，即“谁主张，谁举证”的基本原则，由主张对方具有过错的一方当事人承担举证责任。

关于银行卡纠纷归责原则的适用，笔者倾向于适用严格责任原则。之所以这样认为，是从以下两个方面因素考虑：一是归责原则的适用要有助于实现立法目的和社会价值的统一，目前对于银行卡问题我国有专门规范性文件，主要是行政主管部门制定的行政规章。立法的目的主要是规范银行卡的使用，规范发卡行的行为，促进金融业的发展。所以，归责原则的适用要做到平衡持卡人和发卡行之间利益的平衡，并且能够促进银行业的发展。二是要考虑双方当事人的举证能力，社会经济地位等。在这一方面，发卡行占有绝对的优势地位。举证能力上，银行有足够的专业知识，人力、财力、物力、经济实力上，银行承担风险的能力和抗压的能力要远远超过持卡人。

严格责任原则更有利于平衡双方当事人的利益，让银行不断完善银行卡安全保障技术，提高自己的注意义务，进而促进整个银行卡产业良性发展。

编写人：北京市丰台区人民法院　李敬　徐冲

（二）信用卡纠纷

10

配偶是否应对信用卡债务承担共同偿还责任

——中国建设银行股份有限公司霞浦支行诉谢某杰、龚某珠信用卡案

【案件基本信息】

1. 判决书字号

福建省霞浦县人民法院（2017）闽0921民初2369号民事判决书

2. 案由：信用卡纠纷

3. 当事人

原告：中国建设银行股份有限公司霞浦支行

被告：谢某杰、龚某珠

【基本案情】

谢某杰于2008年7月10日向建行霞浦支行申办龙卡贷记卡，经建行霞浦支行有关部门审批合格进行发卡，卡号为436748004581××××，根据申领信用卡合约约定，谢某杰应在每个账单还款日偿还消费金额，享受免息期，逾期未还款则从银行记账日起按日万分之五的利率收取利息，未偿还最低还款额的，还应按最低还款额未还部分的5%收取滞纳金，最低5元；取现按取现金额的0.5%收取手续费，最低2元/笔，最高100元/笔；分期付款按具体期数收取手续费。谢某杰自2017年5月24日进行最后一笔交易后，经建行霞浦支行催收至今一直未还款，截至2017年6月8日欠款本金23353.62元，利息24964.78元、滞纳金与分期手续费5204.18元，合计结欠53522.55元（其中谢某杰结欠的本金有两部分，一部分是2013年6

月27日谢某杰对账单中的20000元进行分期付款，从2013年12月开始未能正常足额偿还分期金额累计的；另外一部分本金系从2013年12月3日消费金额未能按期偿还累计的；谢某杰结欠的滞纳金与分期手续费发生在2014年4月21日前）。谢某杰与龚某珠于2007年5月25日登记结婚，于2013年10月10日办理离婚手续。现建行霞浦支行起诉请求：判令谢某杰、龚某珠共同偿还贷记卡逾期金额共计53522.55元［截至2017年6月8日，本金23353.62元，费息（含利息、滞纳金、分期手续费）合计30168.93元］，之后的费息按合约规定继续计算。

【案件焦点】

龚某珠是否应承担共同偿还责任。

【法院裁判要旨】

福建省霞浦县人民法院经审理认为：谢某杰向建设银行霞浦支行申领信用卡后透支消费，没有依约偿还，已经构成违约。建行霞浦支行请求谢某杰清偿透支本金23353.62元和利息24964.78元，及从2017年6月9日起至清偿欠款完毕之日止，按照每日万分之五的标准计付透支利息的诉请，理据充分，予以支持。建行霞浦支行请求谢某杰支付滞纳金与分期付款手续费5204.18元，及从2017年6月9日起至清偿欠款完毕之日止按照贷记卡合约约定的标准计收滞纳金及分期付款手续费等的主张，因中国人民银行2016年4月15日发布的《中国人民银行关于信用卡业务有关事项的通知》，明确规定取消信用卡滞纳金，通知于2017年1月1日起施行。对于在2017年1月1日之后的滞纳金不再予以支持。因建行霞浦支行主张的截至2017年6月8日的滞纳金和分期付款手续费发生在2014年4月21日前，因此，对该笔金额，依法予以支持。谢某杰、龚某珠辩称本案信用卡利息计算过高，根据双方合约的约定，利息按日利率万分之五计算，并未超过规定。龚某珠认为本案部分欠款已经超过诉讼时效，因信用卡欠款处于持续状态，且每月进行一次账单结算，并不存在诉讼时效过期的问题，对该辩解意见，不予采纳。建行霞浦支行要求龚某珠对上述欠款承担共同偿还责任的主张，因上述欠款系谢某杰个人消费欠款，且双方离婚协议中亦未约定该笔债务为共同债务，建行霞浦支行与谢某杰也未提供证据证明该消费款项用于谢某杰与龚某珠家庭共同生活，因此，对该诉讼请求，不予支持。

福建省霞浦县人民法院依照《中华人民共和国合同法》第八条、第一百零七条、第二百零七条之规定，判决如下：

一、谢某杰应于本判决发生法律效力之日起十日内向中国建设银行股份有限公司霞浦支行清偿信用卡透支本金 23353.62 元、利息 24964.78 元、滞纳金及分期手续费 5204.18 元，及从 2017 年 6 月 9 日起至款项还清之日止按日万分之五计至透支本息实际清偿完毕之日止的利息，不再计算滞纳金；

二、驳回中国建设银行股份有限公司霞浦支行对龚某珠的诉讼请求。

【法官后语】

现今使用信用卡消费已经越来越普及。很多人在消费使用信用卡后未能及时偿还欠款，导致被银行起诉至法院。而部分银行在起诉时同时将信用卡持有人的配偶也作为共同债务人起诉至法院。在《最高人民法院关于审理涉及夫妻债务纠纷案件适用法律有关问题的解释》颁布前，《最高人民法院关于适用〈中华人民共和国婚姻法〉若干问题的解释（二）》第二十四条规定，债权人仅需要证明该债务发生在夫妻关系存续期间，即能认定该债务属于夫妻共同债务，而债务人配偶一方要举证证明债务不属于夫妻共同债务需要提供证据证明该债务非用于家庭共同生活开支。因夫妻基于信任的结合，在生活、生产上混同，实践中很难保存、收集这类证据，该举证责任的分配导致很多配偶一方因无法为自己的免责提供证据而承担败诉风险。

本案建行霞浦支行要求谢某杰配偶龚某珠承担共同偿还责任的法律依据就是根据《最高人民法院关于适用〈中华人民共和国婚姻法〉若干问题的解释（二）》第二十四条的规定。本案虽部分债务产生在被告夫妻关系存续期间，但属于信用卡消费而产生的债务，而信用卡本身系银行基于个人信用而向消费者发放的一种先消费后还款的支付工具，在办理信用卡时已经明确仅限个人使用，因此，在配偶一方不能举证证明的情况下，也不能武断地认定只要是夫妻关系存续期间的债务，就属于夫妻共同债务。从本案债务的产生时间来看，发生在被告双方登记离婚的前几个月；从消费记录看，系一笔较大的开支，且谢某杰认为该消费实际是取现用于偿还房贷，但并未能提供相应的证明，且在双方的离婚协议上也未对该笔债务要求双方共同偿还，龚某珠也否认知晓该笔债务，因此，综合案件事实，不能认定该笔债务系用于夫妻共同生活。本案判决后，原、被告双方均未提起上诉。

编写人：福建省霞浦县人民法院　苏玲玲

11

信用卡当事人的法律关系

——中国建设银行股份有限公司霞浦县支行诉魏某珠、郑某真信用卡案

【案件基本信息】

1. 判决书字号

福建省霞浦县人民法院（2017）闽0921民初1290号民事判决书

2. 案由：信用卡纠纷

3. 当事人

原告：中国建设银行股份有限公司霞浦县支行（以下简称建行霞浦支行）

被告：魏某珠、郑某真

【基本案情】

魏某珠与郑某真系合法夫妻关系。魏某珠于2013年6月16日向建行霞浦支行申请办理龙卡信用卡，额度为20000元，后临时提额为30000元，经建行霞浦支行审核予以发卡，卡号为625965612014××××；2015年1月14日魏某珠在上述信用卡基础上又办理了安居分期付款业务，额度为150000元，双方约定该额度只能用于房屋装修，普通信用卡的30000元额度可以用于各项正常消费，其丈夫郑某真于同日签订对该业务的共同还款约定。根据申领信用卡合约约定，魏某珠应在每个账单还款日偿还消费金额，享受免息期，逾期未还款则从银行记账日起按日万分之五的利率收取利息，未偿还最低还款额的，还应按最低还款额未还部分的5%收取滞纳金，最低5元；取现按取现金额的0.5%收取手续费，最低2元/笔，最高100元/笔；分期付款按具体期数收取手续费。魏某珠自2016年12月6日最后一笔交易后未再还款，截至2017年3月23日魏某珠所欠本金87769.92元，费息10648.25元，共计98418.17元，其中普通信用卡结欠本金30000元，利息1819.38元，滞纳金1820.23元，共计33639.61元；安居分期付款业务本金57769.92元，利息

3503.5 元，滞纳金 3505.14 元，共计 64778.56 元。上述滞纳金只计算至 2016 年 12 月 30 日，2017 年 1 月 1 日开始未再计算。

【案件焦点】

魏某珠、郑某真应否还款。

【法院裁判要旨】

福建省霞浦县人民法院经审理认为：建设银行霞浦支行与魏某珠之间的借款关系合法有效，债务明确。魏某珠向建设银行霞浦支行申领信用卡后透支消费，没有依约偿还，已经构成违约，应承担违约责任。建设银行霞浦支行主张偿还的滞纳金实际发生于 2016 年 12 月 30 日前，并不违反中国人民银行 2016 年 4 月 15 日发布的《中国人民银行关于信用卡业务有关事项的通知》，应予支持。建设银行霞浦支行请求魏某珠偿还普通贷记卡逾期金额共计金额 33639.61 元，其中本金 30000 元，利息 1819.38 元，滞纳金 1820.23 元（暂算至 2017 年 3 月 23 日，之后的利息按合约和章程约定继续计算），理据充分，予以支持。郑某真自愿作为安居分期付款业务共同还款人，意思表示真实，应当承担共同还款义务。建设银行霞浦支行请求魏某珠、郑某真共同偿还安居分期付款业务贷记卡逾期金额共计 64778.56 元，其中本金 57769.92 元，利息 3503.5 元，滞纳金 3505.14 元（暂算至 2017 年 3 月 23 日，之后的利息按合约和章程约定继续计算），合法有据，予以采纳。魏某珠、郑某真经法院依法传唤，未到庭参加诉讼，依法缺席审判。

福建省霞浦县人民法院依照《中华人民共和国合同法》第八条、第一百零七条、第二百零七条之规定，判决如下：

一、魏某珠应于本判决发生法律效力之日起十日内向中国建设银行股份有限公司霞浦县支行清偿普通信用卡透支本金 30000 元、利息 1819.38 元、滞纳金 1820.23 元，从 2017 年 3 月 23 日起至款项还清之日止的利息按合约和章程约定利率计收；

二、魏某珠、郑某真应于本判决发生法律效力之日起十日内向中国建设银行股份有限公司霞浦县支行清偿安居分期付款业务信用卡透支本金 57769.92 元、利息 3503.5 元、滞纳金 3505.14 元，从 2017 年 3 月 23 日起至款项还清之日止的利息按合约和章程约定利率计收。

本案各方当事人均未提起上诉。

【法官后语】

信用卡是银行或者信用卡公司发给用户（包括单位和个人）用于购买商品、取得服务或者提取现金的信用凭证。信用卡在经济活动中主要具有转账结算、消费信贷、自动取款等功能。

信用卡业务运作中往往涉及多方当事人，包括持卡人、发卡行及特约商户等，由此产生了多种合同法律关系。持卡人与特约商户之间的关系是普通的买卖关系，属于基础法律关系。发卡银行与持卡人之间的关系是委托关系或消费借贷关系，当持卡人在缴款截止日内须将应付账款全额给付发卡行的，则发卡行依指示支付款项属于处理委托事务而代垫费用，持卡人按时将应付账款给付发卡行属于偿还必要费用；如果持卡人选择以循环信用的方式缴款，在当期缴款截止日前只缴清最低应缴额，剩余未缴款项可以依合同约定延后付款的，则发卡行与持卡人之间才发生消费借贷的法律关系。本案魏某珠、郑某真向建行霞浦支行申领了信用卡，双方受信用卡章程的约束，构成委托合同关系。魏某珠、郑某真选择最低还款额的还款方式，双方之间还存在消费借贷的法律关系。

当持卡人使用信用卡与特约商户发生交易关系，则发卡银行与持卡人之间的消费借贷法律关系或委托关系，都将脱离基础交易关系，而表现出一定的独立性。具体来说表现在如下几个方面：1. 持卡人因特约商户提供的商品或服务有瑕疵而享有对特约商户的抗辩权，是基于双方之间的交易关系而产生的。根据合同相对性的原理，持卡人只能向特约商户行使救济权，而不能向发卡银行主张。2. 持卡人在发卡银行信用卡的信用额度内进行消费之后，持卡人与特约商户之间的交易关系归于消灭，持卡人与发卡银行之间形成消费借贷法律关系，归还发卡银行的贷款是其主要的义务。持卡人不得以和特约商户发生纠纷为由，拒绝偿还因使用信用卡而发生的债务。3. 发卡银行对特约商户承担担保付款义务，一旦信用卡的持卡人使用信用卡完成了交易，发卡银行对于持卡人的该笔款项即以自有资金在信用卡的授信额度内预先向特约商户进行支付，不管该笔交易是否具有无效或可撤销的因素。

编写人：福建省霞浦县人民法院　马朝锟

12

信用卡盗刷举证责任的分配

——林某光诉中国银行股份有限公司乌鲁木齐市苏州路支行信用卡案

【案件基本信息】

1. 判决书字号

新疆维吾尔自治区乌鲁木齐市新市区人民法院（2017）新0104民初2771号民事判决书

2. 案由：信用卡纠纷

3. 当事人

原告（上诉人）：林某光

被告（被上诉人）：中国银行股份有限公司乌鲁木齐市苏州路支行（以下简称中行苏州路支行）

【基本案情】

林某光在被告中行苏州路支行处办理了信用卡（卡号：512412804051××××），2016年11月28日该信用卡在美国消费3472.28美元，共12笔，消费地点分别为“BEVERLY CONNECTION 8487 WEST 3RD SHTREET LOS ANGELES. CA”“1401 HAWTHORNE BIVD REDONDO BEACH. CA”“ENPIRE PLAZA 1651 NORTH VICTORY PLACE BERBANK. CA”消费方式均为“手工压单消费”（均显示消费交易争议，该卡自2016年11月28日被冻结）。2016年12月27日，原告该信用卡绑定的储蓄卡自动进行了还款。另查明，林某光护照显示其有多次出入境记录，但其于2016年10月11日回国后未再有出境记录。2017年3月1日，林某光就本案信用卡盗刷向新疆三坪垦区公安局刑事侦查大队报案。

【案件焦点】

林某光信用卡（卡号：512412804051××××）于 2016 年 11 月 28 日在美国消费 12 笔共 3472.28 元是否存在盗刷的举证责任分配。

【法院裁判要旨】

新疆维吾尔自治区乌鲁木齐市新市区人民法院经审理认为：林某光主张被中行苏州路支行赔偿原告信用卡（卡号：512412804051××××）被盗刷损失的金额及利息损失，应当首先证实信用卡（卡号：512412804051××××）被盗刷的事实。首先，林某光提供的信用卡（卡号：512412804051××××）、查询账单、林某光护照、受案回执、银行对账单等证据，虽然可以证实林某光本人在 2016 年 11 月 28 日并未前往美国，但不能证实信用卡（卡号：512412804051××××）未离开中国境内，更不能以此推定信用卡（卡号：512412804051××××）于 2016 年 11 月 28 日的 12 笔消费为盗刷。其次，林某光、中行苏州路支行虽然共同确认于 2016 年 11 月 28 日的 12 笔消费状态为"可以交易"且因此导致信用卡被锁定，但并不能以此推知上述 12 笔交易是盗刷产生的结果，银行出于保护原告交易安全的考虑对存疑的交易行为进行审查并锁定信用卡以保护原告资金安全，是积极履行其职责的行为，不能反以此推论上述 12 笔交易是盗刷产生。最后，针对林某光认为签购单据中签名并不是林某光本人签名，并且通过时间和地点显示一小时之内在三个不同的地点进行消费，在正常时间内不可能完成的意见。信用卡消费记录显示，该信用卡在美国使用方式多为手工签单消费，对此林某光、中行苏州路支行均予以认可，那么签购单据中的签名是否为林某光本人签名，并不能证实 2016 年 11 月 28 日的 12 笔消费是盗刷所产生，因手工签单交易方式没有核对签字的要求。而通过本院对中行苏州路支行提供的签购单据中载明的地点核实，"BEVERLY CONNECTION 8487 WEST 3RD SHTREET LOS ANGELES. CA""1401 HAWTHORNE BIVD REDONDO BEACH. CA""ENPIRE PLAZA 1651 NORTH VICTORY PLACE BERBANK. CA"三个地点均位于美国加利福尼亚洛杉矶市，按照签购单据载明的 2016 年 11 月 28 日 16 时 52 分至 19 时 40 分的时间跨度，完全可以由个人持卡实施交易，因此也不能据此推断上述消费为盗刷产生。因此，林某光提供的证据均不足以证实原告信用卡 2016 年 11 月 28 日的 12 笔消费是伪卡交易或盗刷所产生，故应由原告承担举证不能的不利后果，其诉讼请求不能成立，对其诉讼请求不予支持。

新疆维吾尔自治区乌鲁木齐市新市区人民法院依照《最高人民法院关于民事证据的若干规定》第二条之规定，作出如下判决：

驳回原告林某光对被告中国银行股份有限公司乌鲁木齐市苏州路支行的诉讼请求。

【法官后语】

本案的处理重点在于对涉案信用卡是否存在盗刷的举证责任分配。对此，本院在本案中认为，作为信用卡的持卡人对于是否存在伪卡交易、盗刷存在举证义务，其举证应当能够证实伪卡交易或盗刷的基本事实存在。发卡行主张持卡人本人交易或者持卡人授权交易，其应当承担举证。如果通过双方的举证，无法查实是否存在盗刷或伪卡交易的情况，则应当通过双方的举证，认定哪一方对事实无法查清存在过错，从而划定由哪一方承担举证不能的不利后果。

本案中涉案信用卡在美国使用手工压单方式进行消费、时间跨度、消费地点等问题均无法反映存在伪卡消费或者盗刷的情形，而原告主张的盗刷发生在2016年11月28日，被告银行在消费发生后认定出现异常，及时进行了冻结信用卡的保护措施，林某光却因为个人原因，未及时报案或挂失，导致该信用卡于2016年11月28日的12笔消费是否存在伪卡交易或者盗刷的情形无法查实，故应由林某光承担举证不能的不利后果，其诉讼请求不应支持。

本案判决生效后，最高人民法院于2018年6月6日公布了《关于审理银行卡民事纠纷案件若干问题的规定（征求意见稿）》，其中明确意见：持卡人主张存在伪卡交易事实的，可以提供刑事判决、案涉银行卡交易时其持有的真卡、案涉银行卡交易时及其前后银行卡账户交易明细、报警记录、挂失记录等证据进行证明。发卡行主张争议交易为持卡人本人交易或者持卡人授权交易的，应承担举证证明责任。因发卡行未及时告知持卡人银行卡账户交易变动情况，导致无法查明伪卡交易事实的，发卡行应承担举证不能的法律后果。如果持卡人收到银行发送的账户交易变动的通知后，未及时告知发卡行存在伪卡交易事实、挂失或报警，导致无法查明伪卡交易事实的，就需要承担举证不能的法律后果。

本案判决符合2018年6月6日最高人民法院公布的《关于审理银行卡民事纠纷案件若干问题的规定（征求意见稿）》，具有一定的前瞻性。

编写人：新疆维吾尔自治区乌鲁木齐市新市区人民法院　张昊

13

银行未尽安全保障义务应对持卡人的损失承担赔偿责任

——何某诉中国银行股份有限公司肇庆幸福新城支行、中国银行股份有限公司肇庆分行信用卡案

【案件基本信息】

1. 判决书字号

广东省肇庆市中级人民法院（2017）粤 12 民终 2432 号民事判决书

2. 案由：信用卡纠纷

3. 当事人

原告：何某

被告：中国银行股份有限公司肇庆幸福新城支行（以下简称中行幸福新城支行）、中国银行股份有限公司肇庆分行

【基本案情】

何某向中行幸福新城支行申领了一张银行卡。2017 年 1 月 25 日 0 时 13 分 49 秒，该银行卡的账户被他人在香港取现 5000 元港币，人民币扣账金额 4448 元，收取手续费 22.24 元；2017 年 1 月 25 日 0 时 14 分 30 秒，该银行卡的账户被他人在香港取现 5000 元港币，人民币扣账金额 4448 元，收取手续费 22.24 元；2017 年 1 月 25 日 0 时 15 分 12 秒，该银行卡的账户被他人在香港取现 1200 元港币，人民币扣账金额 1067.52 元，收取手续费 4 元；2017 年 1 月 25 日 5 时 34 分 45 秒，该银行卡的账户被他人在加拿大消费 7782 元加币，人民币扣账金额 40821.02 元，收取手续费 15 元。以上合计 50848.02 元。

2017 年 1 月 25 日 14 时 30 分，何某发现其持有的银行卡被他人盗刷，遂到肇

庆市公安局端州分局经济犯罪侦查大队二中队报案。该二中队当天向何某出具了《报警回执》《受案回执》《立案告知书》（对何某被信用卡诈骗案正式立案侦查，但至今没有破案）。随后，何某以其持有的银行卡到中国银行股份有限公司肇庆分行下属网点取款100元，证明该信用卡为何某本人持有。

2017年6月15日，肇庆市公安局出入境管理支队出具《出入境记录查询结果》，证明何某在2017年1月1日至2017年3月1日无出入境记录。

【案件焦点】

1. 何某信用卡上的被刷存款是否属于被他人以克隆卡提取或消费；2. 何某的损失的责任承担。

【法院裁判要旨】

广东省肇庆市端州区人民法院经审理认为：何某在中行幸福新城支行办理了信用卡，双方建立了储蓄合同关系。根据储蓄合同的性质，中行幸福新城支行负有保证何某卡内存款的安全的义务。现何某本人在肇庆，其信用卡被在中国香港地区和加拿大提现或消费，且何某在确定银行卡存款被盗时即向肇庆市公安局端州分局经济犯罪侦查大队二中队报案并取现100元予以证实，足以认定涉案银行卡账户存在伪卡。根据储蓄合同的性质以及《中华人民共和国商业银行法》第二十九条第一款、第三十三条的规定，中行幸福新城支行有保障何某卡内存款安全的义务及保证支付的义务，现其未能准确地识别该“克隆”卡，从而将何某信用卡账户中的存款错误地交给“克隆”卡持有人，是造成何某存款丢失的主要原因，且在诉讼过程中，中行幸福新城支行也未能够提供盗刷行为发生时的视频资料、交易单据等证据材料，证明其已经尽到合理管理责任和义务，因此，中行幸福新城支行对何某信用卡账户中的存款被盗，存在主要过错，应当对资金损失承担主要责任，应承担50848.02元（含手续费）损失的80%即40678.42元的赔偿责任。然后，信用卡交易密码是由用户自行设定的，其使用直接表明交易者身份的鉴别及对交易内容的确认，起到数字签名的功能，用密码交易视为储户本人所为。何某办理银行储存卡并设置了密码后，应对银行卡及密码有妥善保管的义务，其未能妥善保管银行卡、密码及规范使用，给犯罪嫌疑人以可乘之机，对造成涉案存款损失亦有一定过错，应承担50848.02元损失的20%即10169.60元为宜。

广东省肇庆市端州区人民法院遂判决：

中行幸福新城支行应在本判决发生法律效力之日起七日内赔偿40678.42元给何某。

何某、中行幸福新城支行均提起上诉。广东省肇庆市中级人民法院经审理认为：从本案查明的事实来看，足以认定涉案银行卡账户存在伪卡。中行幸福新城支行作为发卡行未能识别伪卡，是造成何某存款丢失的主要原因，应当对资金损失承担责任。何某在银行卡设置了密码后，未能妥善保管规范使用银行卡及密码，对损失的造成也有一定的过错。广东省肇庆市中级人民法院遂判决：

驳回上诉，维持原判。

【法官后语】

银行为客户提供银行卡服务，应承担伪卡的识别义务，确保该卡内的数据信息不被非法窃取并加以使用。银行作为发卡行及相关技术、设备和操作平台的提供者，需要承担比持卡人责任更重的防范伪卡交易的责任，发生伪卡交易时，如果银行主张免除其对持卡人的付款责任，应当举证证明系因持卡人未能妥善保管银行卡或密码所致，即适用举证责任倒置原则。本案中，何某在无出境的情况下，银行卡分别在中国香港地区、加拿大两地被盗刷，公安机关出具的证明证实犯罪嫌疑人所复制的卡片中有何某的卡片，由此可见本案是属于伪卡交易，银行未能准确识别伪卡致何某的款项被盗刷，应承担赔偿责任。

审判实践中，关于发生伪卡交易时储户损害责任承担的判断，是从保护储户作为金融消费者合法权益的角度出发，通过对银行和储户双方的利益衡量，从伪卡盗刷所产生的损失分配、处理和预防等方面确定储户损失的责任承担。这就要求银行应积极采取银行卡风险识别、分析、监控和管理的有效办法，特别是现时移动支付平台不断发展的情况下，银行部门通过完善卡片服务、修补技术漏洞、采取交易技术升级创新措施，完善银行卡风险管理平台和机制，提高银行卡风险预警能力，以达到有效保护交易安全、有利于切实保障储户的合法权益的目标，从而更好地促进整个银行卡业务的良性健康发展，有效地提高社会交易秩序的安全性。

保障资金安全的责任既在银行，也在储户。现时移动支付方式不断发展，支付平台常需捆绑银行卡的相关信息，因此储户无论在实体支付还是平台支付的过程中，均需尽谨慎义务，遵守各项使用规则，谨防银行卡被盗刷。

编写人：广东省肇庆市中级人民法院　吕翠华

14

银行账户款项被莫名转走的责任承担

——刘某成诉中国工商银行股份有限公司云浮分行信用卡案

【案件基本信息】

1. 判决书字号

广东省云浮市云城区人民法院（2016）粤 5302 民初 1527 号民事判决书

2. 案由：信用卡纠纷

3. 当事人

原告：刘某成

被告：中国工商银行股份有限公司云浮分行（以下简称工行云浮分行）

【基本案情】

2012 年 3 月 30 日，刘某成向工行云浮分行申请开办理财金账户卡，并填写了《个人客户业务申请书》，被告同意原告开卡，原、被告签订的《个人客户业务申请书》中载明，卡号：622208202000014××××，业务种类：工银信使协议签订（余额变动通知），营业网点渠道定制状态、自助渠道定制状态、其他渠道定制状态均为定制，通知手机号码：13537927×××。《个人客户业务申请书》的《账户管理协议》第十四条约定："对于预留密码的账户，凡使用正确密码进行的交易均视为甲方（客户）本人行为，甲方应妥善保管账户介质、密码、印鉴、本人有效身份证件及有关业务凭证等，因甲方保管不善造成的损失由甲方自行承担。"《信使服务协议》约定：工行信使服务是乙方（工商银行）通过手机短信、电子邮件、邮寄等方式，按照甲方定制的服务信息内容，为甲方（客户）提供的一种有偿信息服务；甲方使用乙方工行信使服务，应选定具体的服务项目和发送方式，并预留相应的手机号码等联系信息；乙方因以下情况没有提供工行信使服务的，不承担任何责任：1. 甲方预留信息不准确或甲方预留信息发生变更未及时通知乙方进行修改，由此造成信息失密或甲方无法收到信使服务信息的……3. 乙方遇到不可抗力、计算机黑客袭击、系统故障、通信故障、网络拥堵、供电系统故障、电脑病毒、恶意程序攻击及其他不可归因于乙方的情况时，甲方未收到或延迟收到信息的。上述协议还对其他相关事宜作了约定。

刘某成的卡号为622208202000014××××的账户在2015年5月1日、2日、5日发生转账支付，分别转到中国银联股份有限公司上海分公司、快钱支付清算信息有限公司客户备付金、深圳泰海网络科技服务有限公司、财付通支付科技有限公司备付金四家公司，合计转账17笔，金额共15743.37元，分别为2015年5月1日支付了14笔共13389元，2015年5月2日支付了2笔共1354.87元，2015年5月5日支付了1笔999.5元，操作渠道均为网上银行，其中有9笔的支付方式为工银e支付。其后，上述公司分别于2015年5月4日、5月7日、8月13日、10月28日合计转账10笔、金额为7079.4元到原告的卡号为622208202000014××××的账户及原告另外在被告处设的卡号为622202202000249××××的账户，所转入的每笔金额与原来转出的每笔金额一致。对比转出转入的金额，差额为8663.97元。

工行云浮分行提供的工银e支付注册信息载明，卡号为622208202000014××××的账户于2015年5月1日12时20分56秒注册，手机号码为1353792××××，单笔限额为10000元，日累计限额为10000元，于2015年5月5日修改单笔限额为5000元，日累计限额为5000元。

工行云浮分行提供的工行客服电话95588发送短信到原告的手机号码1353792××××清单（发送时间为2015年5月1日12时8分54秒至2015年5月5日15时53分53秒）载明，共发送24条信息，其中涉及本案的17笔转账转出均发送了短信信息，该17条信息的内容除了时间、金额不同外，其余内容均相同，如2015年5月1日12时47分34秒第一笔转账的内容为："你尾号××××卡1日12：47在网上银行支出（b2c）1998元，余额12748.56元。【工商银行】。"涉及本案款项的转账转入信息1条，其他支出通知短信2条，防骗提示1条，通知刘某成其他账户还款信息1条，2015年5月2日、5月3日的查看定制工银信使服务信息2条，其中2015年5月2日2时52分1秒的工银信使服务信息内容为："短信验证码：

167147，你正在查看定制的工银信使服务，请将验证码输入网页中。短信编号：173061，请勿泄露短信验证码。【工商银行】。”

刘某成称其在2015年5月5日查询借记卡内金额时发现卡内存款14743元被转走了，而刘某成的银行卡并未开通网上银行业务及手机银行，原告号码为1353792××××的手机并没有收到工行云浮分行的短信通知。为此，刘某成于2015年5月5日16时50分向公安机关报案，但该案至今仍未侦破。

庭审中，刘某成称是根据其账户被转走金额主张工行云浮分行赔偿14743元，刘某成与转账涉及的四家公司并没有经济往来，在核对被告证据后，确认收到该四家公司退回的7079.4元。

【案件焦点】

刘某成银行卡的款项被莫名转走，刘某成、工行云浮分行的过错责任应如何确定。

【法院裁判要旨】

广东省云浮市云城区人民法院经审理认为：刘某成在向工行云浮分行办理理财金卡后，与其形成储蓄存款合同的法律关系，双方当事人对于账户内资金的安全依合同约定均应承担相应的责任。刘某成办卡后对其账户设置了密码，他人根本不可能知晓，而款项被转走，其密码泄露也是必不可少的原因，刘某成在使用银行卡过程中，不排除将密码无意泄露或者是在使用的过程中被他人窃取。而在注册开通工银e支付需要输入身份信息、卡（账号）密码等，在转账操作过程中，亦需要输入密码，因此，刘某成对自己的银行卡及密码没有尽到充分的注意义务，应承担相应的责任。另外，刘某成称其手机没有收到工行云浮分行发送的转账短信，但没有提供证据反驳工行云浮分行举证的从工行客服电话95588发送短信清单，该辩解理据不足，本院不予采信。再者，刘某成的银行卡在刘某成报警后，由本案涉及的四家公司多次转入款项，但刘某成却不知情，仍以转账金额14743元提起本案诉讼，可见，刘某成对自己的账户是在发现问题后仍怠于管理，没有尽到必要的注意义务。

对于工行云浮分行是否需要承担责任的问题，应从银行是否遵守了相关操作流程、银行系统是否存在管理和技术漏洞进行认定。银行提供的金融服务，特别是网络银行、手机银行等新型服务，为客户带来了便捷，但银行必须确保它是安全的，如存在犯罪分子通过其他手段盗取用户的手机资料等情形，需要查明网络银行是否存在技术漏洞。本案中，根据工行云浮分行举证的注册开通工银e支付流程：输入手机号、卡（账）号、验证码——输入身份信息、卡（账号）密码等——发送短信验证码至客户手机——输入手机短信验证码——验证码验证通过开通成功。而原告的卡号为622208202000014××××的账户于2015年5月1日12时20分56秒注册工银e支付成功，但是，从被告举证的在工行客服电话95588发送的短信中，并没有在12时20分56秒发送注册短信、验证码到原告的手机。另外，根据上述账号工银e支付于2015年5月1日注册信息，单笔限额为10000元，日累计限额为10000元。而在2015年5月1日，刘某成的账户已转账共支付了13389元，超过注册的日累计限额10000元。可见，工行云浮分行的银行系统存在安全管理问题和技术漏洞，故工行云浮分行对刘某成账户被转账支付亦存在过错，应对刘某成的损失承担相应的责任。

综合本案，刘某成的账户款项转到中国银联股份有限公司上海分公司、快钱支付清算信息有限公司客户备付金、深圳泰海网络科技服务有限公司、财付通支付科技有限公司备付金四家公司，合计金额15743.37元，其后，上述公司又合共将款项7079.4元转回到刘某成的账户，对比刘某成的损失金额为8663.97元。结合刘某成、工行云浮分行的过错及本案实际，应由刘某成自行承担50%的损失，其余50%损失由工行云浮分行赔偿给刘某成，即赔偿4331.99元（8663.97元×50%）。刘某成主张被告支付利息，依法无据，不予支持。

广东省云浮市云城区人民法院依照《中华人民共和国民法通则》第一百零六条第二款、第一百三十四条，《中华人民共和国合同法》第六十条，《中华人民共和国侵权责任法》第六条第一款、第十五条，《中华人民共和国民事诉讼法》第六十四条第一款，《最高人民法院关于适用〈中华人民共和国民事诉讼法〉的解释》第九十条的规定，判决如下：

一、被告工行云浮分行于本判决发生法律效力之日起五日内赔偿4331.99元给原告刘某成；

二、驳回原告刘某成的其他诉讼请求。

【法官后语】

涉案资金被盗刷的原因，是由于原告手机信息、银行账户密码的泄露所造成的，原告设置的账户密码由其个人掌握控制，不为银行所知，他人通过窃取密码而盗取款项说明原告对银行卡密码保管不当，发生账户和密码泄露最终导致损失，原告使用电子银行时没有做到足够警惕和注意，对账户资金被盗负有责任，应自行承担部分责任。被告作为金融机构，需增强金融服务的安全性，提高银行系统软件的技术水平，承担相应安全保障责任。银行在为储户提供电话银行、网上银行、手机银行等电子银行服务时，也应提供相应配套措施用以检测用户交易环境是否安全，以免储户账号信息泄露，本案中，被告的银行系统存在安全管理问题和技术漏洞，故被告对原告账户被转账支付亦存在过错，应承担相应的赔偿责任。

值得注意的是，近年来，网络诈骗、电信诈骗案件较多，且通过网络支付方式普遍，如何保障资金安全需要通过公安、银行、通信运营商等部门建立有效的联合制定相关的措施，保障储户的资金安全。

编写人：广东省云浮市云城区人民法院　申少斌

15

商业银行格式条款规制与金融消费者权益保护

——中国银行股份有限公司镇江分行诉袁某仁信用卡案

【案件基本信息】

1. 裁判书字号

江苏省镇江市京口区人民法院（2017）苏1102民初3474号民事判决书

2. 案由：信用卡纠纷

3. 当事人

原告：中国银行股份有限公司镇江分行（以下简称中行镇江分行）

被告：袁某仁

【基本案情】

2016年7月20日，袁某仁曾于中行镇江分行处申请办理中国银行都市缤纷阿狸守望信用卡一张，并自愿遵守领用合约相关约定。如到还款日前未能偿还全部欠款，应当按约支付利息、复利及违约金等相关费用。中行镇江分行审核后发放信用卡一张，卡号为625906323720××××。袁某仁透支使用后未能按约支付上述款项。故诉至法院，请求判令袁某仁偿还欠款本金62013.87元、利息2502.51元、费用（即滞纳金）2603.10元，合计67119.48元（截至2017年7月3日），此后利息按合同约定计算至实际清偿之日止。

【案件焦点】

中行镇江分行主张滞纳金费用调整已按合同约定通过网站公告公示，袁某仁未提出异议，是否视为默示同意，中行镇江分行主张的滞纳金费用应否支持。

【法院裁判要旨】

江苏省镇江市京口区人民法院经审理认为：涉案信用卡的申领、发放及透支使用约定系双方真实意思表示，不违反法律、法规强制性规定，应为合法、有效合同，各方均应按约全面履行义务。被告透支使用信用卡后逾期还款已构成违约，原告有权要求被告按约偿还借款本金62013.87元及利息（含复利）。

关于中行镇江分行主张的滞纳金费用，首先，因滞纳金通常带有较强的行政强制色彩，并非平等市场主体之间经济活动的产物，故中国人民银行明确于2017年1月1日起予以取消，而本案所涉滞纳金均于此后发生；其次，《中华人民共和国合同法》第四十条规定，提供格式条款一方免除其责任、加重对方责任、排除对方主要权利的条款无效。中行镇江分行主张被告在公告发布后没有提请注销信用卡的行为属于默示同意，明显侵犯了消费者知悉权、选择权、公平交易权，加重了袁某仁的负担，不能认定该条款具有法律效力。鉴于以上理由，该主张无事实和法律依据，不予支持。

江苏省镇江市京口区人民法院依照《中华人民共和国合同法》第四十条、第六十条、第一百九十六条、第二百零五条、第二百零六条、第二百零七条，《中华人民共和国民事诉讼法》第六十四条、第一百四十四条之规定，判决如下：

一、被告袁某仁于本判决发生法律效力之日起十五日内向原告中行镇江分行支付借款本金62013.87元，截至2017年7月3日利息（含复利）2502.51元，此后利息

（含复利）以该欠款本金为基准在年利率24%范围内按约计算至实际清偿之日止；

二、驳回原告中行镇江分行的其他诉讼请求。

【法官后语】

消费者在购买金融产品和接受金融服务过程中，应当享有知悉权、选择权、公平交易权等多项权益，金融机构应当以普通消费者便于知悉的方式，可以理解的语言，详尽、清晰、全面披露金融产品与服务的细节，特别是对消费者的权利义务产生重大影响和决定消费者选择的核心内容。信用卡领用合约在收费项目调整事项上，赋予银行单方变更的权利，而根据合同契约性本质，银行并不具有单方任意变更合同的权利。合约中提供的格式条款明显排除消费者主要权利的，应视为无效条款。本案中，中行镇江分行主张已按照信用卡领用合约中的约定通过网络公告方式发布了滞纳金收费项目调整，其后被告没有提请注销信用卡的行为属于默示同意，侵犯了消费者的知悉权、选择权、公平交易权，加重了被告负担，应视为无效，中行镇江分行主张的滞纳金费用不应予以支持。

编写人：江苏省镇江市京口区人民法院　徐静怡

16

因“信用卡诈骗案”启动再审程序推翻“信用卡纠纷案”

——中国建设银行有限公司北京分行诉郭某森信用卡案

【案件基本信息】

1. 裁判书字号

北京市西城区人民法院（2017）京0102民监4号民事裁定书

北京市西城区人民法院（2017）京0102民再10号口头裁定准予撤诉

2. 案由：信用卡纠纷

3. 当事人

原告（被申诉人）：中国建设银行有限公司北京分行

被告（申诉人）：郭某森

【基本案情】

中国建设银行有限公司北京分行（以下简称建行）向北京市西城区人民法院诉称（以下简称西城法院），2012年12月16日，郭某森向建设银行申请办理中国建设银行龙卡信用卡（卡号为××××）。郭某森于2013年1月24日开始使用该卡，但未履行还款义务。截至2014年3月17日，拖欠本金、利息、滞纳金、相关费用共计52176.50元。故要求判令：1. 郭某森偿还建设银行截至2014年3月17日的信用卡欠款本金、利息、滞纳金及相关费用共计52176.5元，并按照《领用协议》的约定，支付自2014年3月18日起至全部欠款实际清偿之日止的利息、滞纳金和相关费用；2. 被告郭某森承担全部诉讼费用（含公告费260元）。

西城法院通过合法传唤，郭某森未出庭应诉，2014年11月3日西城法院作出2014年西民初字第14030号判决书支持了建行的诉讼请求。

2017年北京市西城区人民检察院（以下简称西城检察院）对上述案件进行了审查，并于2017年9月25日出具京西检民监（2017）11010200001号再审检察建议书，向西城法院提出再审检察建议。西城检察院称：北京市门头沟区人民法院（以下简称门头沟法院）2014年11月27日作出的（2014）门刑初字第205号刑事判决书中认定：2012年12月，被告人关某帆在网上买到被害人郭某森的身份证复印件，在建设银行办理了一张信用卡（卡号为××××），套现、消费人民币本金46754.73元。卡号为××××的信用卡并非郭某森申请办理的，郭某森亦未持卡进行消费透支。

西城法院审理查明，检察院所述上述情况属实，门头沟法院作出的（2014）门刑初字第205号刑事判决书中的被害人郭某森即西城法院（2014）西民初字第14030号案件的被告郭某森。

西城法院于2017年11月23日作出（2017）京0102民监4号民事裁定书，对2014年西民初字第14030号判决进行再审。再审过程中，建行申请撤诉，西城法院作出（2017）京0102民再10号口头裁定，同意建行撤诉，并记录在案。

【案件焦点】

1. 北京市门头沟区人民法院（2014）门刑初字第205号刑事判决书是否符合

《中华人民共和国民事诉讼法》第二百条第（一）项规定的“有新的证据”，足以推翻原判决、裁定，人民法院应当再审的情形；2. 如何确认原被告是否存在真实的信用卡服务合同关系。

【法院裁判要旨】

北京市西城区人民法院经审理认为：经门头沟法院生效刑事判决认定，被告人关某帆在网上购买郭某森的身份证复印件办理信用卡，郭某森与建行并未存在真实的信用卡服务合同关系。西城法院 2014 年西民初字第 14030 号民事案件的判决时间是 2014 年 11 月 3 日，门头沟法院（2014）门刑初字第 205 号的刑事判决时间是 2014 年 11 月 27 日，该刑事判决属于在西城法院判决后的新证据。该刑事判决属于《中华人民共和国民事诉讼法》第二百条第（一）项规定的“有新的证据”，足以推翻原判决、裁定，人民法院应当再审的情形。

北京市西城区人民法院依照《中华人民共和国民事诉讼法》第一百九十八条第一款、第二百零七条之规定，裁定：

一、本案由本院另行组成合议庭再审；

二、再审期间，中止（2014）西民初字第 14030 号判决书的执行。

再审期间，建行申请撤诉，通过征求双方当事人意见，为保证案件能及时执行回转，北京市西城区人民法院（2017）京 0102 民再 10 号当庭口头裁定同意撤诉，并记录在案。

【法官后语】

随着社会信用体系的日益健全，信用卡的使用越来越普遍，这给人们的生活带了诸多便利。与此同时，使用以虚假身份证明骗领信用卡及冒用他人信用卡的不法分子也不断涌现。这破坏了市场金融秩序和整个信用体系的建设，同时使被冒用人无端卷入诉讼纠纷，面临被强制执行的窘况。

本案的审理关键在于建行与郭某森是否存在真实的信用卡服务合同关系。在原审被告不知情、无法行使抗辩权的情况下，查明是否存在真实的信用卡服务合同关系存在一定的障碍。民事诉讼法规定，当事人有答辩并对对方当事人提交的证据进行质证的权利，被告经法院合法传唤，无正当理由拒不出庭应诉，视为其放弃了答辩和举证的权利。民事合同关系内容不违反我国现行法律、行政法规的强制性规定，应属有效民事合同关系。合同当事人均应当自觉履行在形成合同关系过程中所做出的相关承诺，否则构成违约。在被告行为构成违约的情况下，银行有权催收、追索欠款。法院根据原审中已有的证据可以依法支持建行的诉讼请求。

《最高人民法院、最高人民检察院关于办理妨害信用卡管理刑事案件具体应用法律若干问题的解释》第五条第二款规定：刑法第一百九十六条第一款第（三）项所称“冒用他人信用卡”，包括窃取、收买、骗取或者以其他非法方式获取他人信用卡信息资料，并通过互联网、通讯终端等使用的情形。门头沟法院于2014年11月27日作出的（2014）门刑初字第205号刑事判决书中认定：2012年12月，被告人关某帆在网上买到被害人郭某森的身份证复印件，在建设银行办理了一张信用卡（卡号为××××），套现、消费人民币本金46754.73元。被告人关某帆属于以非法占有为目的，使用以虚假身份证明骗领的信用卡及冒用他人信用卡进行信用卡诈骗。卡号为××××的信用卡并非郭某森申请办理的，郭某森亦未持卡进行消费透支。因此，西城法院根据门头沟法院刑事案件查明的事实作出再审的决定。再审过程中建行撤诉，双方达成共识郭某森与建行并未存在真实的信用卡服务合同关系。

该案的特殊意义在于，在使用以虚假身份骗领信用卡及冒用他人信用卡的信用卡诈骗案件中，常常会涉及被冒用人民事方面的信用卡纠纷。该案还有4件类似的串案，均涉及门头沟法院（2014）门刑初字第205号案件的被害人。在刑事案件的审理过程中若能及时联系上被害人或者与银行等金融机构建立有效的沟通机制，在刑事判决生效后，及时解除银行与被害人的信用卡服务关系，可以有效地避免民事方面的信用卡纠纷案件。这不但有利于信用体系的完善，同时能保障被冒用人的诉讼权利，保护被冒用人的知情权和财产安全。

本案给我们以下启示：一是如何在刑事及可能涉及的民事案件中建立及时有效的沟通机制对于保护民事主体的合法财产安全有着重要作用。二是银行等金融机构。如何防范风险，防止不法分子骗取或者冒用他人信用卡进行信用卡诈骗方面加强监管的意义非凡。三是公民个人。公民在保护自身信息安全方面加强自身的安全意识也非常重要。例如，在身份证复印件上写明“仅供××时间办理××业务”。四是互联网平台，在规范互联网行业公民个人信息安全制度建设和风险防控方面应当更加有所作为。

编写人：北京市西城区人民法院　陈施斯

二、储蓄存款合同纠纷

17

将K宝交由他人使用过程中银行卡内资金被转移，银行是否需要承担赔偿责任

——孙某元诉中国农业银行股份有限公司溧阳市支行储蓄存款合同案

【案件基本信息】

1. 裁判书字号

江苏省常州市中级人民法院（2017）苏04民终2380号民事判决书

2. 案由：储蓄存款合同纠纷

3. 当事人

原告（上诉人）：孙某元

被告（被上诉人）：中国农业银行股份有限公司溧阳市支行（以下简称农行溧阳支行）

【基本案情】

2010年6月18日，孙某元在农行溧阳支行申请办理借记卡一张。2015年11月9日，孙某元对前述账户申请启用了网上银行（二代K宝绑定），申请书附《电子银行业务章程ABC（2014）4022》《电子银行个人客户服务协议ABC（2014）4023》《个人网上银行客户安全提示书》。孙某元在申请材料上签字确认本人已阅知协议内容，同时，孙某元在《个人网上银行客户安全提示书》上签字确认。

2016年9月4日13时52分至15时15分，孙某元的前述账户银行发生20笔交

易，根据客户交易记录详细信息显示该20笔合计金额为70908元均在互联网上通过二代K宝认证交易，商户名称为中国银联股份有限公司上海分公司，二级商户名称为联动优势电子商务有限公司，收款户名中国银联股份有限公司上海分公司。联动优势电子商务有限公司于2016年12月21日向本院提供协查说明函，称其公司系支付机构，本案所涉20笔总计金额为70908元已经结算至上海海航物联网有限公司，孙某元使用的支付方式为B2C网银支付。上海海航物联网有限公司于2017年2月8日向本院提供情况说明，称其公司系支付机构，本案所涉20笔交易总计金额为70908元的最终商户为深圳市横尚耀科技有限公司。

2016年10月25日，武某娟（系孙某元儿媳）在农行溧阳支行书写材料一份，载明："……9月4号下午3点左右，我在公司办公室外带小孩玩，老板（孙某元）从他办公室出来找到我，问我有没有买东西或者转账，我说没有呀，转账的东西（K宝）在我家里没带在身上……K宝一直以来都是在我手里保管的，密码、K宝码只有我和老板知道，其他人不知道，其间K宝老板办回来后就交给我保管的，一直都没出现过问题……"孙某元在该材料上注明"情况和我儿媳武某娟所写一致，孙某元"。

孙某元陈述，2016年9月4日13时52分，其所有农业银行借记卡被转支电子商务支付20笔合计金额为70908元。其在接到短信提示后，于2016年9月4日15时26分35秒、27分20秒拨打农业银行客服电话95599口头挂失，于同日13时35分13秒拨打110电话报警，后于2016年9月5日10时到溧阳市公安局杨庄派出所报警，该所经初步审查后未予刑事立案。

关于K宝的操作方法，孙某元及农行溧阳支行均认可每一笔网银交易必须通过按"ok"键这一物理按钮才能最终完成。

【案件焦点】

通过第三方支付平台导致孙某元所持银行卡资金被转移后，农行溧阳支行是否需承担赔偿责任。

【法院裁判要旨】

江苏省溧阳市人民法院经审理认为：储蓄存款合同中，储户与银行机构关系的内容就是双方在储蓄存款合同中所享有的权利以及所承担的义务，在储户和银行机构之间建立起真实的存储关系后，双方应按照合同的约定享有权利及承担义务，如任何一方没有履行自己的全部或者部分合同义务，则构成违约，应当承担相应的违约赔偿责任。本案中，农行溧阳支行对银行卡的安全使用已尽到义务，在银行卡绑定第三方支付平台的情况下，发卡行均是向第三人履行合同义务，第三方支付平台的账号和支付密码由持卡人自行设置和保管，发卡行按指令支付款项的行为不应认定为合同履行错误。相反，孙某元在银行明确告知妥善保管密码和K宝的前提下仍将密码告知他人并由他人实际使用K宝。因此，持卡人孙某元存在保管不当、泄露密码的过错，对于孙某元要求农行溧阳支行赔偿其活期存款70908元及相应利息，没有事实和法律依据。

江苏省溧阳市人民法院依照《中华人民共和国合同法》第六十条第一款、第一百零七条，《中华人民共和国民事诉讼法》第六十四条第一款的规定，作出如下判决：

驳回孙某元的诉讼请求。

一审宣判后，孙某元提起上诉。江苏省常州市中级人民法院认为农行溧阳支行无须承担赔偿责任，理由如下：首先，本案中，孙某元所持农行卡资金被转移均是通过网银交易，有别于传统的伪卡交易，故不应适用伪卡交易的相关法律规定。其次，根据二代K宝的使用流程，农行溧阳支行已在业务关联时进行了相关信息验证，确保孙某元身份真实可靠，且在交易完成后向孙某元发送交易提示短信，故已全面履行了审核与通知义务。最后，孙某元未尽审慎保管义务，交由他人掌控二代K宝和密码，且在接受提示短信后存在疏忽，未能及时采取挂失措施导致损失的进一步扩大，故存在一定过错。综上，一审判决认定事实清楚，适用法律正确，应予维持。

江苏省常州市中级人民法院依照《中华人民共和国民事诉讼法》第一百七十条第一款第（一）项之规定，作出如下判决：

驳回上诉，维持原判。

【法官后语】

本案认定农行溧阳支行无须承担赔偿责任主要基于如下理由：

首先，根据法院向联动优势电子商务有限公司及上海海航物联网有限公司的调查显示，2016年9月4日13时52分至15时15分，孙某元622841041020963××××农行卡发生的20笔交易全部系网络支付。换言之，并不存在银行卡被他人以复制卡（或伪卡）方式盗取，由于银行的自动取款系统不能辨别真伪卡等因银行自身存在安全漏洞造成持卡人损失的情形。

其次，根据孙某元在庭审过程中的陈述，其办理网银后将密码告知了自己的儿媳妇武某娟，且将二代 K 宝交由武某娟保管，一直由武某娟进行转账等交易行为。本案诉争的 20 笔交易发生时，K 宝在孙某元家中，而孙某元和武某娟当时都在公司上班，K 宝并不在原告本人的掌控范围内。也就是说，对于《个人网上银行客户安全提示书》中“保护好自己的 K 宝和密码，K 宝使用完毕后应及时从电脑上取回”的要求，孙某元并未做到。

再次，在农行卡发生交易的当日下午 13 时 52 分至 15 时 15 分，农业银行根据孙某元申请办卡时预留的电话号码发送了交易提示短信，孙某元在庭审过程中陈述当时手机调成震动模式放在办公室充电，因为自己在书写材料故没有理会。一个小时有余的时间内，二十条短信，孙某元没有及时查看，对于及时挂失防止损失扩大来说，其本人存在一定过错。

最后，在孙某元申请启用网上银行（二代 K 宝绑定）时，农行溧阳支行已就如何正确使用网银、如何保护自己的密码和 K 宝安全等相关事宜进行了明确告知，孙某元对此也签名表示阅读和知晓。

编写人：江苏省溧阳市人民法院　蒋园圆

18

手机被植入木马病毒导致资金损失，银行是否担责

——徐某君诉中国工商银行股份有限公司兴化支行储蓄存款合同案

【案件基本信息】

1. 判决书字号

江苏省泰州市中级人民法院（2017）苏 12 民终 2285 号民事判决书

2. 案由：储蓄存款合同纠纷

3. 当事人

原告（上诉人）：徐某君

被告（被上诉人）：中国工商银行股份有限公司兴化支行（以下简称工行兴化支行）

【基本案情】

2009年12月7日，徐某君在工行兴化支行开立尾号为××××的理财金账户。2014年12月16日，徐某君通过网上银行开通该银行卡工行e支付，并给该卡绑定尾号为××××的手机号码。工银e支付是工商银行针对小额在线付款提供的一种便捷支付产品。付款时，只要输入预留手机接收到的短信验证码，无须U盾、电子银行密码器即可轻松完成付款。工银e支付具有月累计消费限额。徐某君的银行卡网上消费模式有两种：一种为无支付限额的，使用U盾支付；一种为工银e支付，单笔最高为5000元，每月最高为40000元。2016年1月27日，徐某君发现2016年1月18日该银行卡多笔交易非本人所为，遂向公安机关报警，并在工行兴化支行查询得知，其尾号××××的银行卡内资金被消费了7笔共计27498元。其中第一笔5000元为网上银行B2C业务，由工银e支付，款项转到中国移动电子商务有限公司；第二笔1999元为线上POS消费，款项转到中国网络技术有限公司；第三笔499元为快钱支付，款项转到快捷支付清算信息有限公司；其余四笔每笔5000元均为线上POS消费，款项均转到苏宁易购。徐某君陈述本人没有收到工银信使发送的短信提示。但工行兴化支行提供的工银信使记录表明，徐某君上述七笔消费均有短信提醒。

根据公安机关的调查，犯罪嫌疑人何某安等人获取到公民信息、木马病毒后，将带有木马病毒链接的短信发送给被害人，被害人点击链接后手机被植入木马病毒，何某安等人通过植入的木马病毒窃取到被害人银行卡、身份证号、手机号码等信息后将材料发给黄某令（中间商）等人，黄某令等人再发给陈某翔等人，陈某翔等人再通过苏宁门店扫码支付等通道用被害人的信息以及拦截到的支付宝验证码完成支付，盗刷被害人的银行卡。2016年1月18日，徐某君的尾号为××××的银行卡签约快捷支付，当天通过快捷支付消费499元。同日，犯罪嫌疑人陈某翔（化名林超）等人使用以徐某君名义注册的易付宝在苏宁易购网站订购苹果6S手机4部，并使用易付宝进行扫码支付共计20000元。

【案件焦点】

工行兴化支行对徐某君尾号为××××的理财金账户中27498元失盗是否存在过错，是否应当对徐某君账户资金损失承担责任。

【法院裁判要旨】

江苏省兴化市人民法院经审理认为：徐某君与工行兴化支行之间的储蓄存款合同合法有效，双方亦无争议，本院予以确认。徐某君开通网上银行和工行e支付后，不借助银行柜台、ATM柜员机、POS机或其他交易媒介，仅通过互联网、手机网站及其他终端电子交易平台就可以从事转账、汇款、手机支付等相关银行业务与商品交易。2016年1月18日，徐某君银行账户的七笔资金交易均通过互联网进行，分别通过网上银行、B2C交易、线上POS、快捷支付平台进行交易，仅在e支付、易付宝、快捷支付等有关客户端输入银行卡信息、交易密码或银行预留手机接收到的验证码就可以完成支付。而交易密码及手机接收到的验证码应当由徐某君本人掌握和控制，2016年1月18日，徐某君未收到工银信使发送的验证码及短信提示，应当是其身份证、银行卡、手机号码等信息及支付验证码在当天已经为犯罪嫌疑人陈某翔等人掌握和控制，而徐某君没有充分证据证明工行兴化支行对其银行卡密码泄露、资金被盗存在过错，故工行兴化支行对徐某君账户资金损失不应承担赔偿责任。徐某君的诉请，难以支持。

江苏省兴化市人民法院依照《中华人民共和国民事诉讼法》第六十条，《中华人民共和国民事诉讼法》第六十四条、第一百四十二条，《最高人民法院关于民事诉讼证据的若干规定》第二条的规定，判决如下：

驳回原告徐某君要求被告中国工商银行股份有限公司兴化支行赔偿徐某君存款损失27498元及利息（自2016年1月18日起至实际给付之日止，按年息6%计算）、律师代理费等所有诉讼请求。

徐某君持原审起诉意见提起上述。江苏省泰州市中级人民法院经审理认为：徐某君现没有证据证明工行兴化支行对其信息泄露、资金被盗存在过错，故工行兴化支行在提供电子银行服务时并无违反电子银行个人客户服务协议的行为。徐某君认为工行兴化支行电子银行交易环境缺乏安全应承担赔偿责任的上诉理由缺乏事实和法律依据，不予采纳。

江苏省泰州市中级人民法院依照《中华人民共和国民事诉讼法》第一百七十

条第一款第（一）项，判决如下：

驳回上诉，维持原判。

【法官后语】

国内大部分银行对于银行卡的使用主体以及银行卡密码的使用原则基本规定一致，均约定银行卡仅限本人使用，不得出借出租；所有通过银行卡密码进行的交易均视为本人操作。本案银行卡合约中即约定“经密码或验证要素校验通过，交易（含预授权交易）即视为甲方本人所为并由甲方承担交易款项”。

在银行卡纠纷的司法实践中，银行均以“通过密码操作即为本人操作”作为免责的抗辩理由，认为凭借密码交易而不需要识别交易者真实身份是现代电子化交易的核心要求。在当前的银行卡交易模式下，银行很难甚至不可能准确识别每一笔形式交易者的真实身份，只能设计物理介质的银行卡和存储意识的密码作为保障资金安全的双保险。持卡人负有妥善保管银行卡和密码的义务，对于他人凭借银行卡和密码进行交易，银行拟制为持卡人本人交易或合法授权的交易并无不当。审判实践中，“密码交易视为本人交易”的格式条款也有例外适用的情形。因不法分子利用在银行ATM机盗装的设备窃取密码和卡信息制作克隆卡导致资金损失，不适用“密码交易视为本人交易”规则。在此情形下，用户已经履行了妥善保管银行卡和密码的义务，由于银行未能提供必要安全、保密的业务办理环境导致资金损失，应当由银行承担相应的责任。

大多数的银行卡纠纷中，对于银行卡密码被盗取银行均存在过错。例如，在银行网点门口安装读卡器窃取储户信息，在自助银行门禁系统安装盗码器，利用ATM机盗取储户信息在本案中等银行未能为储户提供安全、保密的业务办理环境，属于未尽安全防范义务的情形，对于储户资金的损失银行应承担相应的责任。具体到本案中，不法分子通过在用户手机植入木马病毒，盗取用户银行卡、身份证号码、手机号码等信息，拦截短信验证码在互联网实现银行卡盗刷。本案银行卡交易密码被盗取是由于用户点击了不法分子发送的带有木马病毒的链接，银行按照合约依法履行了安全保障义务，发送交易验证码，对于交易密码泄露不存在过错，故对用户银行卡内资金损失不应承担赔偿责任。

编写人：江苏省兴化市人民法院　唐昌国　丁军生

19

未经持卡人书面确认，银行不得为持卡人开通自助转账类业务

——陈某坤诉交通银行股份有限公司成都蜀汉支行储蓄存款合同案

【案件基本信息】

1. 判决书字号

四川省成都市中级人民法院（2017）川01民终13238号民事判决书

2. 案由：储蓄存款合同纠纷

3. 当事人

原告（被上诉人）：陈某坤

被告（上诉人）：交通银行股份有限公司成都蜀汉支行（以下简称交行蜀汉支行）

【基本案情】

2017年3月22日，陈某坤在交行蜀汉支行办理了卡号为622262053000957××××磁条IC借记卡一张，预留联系电话为13671110×××。根据交行蜀汉支行提交的业务信息单显示，陈某坤持有的622262053000957××××磁条IC借记卡于2017年3月22日12时43分通过个人网银注册流程自助开通了手机银行和网上银行功能，手机银行和网上银行的日累计限额、单笔限额均为50000元。2017年3月24日9时49分5秒，陈某坤通过其光大银行账户将380000元转入上述新办的交行蜀汉支行借记卡账户。此后，根据交行蜀汉支行交易流水及回执单显示，陈某坤的案涉交行蜀汉支行借记卡账户于2017年3月24日10时50分36秒通过个人网银向案外人陈某伟6214834270850××××账户转账50000元；于10时57分50秒通过手机银行向陈某伟6214834270850××××账户转账50000元；于2017年3月25日0

时39分26秒通过个人网银向案外人叶某青6217920171638××××账户转账50000元；于0时42分37秒通过手机银行向叶某青6217920171638××××账户转账50000元；于2017年3月26日0时18分通过个人网银向案外人李某臣6217906000011529××××账户转账50000元；于2017年3月26日通过手机银行转出50000元；于2017年3月27日0时5分14秒通过个人网银向案外人宋某军6215592609002772××××转账50000元；于0时12分01秒通过手机银行向宋某军6215592609002772××××转账29952元。至此，陈某坤案涉交行蜀汉支行借记卡账户余额为0元。

2017年3月29日，陈某坤到交行蜀汉支行查询账户余额，发现账户余额为0元后随即向成都市公安局金牛区分局黄忠刑警中队报案。成都市公安局金牛区分局黄忠刑警中队向陈某坤出具《受案回执》一份，载明陈某坤被电信诈骗一案已受理。

诉讼中，陈某坤陈述以下事实："在交行蜀汉支行开户前我曾接到一个自称是检察长的电话，对方称我涉嫌洗黑钱的国家二级秘案，有个涉案人员与我有关，因考虑到我的钱都是血汗钱，从来没用过，我存了二十年，我要让他赶快还我一个清白。他让我配合他把我的资金清理干净。他说我在交行蜀汉支行没有业务，让我在交行蜀汉支行去开一个干净的卡。我到交行蜀汉支行办卡当天，银行柜员问我带手机没有，我说没有带，但是我将给我打电话的那个人的电话号码写在手心，我就告诉银行柜员办卡时预留的是这个111的手机号，是打电话那个人让我留他的手机号的。办卡后，对方还打电话来问我钱转没有，我没有告诉他，我说不知道什么时候转，我把我的银行卡号告诉了对方，但是没有告诉对方我的密码。"

交行蜀汉支行陈述以下事实：陈某坤在银行办卡当日确实没有在柜台办理开通网上银行和手机银行的业务，根据银行业务信息单显示，陈某坤银行卡的网上银行和手机银行业务都是通过网上自助方式开通。交行蜀汉支行网上银行和手机银行的开通有两种方式，一种是柜台开通，柜台开通是需要客户本人持本人身份证、银行卡、手机到柜台上开办的，开办的时候同时发送验证码，柜台开通的限额更大一些，如购买U盾限额会更大。另外一种是如果客户在我们系统中留存的信息是完整的，如手机号码和身份证号码是完整的，客户可以通过PC方式自助在网上进行开通，开通的时候需要提供客户卡号、身份证、登录取款密码、客户在系统预留的手机号码，如果点了确认开通后，手机会收到验证码，验证码输入正确后就可以自己开通了，这样开通的限额是单笔5万元，每日累计限额是5万元，我们出示的证据上限额就是5万元。但是这两种开通方式都是基于客户要提供他的密码进行核实，自助渠道都是要通过手机收取验证码核实才能开通的。

【案件焦点】

在陈某坤的银行存款被犯罪分子通过电信诈骗方式转走的这一事实中，交行蜀汉支行是否存在未尽到安全防范提示义务的违约行为。

【法院裁判要旨】

四川省成都市金牛区人民法院经审理认为：本案中，陈某坤在办理银行卡当日已明确告知银行柜员未携带本人手机，因陈某坤年近70，老年人是近年来电信诈骗的高危受害人群，而预留手机号码作为自助开通手机银行和网上银行功能的关键要件之一，其重要性等同于交易密码，但对陈某坤这样的非金融专业人士的老年人而言，如果银行不进行明示告知预留手机号的重要性，其可能并不知晓预留手机号码的重要性。现有证据无法根据交通银行提交的证据来证实案涉银行卡在开通手机银行、网上银行时其尽到了核实输入的信息与陈某坤预留信息一致的义务。2009年4月27日，中国人民银行、中国银行业监督管理委员会、公安部、国家工商总局联合发布《关于加强银行卡安全管理预防和打击银行卡犯罪的通知》（以下简称《通知》），《通知》第六条规定，严格自助转账业务的处理，未经持卡人主动申请并书面确认，发卡机构不得为持卡人开通电话转账、ATM转账、网上银行转账等自助转账类业务；为持卡人开通自助转账业务时，要向持卡人充分提示开通有关业务的风险，并要对持卡人进行更为严格的真实身份核查，确保实名开户，未履行职责，产生资金风险的，要依法承担责任。持卡人开通网上银行转账的，应采用数字证书、电子签名等安全认证方式，单笔转账金额不应超过1千元，每日累计转账金额不得超过5千元。案涉银行卡被犯罪分子自助开通手机银行、网上银行，而在开通手机银行、网上银行这一过程中，并无陈某坤的书面确认，故交通银行在自助开通手机银行、网上银行这一业务中，未严格按照《通知》的规定对持卡人进行更为严格的真实身份核查。而案涉银行卡在开通手机银行、网上银行后，被犯罪分子连续四天通过手机银行和网上银行的方式转走账户存款，且大部分交易发生在凌晨时分，除最后一笔金额外，其余金额均为手机银行和网上银行的单日最高限额5万元，其特征已经高度符合电信诈骗的特征。犯罪分子正是利用了交通银行的监管漏洞完成了犯罪行为。因此，交通银行在陈某坤被电信诈骗的这一过程中存在未尽到严格的安全防范提示义务以及在案涉银行卡自助开通手机银行、网上银行这一行为中未尽到严格、谨慎地审查义务的违约行为。

陈某坤作为案涉银行卡的持卡人和存款的所有人，仅凭犯罪分子的电话陈述，就轻信犯罪分子编造的谎言，轻易在办理银行卡时向银行提供了犯罪分子的电话作为自己银行卡的预留联系电话，并在取得银行卡后将银行卡号告知犯罪分子，结合本案实际情况，法院酌情确定由交通银行承担80%的责任，陈某坤自行承担20%的责任。

交行蜀汉支行不服一审判决提起上诉。四川省成都市中级人民法院经审理认为：本案二审争议的焦点为交行蜀汉支行应否向陈某坤赔偿损失。第一，办理银行卡业务时预留的手机号码，对于此后自助开通手机银行和网上银行功能尤为重要，交行蜀汉支行在为陈某坤办理业务时明知其未携带手机为其办理了银行卡，在办理过程中未认真向陈某坤确认该手机号是否为陈某坤所有，也未向陈某坤提示预留手机号码的重要性，未尽到应有的风险防范提示业务。如其上诉所称，因陈某坤未携带手机工作人员只能为其开通银行卡的基本服务功能，那么作为对开通网上银行、手机银行等功能银行系统更应设限，在自助开通上述功能特别是转账功能时加大身份识别力度。第二，银行卡大力发展的同时，风险管理形势也日益复杂，特别是电子银行业务的风险管理及防控更为重要，作为金融机构更应加强风险防控意识。《电子银行业务管理办法》第三十九条规定："金融机构应当与客户签订电子银行服务协议或合同，明确双方的权利与义务。在电子银行服务协议中，金融机构应向客户充分揭示利用电子银行进行交易可能面临的风险，金融机构已经采取的风险控制措施和客户应采取的风险控制措施，以及相关风险的责任承担。"《通知》第六条规定："严格自助转账业务的处理。未经持卡人主动申请并书面确认，发卡机构不得为持卡人开通电话转账、ATM 转账、网上银行转账等自助转账类业务；为持卡人开通自助转账业务时，要向持卡人充分提示开通有关业务的风险，并要对持卡人进行更为严格的真实身份核查，确保实名开户；未履行职责，产生资金风险的，要依法承担责任。持卡人开通电话、ATM 转账的，每日每卡转出金额不得超过 5 万元人民币。持卡人开通网上银行转账的，应采用数字证书、电子签名等安全认证方式，否则单笔转账金额不应超过 1 千元人民币，每日累计转账金额不得超过 5 千元人民币。”从上述规定可知对网上银行及手机银行的开通应有严格的限制，在自助开通陈某坤所持银行卡的网上银行和手机银行时，交行蜀汉支行并未举证证明其采用了数字证书、电子签名等安全认证方式，不能证明严格按照《通知》的规定对持卡人进行了更为严格的真实身份核查以及对转账金额进行限制，其在陈某坤的存款被诈骗过程中存在较大过错，一审法院综合案件情况判决由其承担80%的责任并无不当。交行蜀汉支行的上诉请求不能成立，应予驳回；一审认定事实清楚，适用法律正确，程序合法，应予维持。

四川省成都市中级人民法院依照《中华人民共和国民事诉讼法》第一百七十条第一款第（一）项之规定，判决如下：

驳回上诉，维持原判。

【法官后语】

人民法院受理的针对银行卡被盗刷的民事案件日益增多。中国人民银行、中国银行业监督管理委员会、公安部、国家工商总局于2009年4月27日联合发布了《关于加强银行卡安全管理预防和打击银行卡犯罪的通知》，《通知》中明确要求发卡行保护持卡人信息安全，完善对交易信息的动态监测，实现对持卡人信息的风险防控，《通知》第六条还明确规定，严格自助转账业务的处理，未经持卡人主动申请并书面确认，发卡机构不得为持卡人开通电话转账、网上银行转账等自助转账类业务，为持卡人开通自助转账业务时，要向持卡人充分提示开通有关业务的风险，并要对持卡人进行更为严格的真实身份核查，确保实名开户，未履行职责，产生资金风险的，要依法承担责任。

本案中，犯罪分子正是利用了交通银行开通自助转账类业务的漏洞，在未经持卡人书面确认的情况下为案涉银行卡开通了手机银行、网上银行的自助转账业务，导致持卡人银行账户存款被犯罪分子全部转走，因此，银行应当依法承担责任。当然，作为持卡人和存款的所有人同样对银行卡的资金安全、银行卡的卡号及密码等重要信息负有谨慎的保管义务，如果轻易在办理银行卡时向银行提供了犯罪分子的电话作为自己银行卡的预留电话，其自身亦存在疏忽大意的过错，同样要对存款的损失承担一定责任。

编写人：四川省成都市金牛区人民法院　郭雅丽

20

个人银行预留的信息变更后，银行应否就储户账户不明支出承担责任

——程某诉中国农业银行股份有限公司昆明潘家湾支行储蓄存款合同案

【案件基本信息】

1. 判决书字号

云南省昆明市中级人民法院（2016）云01民终2737号民事判决书

2. 案由：储蓄存款合同纠纷

3. 当事人

原告（上诉人）：程某

被告（被上诉人）：中国农业银行股份有限公司昆明潘家湾支行（以下简称农业银行）

【基本案情】

程某持有卡号为6228848086830206××××的农业银行借记卡，2015年6月21日因结息转入111.01元，当时余额为67334.25元。其后于2015年8月24日至2015年8月31日，该账户发生12笔存入业务共计880981.17元及85笔支出业务共计948314.85元，上述业务均通过网上银行及第三方支付操作办理，其中在发生多笔转出业务后，于2015年8月25日至2015年8月31日通过网上银行分7笔存入142105元。截至2015年9月1日，该账户余额为人民币0.5元。另查明，程某持有的卡号为622845056601744××××的农业银行借记卡，于2015年9月24日通过网上银行分4笔支出371元。程某所持有的上述两张银行借记卡均办理了网上银行及手机银行业务。

程某与农业银行协商处理上述事件未果后，向法院起诉，请求判令：一、农业

银行向程某返还存款776381.41元及利息（利息自2015年8月24日起按中国人民银行同期存款利率计至农业银行付清款项之日止）；二、农业银行承担本案诉讼费。

【案件焦点】

1. 如何认定程某对于其账户的控制支配能力及待证事实发生的盖然性；2. 程某的账户是否被盗刷；3. 农业银行在履行其与程某的储蓄存款合同中是否存在过错。

【法院裁判要旨】

云南省昆明市五华区人民法院经审理认为：程某在中国农业银行股份有限公司昆明潘家湾支行办理了卡号为6228848086830206××××及卡号为622845056601744××××的农业银行借记卡两张，故程某与农业银行建立了储蓄合同关系。根据《中华人民共和国民事诉讼法》第六十四条的规定：当事人对自己提出的主张，有责任提供证据。《最高人民法院关于民事诉讼证据的若干规定》第二条规定：当事人对自己提出的诉讼请求所依据的事实或者反驳对方诉讼请求所依据的事实有责任提供证据加以证明。没有证据或者证据不足以证明当事人的事实主张的，由负有举证责任的当事人承担不利后果。原审法院认为，依据法律规定，程某主张银行系统存在安全隐患或其他损害程某账户资金安全的行为导致其损失的，应该由程某举证证明，本案中程某没有证据证明程某账款上的款项是被盗用的，也无证据证明农业银行存在过错或违反操作规程的情况，而且程某所持银行借记卡6228848086830206××××在此期间仍有多笔存入业务，且转入金额较大，如果账户存在盗取，也不可能有存入业务，存入也与常理违背。程某所诉无事实及法律依据，予以驳回。

云南省昆明市五华区人民法院依据《中华人民共和国民事诉讼法》第六十四条、第一百一十八条之规定，判决如下：

驳回程某的诉讼请求。

程某提起上诉。云南省昆明市中级人民法院经审理认为：依据《中华人民共和国商业银行法》第六条"商业银行应当保障存款人的合法权益不受任何单位和个人的侵犯"之规定，商业银行对持卡人存款具有安全保障义务。该安全保障义务包括对交易机具、交易场所的安全管理，以及对包括银行卡在内的各项软硬件设施及时更新升级，以最大限度防范持卡人资金交易安全漏洞。程某与农业银行之间存在储蓄存款合同关系，农业银行应保障程某账户内资金的安全。程某账户消费以及程某未能及时发现账户资金变化的原因是 2015 年 8 月 21 日农业银行嵩明黄龙支行在经系统将客户资料自动上传授权中心进行远程授权审核后对程某的银行预留电话号码变更为 13430291 × × ×。对于农业银行提交的 2015 年 8 月 21 日客户资料登记、变更表；个人结算账户申请书；银行卡存款凭条。程某认为上述证据中的“程某”的签字并不是其本人亲笔签名，并已经申请司法鉴定，经法庭释明，农业银行未能在指定的期限内提交上述证据的原件用于鉴定，农业银行应当就此承担举证不能的法律后果，二审法院认定 2015 年 8 月 21 日申请办理开户变更程某账户的不是程某本人。农业银行在授权变更程某账户银行预留电话号码和信息的行为存在过错。由于银行预留电话号码的变更，导致程某本人对其账户资金情况不能及时知悉，自 2015 年 8 月 21 日之后就对其账户失去控制。自 2015 年 8 月 24 日起至 2015 年 8 月 31 日止，程某的借记卡 6228848086830206 × × × ×发生的银行支付交易中，交易时间多发生在凌晨。交易的省市涉及浙江、深圳、云南、上海，多次出现极短时间内跨省市交易的情形，不可能系程某本人持真卡进行的交易。银行对持卡人资金负有安全保障义务，无论持卡人账户资金以何种形式对外发生支出，银行均应进行审核，在确保系持卡人或持卡人授权的情况下，方能支付。由于农业银行在未确认是程某本人的情形下，授权将程某银行预留电话号码变更，导致程某账户资金变动时不能及时知悉并失去对账户的控制，农业银行不能举证证明其已对涉案的程某账户资金支付尽到应有的安全保障，其应对程某账户资金的不明支出承担责任，原审法院对此认定错误，二审法院予以纠正，程某的上诉主张有事实及法律依据，予以支持。农业银行抗辩本案程某银行卡不存在盗刷的主张与本案查清的事实相悖，不予支持。

关于程某提出按中国人民银行同期贷款利率支付利息的诉讼主张，因程某的诉争存款账户为活期存款账户，其资金在该账户中的收益仅为活期存款利息，其主张按同期存款利率支付符合法律规定，按中国人民银行活期存款利率予以支持，即支持程某主张的以 776010.41 元为本金，自 2015 年 8 月 24 日起至款项实际清偿之日止，按照中国人民银行同期存款利率计算的利息；以及以 371 元为本金，自 2015 年 9 月 24 日起至款项实际清偿之日止，按照中国人民银行同期存款利率计算的利息。

云南省昆明市中级人民法院依照《中华人民共和国合同法》第六条、第六十条，《中华人民共和国民事诉讼法》第六十四条第一款、第一百七十条第一款第（二）项，《最高人民法院关于适用〈中华人民共和国民事诉讼法〉的解释》第九十条、第九十一条第一款之规定，判决如下：

一、撤销昆明市五华区人民法院（2015）五法民三初字第2269号民事判决；

二、由中国农业银行股份有限公司昆明潘家湾支行于本判决生效之日起十日内赔偿程某存款损失776381.41元，并支付以776010.41元为本金，自2015年8月24日起至款项实际付清之日止，按中国人民银行活期存款利率计算的利息，以及以371元为本金，自2015年9月24日起至款项实际付清之日止，按中国人民银行活期存款利率计算的利息。

【法官后语】

本案一审过程中，程某虽举证了其账户存款存在减少的事实，但是未能举证证明其对存款账户已经失控，并不能及时知悉账户情况，一审法院将上述举证责任分配给程某，导致程某举证不力，未能证明本案中存在其银行卡账户被盗刷的情形。二审中，经过法院对当事人进行了待证事实的释明以及重新分配举证责任，查清了银行在对程某银行预留个人信息（最重要的是账户绑定的手机号码）变更审查中存在过错，银行在未确认是程某本人操作的情形下，授权将程某银行预留电话号码变更，导致程某对其银行账户失去控制，以及在账户资金变动时不能及时知悉，认定了本案中存在程某银行卡被盗刷的情形，故银行在本案中存在过错，银行对程某账户资金支付亦未尽到应有的安全保障，其应对程某账户资金的不明支出（支出中包含伪卡交易和非伪卡交易）承担责任。

一般而言，具备下列情况之一的，可以认定存在伪卡交易：1. 行为人并非持卡人本人，且存在安装测录装置盗取银行卡信息、密码等行为的；2. 交易银行卡的样式、颜色、标记等与真实的银行卡差异较大的；3. 涉案银行卡账户短时间内在异地交易，有证据或者依据常理推断持卡人未在该时该地交易的（可以根据经验法则，结合交易行为地与持卡人处所的距离、交易时间和报案时间、持卡人身份、持卡人的陈述等情况，综合考量后，对是否存在伪卡交易作出认定）；4. 签购单等交易单据上的签名与银行卡上记载的持卡人签名明显不一致的；5. 其他能够证明伪卡交易的情形的。简言之，认定原则为持卡人“人在当地、卡在身、交易在异地”。

在伪卡交易诉讼中，由于持卡人所持银行卡的性质不同，涉及的诉讼主体亦有区别。当持卡人持银行卡系借记卡时诉讼主体由持卡人、发卡行、收单行构成。鉴于持卡人与发卡行之间的储蓄合同关系，持卡人的主合同义务系将其存款存储于发卡行；发卡行的主合同义务则是到期还本付息。伪卡交易引发的银行卡纠纷案件，涉及发卡行、收单行、持卡人、特约商户、制作伪卡进行交易的犯罪分子等多方主体，法律关系复杂。各方主体应依法依约履行相应义务：发卡行负有按约给付存款本息、保障持卡人用卡安全等义务；收单行负有保障持卡人用卡安全的义务；持卡人负有妥善保管银行卡及密码的义务；特约商户负有审核持卡人真实身份和银行卡真伪的义务。任何一方违反义务，均应承担相应责任。关于责任承担问题，持卡人基于银行卡合同法律关系起诉发卡行，发卡行因第三人制作伪卡构成违约的，应当向持卡人承担违约责任。发卡行承担责任后，有权向第三人主张权利。

在伪卡交易认定中，持卡人需就交易性质系伪卡交易进行初步证明，如其持有的银行卡并未脱离其控制、诉争款项非其本人支取或消费。在审判实践中，持卡人一般无须就密码泄露非本人责任进行举证，原因在于交易密码泄露原因难以举证，同时如果存在持卡人故意泄露密码情形则涉及刑事上的共同犯罪，发卡行可在刑事案件中得以救济。当持卡人持有贷记卡时涉及的诉讼主体较为复杂，在诉讼实践中多以发卡行起诉持卡人还款的形式出现。此类案件中，持卡人如抗辩交易非其本人操作，则应当追加签约商户及收单行为第三人或共同被告。持卡人支持其抗辩主张的举证责任与上述借记卡交易一致；收单行及签约商户应就其已尽形式审查义务举证（如银行卡签名与回单签名的一致性）。总之，在伪卡交易纠纷案件中，持卡人作为合同相对弱势一方，在举证责任分配上只需完成初步举证即可。

发卡行、收单行、特约商户应提交由其持有的案涉刷卡行为发生时的对账单、签购单、监控录像等证据材料。无正当理由拒不提供的，应承担不利法律后果。

编写人：云南省昆明市中级人民法院　古维贤

21

对伪卡持卡人付款的行为是否构成银行违约

——杨某琼诉中国农业银行股份有限公司寻甸回族彝族自治县支行储蓄存款合同案

【案件基本信息】

1. 判决书字号

云南省寻甸回族彝族自治县人民法院（2017）云 0129 民初 1501 号民事判决书

2. 案由：储蓄存款合同纠纷

3. 当事人

原告：杨某琼

被告：中国农业银行股份有限公司寻甸回族彝族自治县支行（以下简称农行寻甸支行）

【基本案情】

2017 年 4 月 7 日，杨某琼在寻甸县七星镇民康医院上班期间，收到农业银行客户服务热线 95599 发送的 7 条短信，通知原告卡号为 622848086863788 × × × × 的农行借记卡里的人民币 9952.78 元被分 3 笔通过香港银通 ATM 机提现 11000 港元，折合人民币 9818.6 元，并被扣除手续费人民币 134.18 元。杨某琼随即到附近 ATM 机分 2 次提现人民币 1300 元，并拨打农业银行客户服务热线 95599 对农行借记卡进行冻结，之后到寻甸县七星派出所报案，寻甸县七星派出所已按诈骗案立案侦查。

【案件焦点】

农行寻甸支行在储蓄存款合同中是否存在违约行为。

【法院裁判要旨】

云南省寻甸回族彝族自治县人民法院经审理认为：储蓄存款合同是存款人与金融机构订立的存款人将人民币或外币存入金融机构，金融机构有权支配存入资金，存款人可以支取本息的协议。原告向被告申请了借记卡，被告按约定向原告发放了借记卡，且原告一直使用该张借记卡，原、被告之间形成了储蓄存款合同关系，原、被告之间的储蓄存款合同合法有效，合同的当事人应当按照合同的约定全面履行各自的义务。

《中华人民共和国商业银行法》第六条规定：商业银行应当保障存款人的合法权益不受任何单位和个人的侵犯。本案诉争标的人民币 9952.78 元交易地点为中国香港地区，发生时间在 2017 年 4 月 7 日 18 时 44 分至 18 时 46 分。交易发生时，杨某琼正在寻甸县七星镇民康医院上班，借记卡在自己身上。依据空间、时间等常识判断，杨某琼或者其委托人难以使用同一张银行卡往返两地操作，故该交易应认定为犯罪嫌疑人利用伪造复制的银行卡进行伪卡交易。犯罪嫌疑人能够利用伪卡进行交易，表明农业银行发放的借记卡不具有唯一的可识别性和不可复制性，被复制的银行卡不能被交易系统排除，存在一定的安全隐患，由此认定农行寻甸支行在储蓄存款合同过程中存在未尽到安全保障义务的违约行为。本案虽涉及案外人涉嫌刑事犯罪的情形，寻甸县七星派出所已按诈骗案立案侦查，但杨某琼是以合同相对方未履行安全保障义务之违约赔偿纠纷起诉被告，本案与刑事案件法律关系的性质不同，故农行寻甸支行应当对杨某琼的损失进行赔偿。

庭审中，农行寻甸支行提出卡被盗取因原告对借记卡的保管有过错才会使资金被盗取的辩解意见，法院认为，被告对这一辩解意见应当提交相关证据证实，但中国农业银行股份有限公司寻甸回族彝族自治县支行未提交相关证据证实其辩解意见，不予支持。

云南省寻甸回族彝族自治县人民法院依照《中华人民共和国合同法》第六十条、第一百零七条，《诉讼费用交纳办法》第十六条、第二十九条之规定，作出如下判决：

由被告农行寻甸支行于本判决生效之日起十日内赔偿原告杨某琼的储蓄存款损失人民币 9952.78 元。

【法官后语】

本案处理重点主要在于如何认定中国农业银行股份有限公司寻甸回族彝族自治县支行银行对伪卡持卡人付款的行为构成违约。《中华人民共和国商业银行法》第六条规定：商业银行应当保障存款人的合法权益不受任何单位和个人的侵犯。具体到本案中，双方存在储蓄存款合同关系，杨某琼携带在身上的储蓄卡在中国香港地区被盗刷，中国农业银行股份有限公司寻甸回族彝族自治县支行是否承担责任关键在于判断被告向犯罪嫌疑人持有的伪卡付款行为的效力，若有效，则银行与真卡持卡人的债权债务关系消灭，反之则未消灭。而真实有效的银行卡是银行合法付款时不可或缺的条件和最基础的环节，因此，银行有义务对银行卡的真伪进行识别，银行应当保障储户的存款安全，如果银行未尽到这个义务，则构成违约。银行是银行卡的发行者，银行掌握了银行卡识别的技术，伪卡的识别义务在银行，当银行未能识别出假卡而错误付款时，其过错是重大的，应当承担赔偿责任。

编写人：云南省昆明市寻甸回族彝族自治县人民法院　杨朝丽

22

储户与银行在安全义务上的界限

——黄某权诉中国农业银行股份有限公司海口南沙路支行银行卡案

【案件基本信息】

1. 裁判书字号

海南省海口市中级人民法院（2017）琼01民众3855号民事判决书

2. 案由：银行卡纠纷

3. 当事人

原告：黄某权

被告：中国农业银行股份有限公司海口南沙路支行（以下简称农行南山路支行）

【基本案情】

2012 年 10 月 6 日，黄某权在农行南山路支行办理了一张银行借记卡，此后办理了电子银行业务、开通网上银行转账和 K 宝功能，该银行卡一直在黄某权处。2015 年 8 月 10 日凌晨，该银行卡被他人分三次共盗刷 147110 元。黄某权于当日申请挂失该银行卡，并于 2015 年 8 月 11 日向公安机关报案。经公安机关查明，该银行卡的三笔金额被转入网易宝有限公司的某网易宝账号中。公安机关依法冻结了易宝账号中被盗刷金额的 120010 元，另外 27100 元已于 2015 年 8 月 10 日凌晨在杭州农行南山路支行营业部被取走，但犯罪嫌疑人真实身份无法确定。事后经过诉讼，网易宝公司退还黄某权 120010 元。黄某权认为农行南山路支行未保障其银行卡内资金交易安全，应向其偿还 27100 元及利息。

【案件焦点】

银行与储户在安全保障义务上的划分。

【法院裁判要旨】

海南省海口市龙华区人民法院经审理认为：在黄某权与农行南山路支行之间形成的储蓄存款合同关系中，储户负有妥善保管银行卡和密码，以及资金被非法转移后减少损失扩大的义务；银行负有为储户提供安全保障的义务。黄某权在发现银行卡内资金被转移后第一时间申请挂失并报警，并最终向第三方平台公司追偿了大部分的经济损失，其已尽到相应的注意义务并采取了措施防止损失的扩大。农行南山路支行作为银行机构，未能提供安全的交易设施和技术保证客户的银行卡信息安全，未尽到为储户提供安全保障的义务，应承担责任。

海南省海口市龙华区人民法院依据《中华人民共和国合同法》第八条、第一百零七条，《中华人民共和国商业银行法》第六条、第二十九条之规定，判决如下：

农行南山路支行向黄某权支付存款 27100 元及相应利息。

农行南山路支行不服判决，提出上诉。海南省海口市中级人民法院经审理认为：在黄某权已经履行了妥善保管银行卡和密码的义务并已尽到减少损失扩大的义务，且农行南山路支行未尽到为储户提供安全保障义务的情况下，农行南山路支行应赔偿黄某权造成的损失。因此，黄某权主张农行南山路支行赔偿存款 27100 元，事实依据和法律依据充分，应予以支持。农行南山路支行辩称其不应赔偿 27100 元的理由不能成立，应不予支持。原审判决认定事实清楚，适用法律正确，应予以维持。

海南省海口市中级人民法院依照《中华人民共和国民事诉讼法》第一百七十条第一款第（一）之规定，判决如下：

驳回上诉，维持原判。

【法官后语】

本案的意义在于划分储户与银行在安全义务上的界限。随着消费理念和支付手段不断更新，“无现金社会”观念的倡导促使人们越来越多地通过网络进行消费支付。持卡人为银行卡开通网络支付功能后，并不一定要通过银行等金融机构提供的网上银行证书才能进行交易，而是可以通过第三方支付平台（如支付宝、微信）验证后即可进行消费。第三方支付平台的介入为人们带来了支付方式上的便利，同时也带来了一定的风险。

本案中，认定资金损失民事责任的关键是双方是否履行了各自应尽的义务。而如何划分储户与银行在安全义务上的界限是司法审判中的难题。在银行与储户之间形成的储蓄存款合同关系中，储户负有妥善保管银行卡和密码，以及资金被非法转移时防止损失扩大的义务，而银行负有为储户提供安全保障的义务。储户也应当保管好银行卡及密码，谨慎选择第三方支付平台并保管好账号及密码，并时时留意资金流转动态；一旦发现资金被他人非法转移，应当及时采取有效措施防止损失扩大化。银行若未能履行其安全保障义务，则应当对遭受资金损失的储户承担损害赔偿责任。而从储户与银行之间的关系而言，从银行的强势地位和维护安全交易的公平性考虑，银行应该在安全上承担更多的义务。

因此，储户与银行在安全义务上的界限应作如下划分：储户负有妥善保管银行卡和密码，以及资金被非法转移时防止损失扩大的义务；除此之外，银行应对储户提供其他安全保障的义务。

编写人：海南省高级人民法院　钟垂林

23

银行卡盗刷赔偿案件中的举证责任

——唐某华诉中国工商银行股份有限公司祁阳支行储蓄存款合同案

【案件基本信息】

1. 判决书字号

湖南省祁阳县人民法院（2017）湘1121民初3693号民事判决书

2. 案由：储蓄存款合同纠纷

3. 当事人

原告：唐某华

被告：中国工商银行股份有限公司祁阳支行（以下简称祁阳工商银行）

【基本案情】

2014年11月22日，唐某华在被告祁阳工商银行的浯溪分理处申请开户，并提供了有效身份证。被告祁阳工商银行向唐某华发放了e时代银联福农卡（凭卡和密码支付），卡号为621558191000027××××，同时该卡开立了电子银行并发放了二代U盾。被告祁阳工商银行特别提示原告妥善保管好卡，并牢记身份确认工具密码，切勿泄露。2016年10月15日，唐某华在被告祁阳工商银行的浯溪分理处向该卡内分别存入活期存款1000元、1年定期10000元。2017年3月5日，唐某华又在被告祁阳工商银行的浯溪分理处向该卡内存入6个月定期存款13000元。同年3月23日10时49分，该卡内定期存款13000元在被告祁阳工商银行的浯溪分理处自助终端上转为活期，同日10时50分至52分，该卡内的13000元在被告祁阳工商银行的浯溪分理处的ATM机上分3次即5000元、5000元、3000元被取走。同年4月3日、4月8日，唐某华从被告祁阳工商银行的浯溪分理处的ATM机上分别取款700元、200元。2017年9月15日，唐某华去被告祁阳工商银行的浯溪分理处去取13000元定期存款时被银行工作人员告知已被取走。次日，原告唐某华向祁阳县公安局报案，公安机关向有关人员作了询问笔录，但并未将此事立案侦查。

【案件焦点】

唐某华银行存款被盗刷的举证责任由谁承担。

【法院裁判要旨】

湖南省祁阳县人民法院认为：唐某华、中国工商银行股份有限公司祁阳支行之间因申领银行卡所建立的储蓄存款合同法律关系依法成立，合法有效。但本案唐某华起诉请求判令中国工商银行股份有限公司祁阳支行归还存款 13000 元及利息损失，应不予支持。理由是：1. 唐某华在被告处申领的银行卡一直由唐某华本人持有并掌握取款密码；2. 该卡内的定期存款 13000 元转为活期及被取走均是在唐某华经常居住地的被告祁阳工商银行的浯溪分理处的自助终端和 ATM 机上操作的，唐某华没有提供证据证明其本人不在交易现场，也不能证明是伪卡交易；3. 直至 2017 年 9 月 16 日事发，该银行卡内尚有定期存款 10000 元、活期存款 2800 元；4. 本案祁阳工商银行已尽到提醒义务。根据“谁主张，谁举证”的原则，唐某华没有提供证据证明该 13000 元系他人取走，应承担举证不能的法律后果。

湖南省祁阳县人民法院依照《中华人民共和国民事诉讼法》第六十四条第一款、《最高人民法院关于民事诉讼证据的若干规定》第二条之规定，判决如下：

驳回唐某华要求被告中国工商银行股份有限公司祁阳支行支付存款 13000 元及利息损失的诉讼请求。

【法官后语】

本案处理的关键在于举证责任的分配。《最高人民法院关于民事诉讼证据的若干规定》第二条第一款规定：“当事人对自己提出的诉讼请求所依据的事实或者反驳对方诉讼请求所依据的事实有责任提供证据加以证明。”《最高人民法院关于当前商事审判工作中的若干具体问题》提到“持卡人应当对因伪卡交易导致其银行卡账户内资金减少或者透支款数额增加的事实承担举证责任”。唐某华应当对其银行卡密码泄露与否承担举证责任并承担相应的法律后果。根据查明的事实，原告所申请的 e 时代卡，是以银行卡和密码为支取方式的，该卡可以通兑，并可以任何加入银联的 ATM 机或特约商户进行取款或消费。现原告无证据证明 2017 年 3 月 23 日上午10时至11时，该卡不在原告身上，原告没有到网点办理过业务，其密码没有向他人透露过，卡里的定期存款不是其本人或委托他人取走的。由于唐某华并未完成相应举证，故表明唐某华并无妥善保管密码，依法应承担相应的法律后果。

编写人：湖南省祁阳县人民法院　于杨宁

24

存款人死亡后继承人可提起储蓄合同纠纷

——段某莲等诉莱商银行股份有限公司汇隆支行储蓄存款合同案

【案件基本信息】

1. 裁判书字号

山东省莱芜市钢城区人民法院（2017）鲁1203民初866号民事判决书

2. 案由：储蓄存款合同纠纷

3. 当事人

原告：段某莲、张某美、张某楠

被告：莱商银行股份有限公司汇隆支行（以下简称莱商银行汇隆支行）

【基本案情】

2017年1月24日，以张某贞为户名存入莱商银行汇隆支行一笔一年期整存整取储蓄存款79500元，存单号为001044515，利率为1.875%。张某贞于2017年6月19日因脑疝死亡，生前与其妻段某莲育有一子张某成、一女张某美。张某成于2005年2月28日因道路交通事故死亡，生前育有一女张某楠。

段某莲、张某美、张某楠于2017年8月3日诉至法院，请求判令莱商银行汇隆支行支付存款79500元及存款利息。莱商银行汇隆支行称，根据中华人民共和国国务院令第107号发布的《储蓄管理条例》，存款人死亡后，合法继承人为证明自己的身份和有权提取该项存款，应向储蓄机构所在地的公证处（未设公证处的地方向市、县人民法院）申请办理继承权证明书，储蓄机构凭以办理过户或支付手续。

原告未提供上述证明书，故相应款项未支付。

【案件焦点】

莱商银行汇隆支行应否向段某莲、张某美、张某楠支付存款人张某贞名下的存款。

【法院裁判要旨】

山东省莱芜市钢城区人民法院经审理认为：张某贞的钱款存入莱商银行汇隆支行，莱商银行汇隆支行开具存单给张某贞，双方之间形成了合法有效的储蓄存款合同关系，莱商银行汇隆支行负有依照存单的约定支付存款本息的义务。因存款人张某贞已经死亡，段某莲、张某美、张某楠作为其第一顺序合法继承人有权继承张某贞的银行存款本金及利息。

山东省莱芜市钢城区人民法院依照《中华人民共和国合同法》第八条，《中华人民共和国继承法》第五条、第十条、第十一条之规定，判决如下：

莱商银行股份有限公司汇隆支行于本判决生效之日起三日内支付段某莲、张某美、张某楠存款 79500 元及利息（按中国人民银行活期储蓄存款利率，自 2017 年 1 月 24 日起计算至实际给付之日止）。

【法官后语】

存款人死亡后，其存款将会变成遗产由继承人继承。但是，因为没有密码无法支取，存款人去世后，银行存款的继承就成了一个难点。存款属于其遗产的一部分，银行为避免自身卷入遗产纠纷，所以取款程序比较复杂。去银行办理需要很多相关证明材料，而往往这些材料因为客观原因无法办理，这就造成了继承人进退两难的尴尬局面。

依据《中国人民银行、最高人民法院、最高人民检察院、公安部、司法部关于查询、停止支付和没收个人在银行的存款以及存款人死亡后的存款过户或支付手续的联合通知》第二条第（一）项的规定："存款人死亡后，合法继承人为证明自己的身份和有权提取该项存款，应向当地公证处（尚未设立公证处的地方向县、市人民法院）申请办理继承权证明书，银行凭以办理过户或支付手续。如该项存款的继承权发生争执时，应由人民法院判处。银行凭人民法院的判决书、裁定书或调解书办理过户或支付手续。"据此，获得享有继承权的有效证明有两条路径，一是向公证机关申请办理继承权证明书，二是通过起诉获得法院的判决书、裁定书或调解书。

本案张某贞的钱款存入莱商银行汇隆支行，莱商银行汇隆支行开具存单给张某贞，双方之间形成了合法有效的储蓄存款合同关系，莱商银行汇隆支行负有依照存单的约定支付存款本息的义务。因存款人张某贞已经死亡，段某莲、张某美、张某楠作为其第一顺序合法继承人有权继承张某贞的银行存款本金及利息。

当然，此类案件还有一个解决路径，就是即便各继承人之间没有纠纷，也要互为原、被告，以继承权纠纷为由提起诉讼，由法院确定遗产的归属。特别是对于继承人对于被继承人存款掌握不明的，可通过申请法院查询来调查被继承人的银行存款情况。

需要说明的是，本案有一个处理难点就是张某楠作为代位继承人尚未成年。无诉讼行为能力人必须由其法定代理人代为诉讼，但是，张某楠一直随祖父母生活，其母改嫁已近十年，不愿意参加诉讼，故案件更加难以处理。张某楠与其祖母段某莲孤儿寡母，无其他生活来源，生活难以为继，又急需该笔存款维持生活。案件受理后，法院通过多方努力才得以成功劝说张某楠的母亲参加诉讼。

编写人：山东省莱芜市钢城区人民法院　苏友芹

三、金融借款合同纠纷

（一）金融借款合同担保

25

抵押财产被查封后签订的展期还款协议之债权优先受偿范围认定

——浙江萧山农村商业银行股份有限公司城北支行诉杭州西苑文化体育用品有限公司等金融借款合同案

【案件基本信息】

1. 判决书字号

浙江省杭州市萧山区人民法院（2017）浙0109民初10473号民事判决书

2. 案由：金融借款合同纠纷

3. 当事人

原告：浙江萧山农村商业银行股份有限公司城北支行

被告：杭州西苑文化体育用品有限公司、马某飞、吕某珍

【基本案情】

2014年4月17日，农商银行与马某飞、吕某珍签订了《最高额抵押合同》，约定以登记在马某飞名下的位于杭州市萧山区萧山开元名都11幢×××室房产（房屋所有权证号：杭房权证萧字第1××××2号），为农商银行与西苑公司在

2014年4月17日至2017年4月16日连续发生的最高本金限额370万元范围内的债务提供抵押。同日，双方办理抵押登记。2014年4月17日，马某飞、吕某珍分别向农商银行出具《保证函》，为西苑公司自2014年4月17日至2017年4月17日与农商银行签订的融资合同在最高融资限额600万元范围内提供连带责任保证。

2015年10月15日，农商银行与西苑公司签订《流动资金借款合同》。2016年10月12日，农商银行与西苑公司、马某飞、吕某珍等签订《展期还款协议》。约定：西苑公司向农商银行借款350万元；借款期限为自2015年10月15日至2016年10月14日；展期期限为自2016年10月12日至2017年9月30日；月利率为5.80‰；展期后月利率为7.15‰；复息、罚息利率均为借款利率上浮50%；按月付息，每月的20日为结息日。本金至借款期限届满时一次性归还，利随本清；如未按期偿还借款本息，农商银行有权宣布合同项下借款提前到期，要求借款人立即偿还全部借款及相应利息。2015年10月15日，农商银行发放借款350万元。西苑公司于2016年10月12日、2017年4月20日分别归还借款本金46万元，已结清至2017年3月20日止的利息。

另查明，西苑公司向农商银行申请要求展期的理由是“因房产查封未处置”。经农商银行于2016年10月12日查询，案涉抵押房产于2015年12月4日、2016年8月23日分别被杭州市滨江区人民法院及杭州市萧山区人民法院采取财产保全措施。因西苑公司未按期偿还借款本息，农商银行宣布借款于2017年7月26日提前到期；截至该日止，西苑公司应支付利息81996.20元、复利1501.82元。

【案件焦点】

1. 最高额抵押债权因抵押财产被查封、扣押而确定，之后签订的展期还款协议形成的债权能否纳入最高额抵押债权范围；2. 展期协议中双方约定提高展期期间借款利率，其超过原借款合同约定利率的部分，抵押权人是否享有优先受偿权。

【法院裁判要旨】

浙江省杭州市萧山区人民法院经审理认为：案涉合同合法有效，对各方均具有法律约束力。各被告未按合同约定履行各自义务，依法应承担相应民事责任。农商银行要求以2017年7月26日为借款提前到期日，不违反法律规定，法院予以支持。马某飞、吕某珍承担保证责任后，有权就其已承担责任部分向西苑公司追偿。

抵押财产已办理登记，抵押权依法设立。最高额抵押的抵押权人的债权因抵押财产被查封、扣押而确定，案涉抵押房产被人民法院查封后双方继续签订展期还款协议，并提高了展期期间的借款利率，上述超过借款合同约定利率的部分，不属于有抵押的债权范围，农商银行不享有优先受偿的权利。按照《流动资金借款合同》约定利率计算，截至2017年7月26日所产生的未支付利息为66514.40元，复利为1141.64元。农商银行的诉请，法院对其合理部分予以支持。被告西苑公司、马某飞、吕某珍经传票传唤，无正当理由没有到庭，本院依据查明的事实依法缺席判决。据此，依照《中华人民共和国合同法》第一百零七条、第二百零五条、第二百零六条、第二百零七条，《中华人民共和国担保法》第十二条、第十八条、第二十一条、第三十一条、第五十三条，《中华人民共和国物权法》第一百七十六条、第一百九十五条、第二百零三条、第二百零六条、第二百零七条和《中华人民共和国民事诉讼法》第一百四十四条之规定，作出如下判决：

一、杭州西苑文化体育用品有限公司于本判决生效之日起十日内返还浙江萧山农村商业银行股份有限公司城北支行借款258万元，支付计算至2017年7月26日止的利息81996.20元、复利1501.82元及以上借款本金、利息之和2661996.20元自2017年7月27日起至实际履行日止按月利率10.725‰计算的罚息；

二、马某飞、吕某珍对上述付款义务承担连带责任；

三、浙江萧山农村商业银行股份有限公司城北支行对马某飞所有的位于杭州市萧山区萧山开元名都11幢×××室的房产（房屋所有权证号：杭房权证萧字第1376962号），经折价或者以拍卖、变卖方式变价后所得的价款，在借款本金258万元，该款计算至2017年7月26日止的利息66514.40元，复利1141.64元及以上借款本金、利息之和2646514.40元自2017年7月27日起至实际履行日止按月利率8.70‰计算的罚息范围内优先受偿；

四、马某飞、吕某珍在承担保证责任后，有权就其已承担责任部分向杭州西苑文化体育用品有限公司追偿；

五、驳回浙江萧山农村商业银行股份有限公司城北支行的其他诉讼请求。

【法官后语】

最高额抵押的抵押权人的债权，因法院对该抵押合同设定的抵押物的查封而确定，也就是被告马某飞名下的房产被滨江法院查封时确定。原告与被告马某飞、吕某珍之间的最高额债权至此确定，在此之前原告与被告马某飞、吕某珍因该最高额抵押合同而产生的债权享有优先受偿权，之后产生的债权则不享有优先受偿权。

展期协议仅对借款合同中的还款期限和借款利率作了变更，该两项内容系非要素内容，不构成根本性变更，原合同关系依然存在并继续有效。因此，展期协议并非重新签订借款合同，系原借款合同的延续，属于债的变更，原借款合同中未作变更的债权债务关系仍继续生效。由于借款合同成立于抵押房产查封前，因而展期协议确定的债权中未作变更部分并非抵押财产被查封后新成立的债权，即不属于最高额抵押债权确定后新产生的债权。

提高展期期间的借款利率，不仅增加了抵押财产的负担，而且侵害了其他债权人的利益，特别是在抵押财产被查封、扣押的情形下，更是对保全申请人权利的恶意侵害，故应将之排除在优先受偿范围之外。因此，展期协议约定提高了展期期间的借款利率，该利率提高行为发生在最高额抵押债权确定之后，其增加部分应认定为是新产生的债权。新产生的债权不能纳入最高额抵押债权范围，故可纳入优先受偿范围的利息、复利、罚息应按照主合同约定利率计算，对于超过主合同约定利率部分，抵押权人不享有优先受偿权。

编写人：浙江省杭州市萧山区人民法院　贾菁菁

26

预告登记权利人对预抵押登记财产不享有优先受偿权

——中国建设银行股份有限公司柘荣支行诉江某斌等金融借款合同案

【案件基本信息】

1. 裁判书字号

福建省宁德市柘荣县人民法院（2017）闽0926民初543号民事判决书

2. 案由：金融借款合同纠纷

3. 当事人

原告：中国建设银行股份有限公司柘荣支行（以下简称柘荣建行）

被告：江某斌、江某平、杨某眉、周某玲、郑某辉、宁德市荣辉房地产有限公司（以下简称荣辉公司）

【基本案情】

2013年8月23日，借款人江某斌、江某平与柘荣建行签订《个人住房借款合同》，该合同载明：江某斌为购买位于柘荣县615东路北侧荣辉小区×号××室房产向柘荣建行申请贷款24万元，该房产性质为限价商品房，借款期限从2013年8月23日至2033年8月23日，借款利率为基准利率，借款逾期的罚息利率为在合同所执行借款利率的水平上上浮50%，借款人采用等额本金还款方式偿还借款本息；借款人出现违约情形的，贷款人有权宣布贷款立即到期，要求借款人立即清偿借款本息及相关费用；借款人未按时还清的任意一期借款本金和利息，自逾期之日起至拖欠本息全部清偿之日止，按合同约定计收罚息和复利；江某斌以所购的上述房产为抵押物担保贷款的偿还；杨某眉出具《共同还款承诺书》，承诺愿意对本案讼争房产承担共同清偿责任；周某玲、郑某辉、荣辉公司作为保证人为江某斌、江某平的上述贷款债务提供连带责任保证，保证期间为本合同保证条款生效之日起至抵押登记办理已办妥且抵押财产的他项权利证书、抵押登记证明文件正本及其他权利证书交由贷款人核对无误、收执之日止。上述合同签订后，柘荣建行于2013年9月2日向江某斌发放了24万元贷款。2013年8月27日，柘荣县房地产管理所为案涉抵押商品房办理了预购商品房抵押权预告登记（柘房预字第××号）。江某斌、江某平、杨某眉未按时足额履行还款义务，周某玲、郑某辉、荣辉公司亦未履行保证责任。荣辉公司分别于2017年3月29日、6月26日偿还本案贷款4795.71元、4822.13元，合计9617.84元。截至2017年8月10日，尚欠本金213269.62元及相关利息2008.51元。

【案件焦点】

柘荣建行是否对涉案标的享有优先受偿权。

【法院裁判要旨】

福建省宁德市柘荣县人民法院经审理认为：《不动产登记暂行条例实施细则》第七十八条第二款：“预购商品房办理房屋所有权登记后，当事人应当申请将预购商品房抵押预告登记转为商品房抵押权首次登记”，可知预购房产抵押预告登记转为房屋抵押权的前提是办理了房屋所有权登记。荣辉公司认为在于部分业主防火墙开窗造成建设项目无法备案，但这是其与部分业主之间的另一种法律关系，不在本案审查的范围，其可另行主张。根据合同的相对性原则，本案未办理抵押登记的原因在于荣辉公司未能办理房屋所有权登记。由《中华人民共和国物权法》第二十条第一款关于“当事人签订买卖房产或者其他不动产物权的协议，为保障将来实现物权，按照约定可以向登记机构申请预告登记。预告登记后，未经预告登记的权利人同意，处分该不动产的，不发生物权效力”的规定可知，预告登记制度旨在保障将来物权的实现，预告登记权利人享有当不动产物权登记条件成就时对不动产优先办理物权登记的请求权，并可排他性地对抗他人针对不动产的处分。故预告登记属于债权保全措施，并具有排除他人处分标的物的物权效力。基于预告登记并非正式物权登记，故在仅办理预购房产抵押权预告登记情况下，抵押权并未依登记而设立，柘荣建行不享有对本案讼争房产处置价款行使优先受偿权。

福建省宁德市柘荣县人民法院依照《中华人民共和国合同法》第二百零六条、第二百零七条，《中华人民共和国担保法》第二十一条第一款，《中华人民共和国物权法》第二十条第一款、第一百八十七条，《中华人民共和国民事诉讼法》第一百四十四条，《最高人民法院关于适用〈中华人民共和国民事诉讼法〉的解释》第九十条的规定，判决如下：

一、江某斌、江某平、杨某眉应于本判决生效之日起七日内向中国建设银行股份有限公司柘荣支行归还贷款本金213269.62元及支付利息、罚息、复利（暂计至2017年8月10日止，利息、罚息、复利共计2008.51元，此后的利息、罚息、复利按合同约定继续计算至实际还款之日止）；

二、周某玲、郑某辉、宁德市荣辉房地产有限公司在完成涉案抵押房产产权登记前对第一项确定的偿还义务承担连带责任，保证人承担保证责任后，有权向债务人追偿；

三、驳回中国建设银行股份有限公司柘荣支行的其他诉讼请求。

【法官后语】

预购商品房抵押权预告登记权利人在债务人不履行到期债务时，预购商品房抵押权预告登记权利人对预抵押登记财产是否享有优先受偿权的问题，在司法实践中存在较大分歧，也是预告登记制度矛盾之集中体现。个人购房贷款合同纠纷案件中，银行为了最大限度地保障债权得到实现，普遍采取抵押加阶段性保证，往往都在格式合同中规定，在办妥房屋的抵押登记之前，开发商对借款人的还款责任承担连带保证责任。

具体到本案中，根据合同约定周某玲、郑某辉、宁德市荣辉房地产有限公司保证期间为保证条款生效之日起至抵押登记办理已办妥且抵押财产的他项权利证书、抵押登记证明文件正本及其他权利证书交由贷款人核对无误、收执之日止。因此，属于附解除条件的合同。附解除条件的合同，自条件成就时失效。在条件成就之前，周某玲、郑某辉、宁德市荣辉房地产有限公司应当承担保证责任。本案所涉房屋至今未能办妥抵押登记，故解除保证责任的条件未成就。虽然涉案房产进行了预购商品房抵押权预告登记，荣辉公司认为在于部分业主防火墙开窗造成建设项目无法备案，但这是其与部分业主之间的另一种法律关系，不在本案审查的范围。本案未办理抵押登记的原因在于荣辉公司建设项目无法备案无法解除担保责任，而非借款人为自己的利益不正当地阻止条件成就。预告登记属于债权保全措施，并具有排除他人处分标的物的物权效力。基于预告登记并非正式物权登记，故在仅办理预购房产抵押权预告登记情况下，抵押权并未依登记而设立，柘荣建行不享有对本案讼争房产处置价款行使优先受偿权。

编写人：福建省宁德市柘荣县人民法院　黄姚斌

27

房产证被撤销，抵押登记行为依然有效

——中国银行股份有限公司广州东山支行诉李某忠、梁某莹金融借款合同案

【案件基本信息】

1. 判决书字号

广东省广州市中级人民法院（2017）粤 01 民再 116 号民事判决书

2. 案由：金融借款合同纠纷

3. 当事人

原告：中国银行股份有限公司广州东山支行

被告：李某忠、梁某莹

第三人：李某光

【基本案情】

2012 年 5 月 7 日，中国银行股份有限公司广州东山支行（以下简称中行东山支行）与被告李某忠、梁某莹签订《个人抵（质）押循环贷款额度协议》和《个人贷款最高额抵押合同》，约定两被告提供广州市越秀区一德路 196 号××××房作为抵押物，李某忠向中行东山支行申请最高 950000 元的循环贷款额度，有效期为 10 年。合同生效后，双方就上述抵押房产办理了抵押登记手续。同年 5 月 24 日，中行东山支行与两被告签订《个人抵（质）押循环贷款合同》，约定中行东山支行向李某忠提供 950000 元贷款用于购货，期限 117 个月，贷款利率为浮动利率（贷款基准利率上浮 10%），浮动周期为 3 个月。贷款合同生效后，中行东山支行依约向李某忠发放了贷款，但李某忠在按合同履行了部分还款义务后出现违约，还款出现逾期，中行东山支行多次督促两被告履行还款义务均无果。截至 2014 年 8 月 20 日，被告拖欠到期借款本金、利息及罚息共 830986.95 元。中行东山支行请求法院

判令：1. 解除中行东山支行与两被告签订的《个人抵（质）押循环贷款额度协议》及《个人抵（质）押循环贷款合同》；2. 两被告连带清偿借款本金、利息及罚息共830986.95元（暂计至2014年8月20日），从2014年8月21日至合同解除前的利息、罚息按《个人抵（质）押循环贷款合同》约定计算，合同解除之次日至实际清偿之日止的利息、罚息按中国人民银行贷款基准利率上浮50%计算）；3. 李某忠、梁某莹支付中行东山支行因实现债权而产生的律师费41549元；4. 中行东山支行对抵押物广州市越秀区一德路196号××××房享有优先受偿权；5. 本案受理费、财产保全费和公告费由李某忠、梁某莹承担。第三人李某光述称涉案抵押房产实际上是其父亲李某名下的房产，李某已于1994年去世。李某忠、梁某莹伪造材料欺骗房管部门出具房地产权证，将实际上属于李某的房产作为抵押物向中行东山支行申请贷款，该抵押行为应属无效。在第三人得知两被告上述造假行为后，已马上向越秀区法院提起行政诉讼，申请法院撤销李某忠、梁某莹造假所取得的房地产权证，越秀区法院以（2014）穗越法行初字第651号行政判决书判决撤销了以被告李某忠名义登记涉案房产的房地产权证，在上述判决作出后，各方均无上诉，并已于2015年3月4日发生法律效力。第三人认为中行东山支行对涉案房产并不享有抵押权。

【案件焦点】

债务人用于办理抵押的房屋的房产证被法院判决依法撤销，抵押行为是否无效。

【法院裁判要旨】

广州市越秀区人民法院经审理认为：中行东山支行与李某忠、梁某莹签订的《个人抵（质）押循环贷款额度协议》《个人抵（质）押循环贷款合同》《个人循环贷款最高额抵押合同》，是双方当事人的真实意思表示，内容不违反法律、行政法规的强制性规定，应为合法有效。中行东山支行依约向李某忠、梁某莹发放了贷款，履行了贷款义务，依法享有按时收回贷款本息的权利，李某忠、梁某莹未依约偿还借款本息，构成违约，应承担违约责任。中行东山支行依据循环贷款额度协议约定的“若两被告在本协议及依据本协议签署的借款合同项下发生违约的，原告有权终止信用额度，并有权宣布额度项下的贷款全部或部分提前到期”以及循环贷款合同约定的“两被告未按期归还贷款本息则构成违约，原告有权解除合同、收回贷款、行使担保物权”的约定，请求解除《个人抵（质）押循环贷款额度协议》及

《个人抵（质）押循环贷款合同》，要求李某忠、梁某莹偿还借款本金和利息（含罚息），符合合同约定和法律规定，予以支持。李某忠将涉案房屋抵押给中行东山支行，鉴于粤房地证穗字第0150116540号房地产权证被依法撤销，故李某忠对上述房产不享有物权，其将房产抵押给中行东山支行作为偿还贷款的担保属于无权处分，因此中行东山支行要求对涉案房屋享有优先受偿权的诉请，不予支持。中行东山支行要求李某忠、梁某莹承担律师费41549元，因中行东山支行未提供其已实际支出律师费的证据，不能证明该费用已实际发生，故中行东山支行要求李某忠、梁某莹承担律师费缺乏事实依据，不予支持。

广州市越秀区人民法院依照《中华人民共和国合同法》第八条、第六十条第一款、第九十三条第二款、第九十七条、第一百零七条、第一百九十八条、第二百零五条、第二百零六条、第二百零七条及《最高人民法院关于民事诉讼证据的若干规定》第二条的规定，判决如下：

一、自本判决发生法律效力之日起，中行东山支行与李某忠、梁某莹签订的《个人抵（质）押循环贷款额度协议》《个人抵（质）押循环贷款合同》予以解除；

二、本判决发生法律效力之日起十日内，李某忠、梁某莹向中行东山支行偿还借款本金830986.95元及利息（含罚息，计至2014年8月20日利息为14507.72元、罚息354.38元，从2014年8月21日起至合同解除前的利息、罚息按《个人抵（质）押循环贷款合同》约定计算，合同解除之次日至实际清偿之日止的利息按中国人民银行同期人民币贷款基准利率上浮50%计算）；

三、驳回中行东山支行的其他诉讼请求。

一审判决后，各方当事人均未提出上诉，一审判决已发生法律效力。

后原告中行东山支行向广州市中级人民法院申请再审，广州市中级人民法院于2016年12月30日作出（2016）粤01民申388号民事裁定，提审该案。广州市中级人民法院经再审审理认为，根据各方当事人的意见，本案的争议焦点为中行东山支行对涉案房屋是否享有优先受偿权。首先，中行东山支行与李某忠、梁某莹签订的《个人抵（质）押循环贷款额度协议》《个人循环贷款最高额抵押合同》《个人抵（质）押循环贷款合同》，没有违反国家法律、行政法规的强制性规定，一审认定合法有效正确，予以维持。其次，《中华人民共和国物权法》第一百零六条规定："无处分权人将不动产或者动产转让给受让人的，所有权人有权追回；除法律另有规定外，符合下列情形的，受让人取得该不动产或者动产的所有权：（一）受让人受让该不动产或者动产时是善意的；（二）以合理的价格转让；（三）转让的不动产或者动产依照法律规定应当登记的已经登记，不需要登记的已经交付给受让人。受让人依照前款规定取得不动产或者动产的所有权的，原所有权人有权向无处分权人请求赔偿损失。当事人善意取得其他物权的，参照前两款规定。”中行东山支行在与李某忠、梁某莹签订《个人循环贷款最高额抵押合同》时，没有证据显示中行东山支行存在恶意，故应推定是善意的；《个人循环贷款最高额抵押合同》《个人抵（质）押循环贷款合同》签订后，中行东山支行已向李某忠、梁某莹发放了950000元贷款，支付了对价；李某忠持有合法有效的《房地产权证》，并在房管部门办理了抵押登记手续，中行东山支行基于物权登记公示公信原则对此产生信赖是合理的。抵押权作为物权的一种形式，可以参照上述法律规定的相关条款进行处理。据上，中行东山支行对涉案房屋依法享有抵押权。虽然李某忠持有的《房地产权证》已被行政判决撤销，但并不必然导致抵押行为无效。对于李某忠无权处分产生的后果责任，李某光可另循途径解决。最后，李某光提出中行东山支行没有履行尽职调查的职责，未能提供中行东山支行在办理抵押登记过程中存在重大过失的证据，故对其该项主张不予采纳。此外，中行东山支行对一审判决未提出上诉，一审判决发生法律效力后又申请再审，根据《诉讼费用交纳办法》的相关规定，本案再审案件受理费由中行东山支行负担。

广州市中级人民法院依照《中华人民共和国民事诉讼法》第一百七十条第一款第（二）的规定，判决如下：

一、维持广东省广州市越秀区人民法院（2014）穗越法金民初字第906号民事判决第一项、第二项及案件受理费、财产保全费、公告费部分的处理；

二、撤销广东省广州市越秀区人民法院（2014）穗越法金民初字第906号民事判决第三项；

三、中行东山支行对广州市越秀区一德路196号××××房屋享有优先受偿权。

【法官后语】

本案中，银行在与李某忠、梁某莹签订《个人循环贷款最高额抵押合同》时，没有证据显示银行存在恶意，故应推定是善意的；《个人循环贷款最高额抵押合同》《个人抵（质）押循环贷款合同》签订后，银行已向李某忠、梁某莹发放了950000元贷款，支付了对价；李某忠持有合法有效的《房地产权证》，并在房管部门办理了抵押登记手续，银行基于物权登记公示公信原则对此产生信赖是合理的。虽然李某忠持有的《房地产权证》已被行政判决撤销，但并不必然导致抵押行为无效。银行对涉案房屋依法享有抵押权。

房产证是房屋产权唯一凭证，是产权得到法律确认的依据，具有法律赋予的公示、公信效力。我国法律对土地、房产权利转移以登记作为有效要件，不动产物权登记机关在登记簿上所作出的各种登记，具有使社会公众信其正确的效力，为了保证市场交易的正常有序进行，减少市场交易风险，即使登记错误或有遗漏，因相信行政登记公信力而与登记权利人进行交易的善意第三人，其所得利益应该受到法律保护。

编写人：广东省广州市越秀区人民法院　赵璐璐

28

最高额抵押物被查封后债权人优先受偿权的范围

——江苏东台农村商业银行股份有限公司诉杨某宗、陈某凤金融借款合同案

【案件基本信息】

1. 判决书字号

江苏省东台市人民法院（2017）苏0981民初1096号民事判决书

2. 案由：金融借款合同纠纷

3. 当事人

原告：江苏东台农村商业银行股份有限公司（以下简称东台农商行）

被告：杨某宗、陈某凤

【基本案情】

2012年2月1日，东台市农村信用合作联社（贷款人）与杨某宗、陈某凤（借款人、担保人）签订东农信高保个借字［2012］第5070201号最高额个人担保借款合同。本借款的担保方式为最高额抵押担保，担保人同意以东台市东台镇金都商住楼1、2号店铺作为本合同项下借款的抵押物。

同日，双方办了抵押登记，取得了东他项（2012）第0075号土地他项权证明。该土地他项权证明载明，土地他项权利人为东台市农村信用合作联社，义务人为陈某凤，抵押范围是全部，设定时间为2012年2月1日，权利顺序第一，存续期限自2012年2月1日到2017年2月1日，抵押土地使用权证号：东国用（2005）第231605号。2012年2月6日，东台农商行取得了东台市房他证市区字第T0016127号房屋他项权证。

根据杨某宗的申请，东台农商行分别于2015年8月5日向杨某宗发放贷款20万元；于2015年11月12日向杨某宗发放贷款12万元。

东台市人民法院依法从东台市不动产登记中调取案涉抵押房屋权属登记查询结果证明，该证明显示案涉抵押物已于2015年11月3日被本院查封，查封期限为2015年11月3日至2018年11月2日。

【案件焦点】

案涉抵押物被法院查封后，东台农商行对其后产生的120万元贷款本息是否享有优先受偿权。

【法院裁判要旨】

江苏省东台市人民法院经审理认为：关于东台农商行要求对案涉抵押物实现优先受偿权的问题。根据《中华人民共和国物权法》第二百零六条第（四）项之规定，以及《最高人民法院关于适用〈中华人民共和国担保法〉若干问题的解释》第八十一条规定，最高额抵押权所担保的债权范围，不包括抵押物因财产保全或者执行程序被查封后或债务人、抵押人破产后发生的债权。案涉抵押物于2015年11月3日被本院查封，查封期限为2015年11月3日至2018年11月2日，而东台农商行向杨某宗发放的第二笔120万元贷款的时间为2015年11月12日，该笔贷款发放时间在案涉抵押物被查封之后，案涉抵押权所担保的债权范围仅为第一笔20万元贷款本息，而不包括第二笔120万元贷款本息，故东台农商行对案涉抵押物享有优先受偿权应在20万元贷款本息范围内。

江苏省东台市人民法院依照《中华人民共和国合同法》第一百九十六条、第二百零五条、第二百零六条、第二百零七条，《中华人民共和国物权法》第一百七十九条、第一百八十七条、第二百零三条、第二百零六条、第二百零七条，《最高人民法院关于适用〈中华人民共和国担保法〉若干问题的解释》第八十一条，《中华人民共和国民事诉讼法》第六十四条、第一百四十四条之规定，作出如下判决：

一、被告杨某宗、陈某凤应于本判决发生法律效力之日起十日内向原告江苏东台农村商业银行股份有限公司支付借款本金140万元及利息；

二、原告江苏东台农村商业银行股份有限公司有权对被告陈某凤抵押的坐落在东台市东台镇台城东门路裕文巷1号金都商住楼1~2号店铺及土地使用权（房屋所有权证号01382590、东国用（2005）第231605号）的折价或者拍卖、变卖所得的价款在上述杨某宗、陈某凤所欠20万元借款本息范围内优先受偿；

三、驳回原告江苏东台农村商业银行股份有限公司的其他诉讼请求。

【法官后语】

本案处理重点在于对《中华人民共和国物权法》（以下简称《物权法》）二百零六条第（四）项规定以及《最高人民法院关于人民法院民事执行中查封、扣押、冻结财产的规定》（以下简称《查扣冻规定》）二十七条的理解。

根据《物权法》二百零六条和《最高人民法院关于适用〈中华人民共和国担保法〉若干问题的解释》第八十一条规定，在法院查封抵押房产后，东台农商行对此后新产生的债权不享有优先受偿权。

第一，依据新法优先原则。《物权法》的法律效力高于《查扣冻规定》，且颁布时间晚于《查扣冻规定》，本案应当适用《物权法》的规定。

第二，依据物权法定原则。《物权法》第二百零六条第（四）项明确规定抵押财产被查封、扣押后抵押权人的债权确定，并未区分抵押权人是否知道被法院查封、扣押这一事实对抵押权人债权数额的确定并不产生实质性影响，故依据这一原则即使东台农商行对法院查封案涉房产不知情，其亦不能依据《查扣冻规定》对其后新产生的债权主张优先受偿。

第三，依据抵押从属原则。最高额抵押属于特殊抵押形式，其从属性体现在抵押权的成立原则上以债权的成立为前提，有债权则有抵押权，无债权则无抵押权。即当银行发放贷款之后，才产生相应的抵押权；若银行不发放贷款，即使办理了抵押登记，银行也不应当享有优先受偿权。

第四，依据文义解释原则。《查扣冻规定》二十七条使用“应当”一词，属于倡导性规范，旨在避免抵押权人、执行债权人在抵押权人是否知道或者应当知道抵押财产被查封、扣押问题上产生争执。即使法院未将本案所涉抵押物查封事宜通知东台农商行，也不能产生其在抵押物查封之后形成的债权享有优先受偿的结果。

编写人：江苏省东台市人民法院　曹蓉蓉

29

农村土地承包经营权抵押的效力及实现

——江苏如皋农村商业银行股份有限公司大明支行诉江苏东葆生物科技股份有限公司等金融借款合同案

【案件基本信息】

1. 裁判书字号

江苏省如皋市人民法院（2017）苏0682民初4955号民事判决书

2. 案由：金融借款合同纠纷

3. 当事人

原告：江苏如皋农村商业银行股份有限公司大明支行

被告：江苏东葆生物科技股份有限公司、侯某强、黄某雯

【基本案情】

2015年2月10日，原告与百代兰花公司（后于2016年9月29日更名为江苏东葆生物科技股份有限公司）订立流动资金借款合同，约定，百代兰花公司向原告借款100万元，明确了借款期限、结息方式为利率等事项。后双方将合同中借款利率协商变更为5.22%。

2015年2月10日，江苏如皋农村商业银行股份有限公司大明支行与百代兰花公司订立最高额抵押合同，约定，为前述流动资金借款合同的履行，百代兰花公司自愿以位于城北街道桥港村的600亩农村土地承包经营权作抵押，抵押担保范围包括全部债务本金、利息、逾期利息、复利、罚息、违约金、可得利息损失、损害赔偿金及抵押权人实现债权的费用等。

2015年2月10日，被告侯某强、黄某雯向原告提供担保书一份，约定，侯某强、黄某雯愿为百代兰花公司与原告签订的皋商银（2015）第0210200801号借款合同项下的借款提供连带责任保证，约定了保证责任范围和保证期间，并约定，借款人同时提供物的担保的，保证人愿就上述借款合同项下的全部债务先于物的担保履行保证责任。

2015年2月11日，如皋市农村产权交易服务中心对土地承包经营权抵押办理了抵押登记，土地经营他项权利人为江苏如皋农村商业银行股份有限公司，土地经营权人为百代兰花公司，土地经营权证号为（2015）第01003号。土地地理位置如皋经济技术开发区（城北街道）桥港村，面积600亩，债权数额100万元。

2016年3月18日，江苏如皋农村商业银行股份有限公司大明支行开立借款借据，载明借款金额为100万元，结算方式为每月20日结息，年利率为5.22%，到期日为2017年2月3日。

借款后，被告偿还了2017年1月20日之前的利息，其余款项未能偿还。原告诉至法院。

【案件焦点】

借款人以农村土地承包经营权进行抵押是否合法有效，抵押权人对抵押权是否享有、能否实现。

【法院裁判要旨】

江苏省如皋市人民法院经审理认为：江苏如皋农村商业银行股份有限公司大明支行与江苏东葆生物科技股份有限公司签订的借款合同、最高额抵押合同，侯某强、黄某雯提供的担保书均是当事人真实意思的表示，内容不违反法律法规的强制性规定，均应确认合法有效。江苏如皋农村商业银行股份有限公司大明支行按约出借款项，江苏东葆生物科技股份有限公司未按约还款，造成纠纷，应承担全部责任。

关于复利及罚息的计算，根据合同约定，借款人未按约还款的，从逾期之日起按逾期贷款罚息利率计收利息，直至清偿本息为止。逾期罚息利率为合同约定贷款利率水平上加收50%。对借款人不能按期支付的利息，以按月结息的方式，贷款期内按照4.2条约定的贷款利率计收复利，贷款逾期后改按罚息利率计收复利。因此，合同期内的应付未付利息，原告有权计收复利。逾期之后，则按逾期贷款罚息利率标准计算罚息。

江苏东葆生物科技股份有限公司以其位于如皋市城北街道桥港村600亩土地承包经营权作抵押的效力问题，2015年8月10日，国务院出台国发（2015）45号《关于开展农村承包土地的经营权和农民住房财产权抵押贷款试点的指导意见》，选择试点地区，赋予“两权”抵押融资功能。指导意见明确，试点涉及突破《中华人民共和国物权法》第一百八十四条、《中华人民共和国担保法》第三十七条等相关法律条款，由国务院按程序提请全国人大常委会授权，允许试点地区在试点期间暂停执行相关法律条款。2015年12月27日，全国人大常委会通过《关于授权国务院在北京市大兴区等232个试点县（市、区）、天津市蓟县等59个试点县（市、区）行政区域分别暂时调整实施有关法律规定的决定》，授权国务院在北京市大兴区等232个试点县（市、区）行政区域，暂时调整实施《中华人民共和国物权法》《中华人民共和国担保法》关于集体所有的耕地使用权不得抵押的规定；在天津市蓟县等59个试点县（市、区）行政区域暂时调整实施《中华人民共和国物权法》《中华人民共和国担保法》关于集体所有的宅基地使用权不得抵押的规定。2016年3月15日，中国人民银行、中国银行业监督管理委员会、中国保险监督管理委员会、财政部、农业部根据上述两个文件的精神，印发《农村承包土地的经营权抵押贷款试点暂行办法》《农村承包土地的经营权抵押贷款试点县（市、区）名单》，江苏省如皋市在试点县（市、区）名单中。如皋市亦出台了相关文件，规定了农村土地承包经营权抵押贷款的操作要求。明确如皋市的农村土地承包经营权抵押登记由市农村产权交易服务中心负责办理。本案中，被告东葆科技以土地承包经营权抵押，其操作手续符合相关文件规定，在指定部门办理了抵押登记手续，应当认定抵押权已设立，原告有权就抵押物优先受偿。

侯某强、黄某雯提供连带责任保证担保，并承诺就借款合同项下的全部债务先于物的担保履行保证责任，侯某强、黄某雯应按约承担连带保证责任。保证人在承担保证责任后有权向债务人追偿。

江苏省如皋市人民法院判决如下：

一、被告江苏东葆生物科技股份有限公司于本判决生效之日起十日内归还原告江苏如皋农村商业银行股份有限公司大明支行借款本金 100 万元及利息、复利、罚息（自 2017 年 1 月 21 日起按合同约定计算至实际给付之日止）。

二、被告侯某强、黄某雯对上述债务承担连带偿还责任。保证人在承担保证责任后有权向债务人追偿。

三、原告对抵押物——江苏东葆生物科技股份有限公司位于如皋市城北街道桥港村 600 亩土地承包经营权［土地经营权证号为（2015）第 01003 号］拍卖或变卖的价款享有优先受偿权。

【法官后语】

随着农村经济的不断发展，农业资金需求不断增大，为了拓宽农民融资渠道、促进农民增收，2014 年“中央一号文件”《关于全面深化农村改革加快推进农业现代化的若干意见》中明确规定：“稳定农村土地承包关系并保持长久不变，在坚持和完善最严格的耕地保护制度前提下，赋予农民对承包地占有、使用、收益、流转及承包经营权抵押、担保功能。”“稳定农户承包权、放活土地经营权，允许承包土地的经营权向金融机构抵押融资。”此后，全国人大常委会及国务院相继出台文件，选择试点地区，赋予农村土地承包经营权抵押融资功能。各试点地区亦纷纷出台有关农村土地承包经营权抵押贷款的试点暂行办法，如皋市亦是此次试点县市之一。

随着试点工作的深入推进，关于农村土地承包经营权的法律纠纷也逐渐显露，如抵押合同的效力问题，在法律未修订、上级法院没有新的指导意见的情况下，能否认定农村土地承包经营权抵押合同有效？抵押权的实现存在诸多问题：承包经营权的价值如何确定？在缺乏专业的交易平台和流转机制的情况下，如何进行交易和流转？金融机构的抵押权如何实现？一旦实现抵押权，如何保障承包经营权人（农民）的利益？

因此，尽快修订和完善相关立法，允许耕地、宅基地、自留地、自留山等土地承包经营权进行抵押，并尽快出台配套的司法解释，规范农村土地承包经营权抵押的各类问题，为法院裁判提供指导。

编写人：江苏省如皋市人民法院　吴剑平

30

应收账款质权的设立条件

——中国银行股份有限公司宁德分行诉宁德市胜星水产有限公司等金融借款合同案

【案件基本信息】

1. 裁判书字号

福建省宁德市蕉城区人民法院（2017）闽0902民初2657号民事判决书

2. 案由：金融借款合同纠纷

3. 当事人

原告：中国银行股份有限公司宁德分行

被告：宁德市胜星水产有限公司、冯某星、黄某萍、黄某云

【基本案情】

2015年3月10日，中国银行股份有限公司宁德分行（以下简称中行宁德分行）与宁德市胜星水产有限公司（以下简称胜星公司）签订《授信额度协议》，中行宁德分行向胜星公司提供300万元的授信额度。当日，中行宁德分行与黄某云签订《中小企业业务最高额质押合同》，约定黄某云以坐落于宁德市富海市场的52个摊位2015年的租金收益作为出质标的，为上述债务提供质押担保。中行宁德分行还分别与冯某星、黄某萍、黄某云签订《最高额保证合同》《最高额抵押合同》。

2015年3月12日，中行宁德分行就上述质押物在中国人民银行征信中心办理了应收账款质押最高额贷款业务登记，登记的最高债权额为300万元，登记到期日为2017年3月11日。根据《富海市场摊位租赁协议书》的规定，宁德市富海市场52个摊位2015年的租金支付方式为按月支付，支付时间均为租赁当月5日前。黄某云、中行宁德分行在诉讼中均确认承租人已将上述租金支付给出租人。

2015年3月18日，中行宁德分行依据其与胜星公司签订的《流动资金借款合

同》，向胜星公司发放贷款300万元。胜星公司借款后，未按期足额偿还借款，中行宁德分行遂提起本案诉讼，请求判决：1. 胜星公司偿还中行宁德分行截至2017年2月7日的借款本金2499649.47元及罚息273401.48元、复利10912.93元，之后产生的利息、罚息、复利按借款合同约定计算至实际还款之日止；2. 冯某星、黄某萍、黄某云对胜星公司的上述债务承担连带清偿责任；3. 中行宁德分行有权就黄某云抵押的坐落于宁德市富海市场52个摊位折价或者以拍卖、变卖后所得的价款优先偿还以上欠款；4. 中行宁德分行有权就黄某云质押的抵押物的租金在上述债务范围内享有优先受偿权。

【案件焦点】

中行宁德分行主张行使质权是否有依据。

【法院裁判要旨】

福建省宁德市蕉城区人民法院经审理认为：中行宁德分行与胜星公司、冯某星、黄某萍、黄某云签订的《授信额度协议》《流动资金借款合同》《最高额保证合同》《最高额抵押合同》《中小企业业务最高额质押合同》，均系各方当事人真实意思表示，其内容不违反有关法律、行政法规的强制性规定，合法有效。合同各方当事人均应依约履行合同义务。中行宁德分行依约向胜星公司发放贷款后，胜星公司未按约定按期足额偿还借款，构成违约，应承担违约责任。中行宁德分行根据合同约定要求胜星公司偿还剩余的借款本金及相应利息、罚息、复利，于法有据，予以支持。黄某萍、冯某星、黄某云作为本案借款的最高额连带责任保证人，应对胜星公司的上述债务在最高本金余额300万元及相应利息、罚息、复利的范围内承担连带偿还责任。黄某云自愿以坐落于宁德市富海市场的52个摊位为上述债务提供最高额抵押担保，并已办理抵押登记，该抵押合法有效，中行宁德分行对该抵押物在300万元范围内享有优先受偿权。黄某云以坐落于宁德市富海市场的52个摊位2015年的租金收益出质并办理了出质登记，符合应收账款质权设立的形式要件，但应收账款作为金钱债权，其应为真实存在并已特定化的债权，且出质人或质权人应当将出质情况通知应收账款债务人，以便于应收账款债务人正确履行债务。质押租金到期前，黄某云、中行宁德分行均未将出质情况通知承租人，故应收账款质权虽可依法设立，但应收账款质押对承租人不发生效力；质押租金到期后，中行宁德分行又未及时采取提存等保全措施，导致承租人已直接将租金支付给出租人，租赁双方之间的债权债务关系已消灭，承租人对此不存在过错，承租人亦无义务再次付款。基于金钱作为种类物的特性，本案质押的应收账款已失去特定化的特征，中行宁德分行主张行使质权已失去基础，不予支持。

福建省宁德市蕉城区人民法院依照《中华人民共和国合同法》第八条、第八十条、第一百零七条、第一百九十六条、第二百零六条、第二百零七条，《中华人民共和国物权法》第二百二十三条第（六）项、第二百二十八条，《中华人民共和国担保法》第十四条、第十八条、第二十一条第一款、第三十一条、第三十三条、第四十一条、第四十二条第（二）项、第五十三条、第五十七条、第五十九条、第七十三条，《中华人民共和国民事诉讼法》第一百四十四条，《最高人民法院关于适用〈中华人民共和国担保法〉若干问题的解释》第二十三条、第六十一条的规定，作出如下判决：

一、胜星公司偿还中行宁德分行借款本金2499649.47元及相应利息、罚息、复利（截至2017年2月7日，罚息为273401.48元，复利为10912.93元；之后至借款付清之日止的利息、罚息、复利仍按《流动资金借款合同》约定计算）；

二、冯某星、黄某萍、黄某云对本判决第一项款项在最高本金余额300万元及相应利息、罚息、复利的范围内承担连带清偿责任；冯某星、黄某萍、黄某云承担保证责任后，有权向胜星公司追偿；

三、若胜星公司未能按期履行本判决第一项确定的义务，中行宁德分行有权以黄某云坐落于宁德市富海市场的52个摊位折价或者以该抵押物拍卖、变卖所得的价款在300万元范围内优先受偿，黄某云承担担保责任后，有权向胜星公司追偿；

四、驳回中行宁德分行的其他诉讼请求。

【法官后语】

本案的审理，明确了对应收账款设立质权的条件及存在的风险点，有利于引导银行规范办理应收账款质押业务，发挥应收账款融资担保的功能。

首先，应收账款质押不仅须符合《中华人民共和国物权法》第二百二十八条第一款规定的订立书面要式合同并办理出质登记的形式要件，且应收账款作为金钱债权，还应为真实存在且已特定化的债权。应收账款到期时间早于借款到期时间是本案质权存在的风险点之一。银行应当为出质人设立应收账款专户，要求其将质押的租金存入专户，或在质押租金到期时，及时采取提存等保全措施，以便将来条件成就时顺利实现质权。但本案借款逾期之后，银行起诉要求实现质权之前，承租人就已经将租金支付给出租人，鉴于金钱作为种类物的特性，此时，质押的应收账款已失去特定化的特征，银行主张行使质权已失去基础。

其次，应收账款质押登记，并不能取代出质通知。实行应收账款质押的实质就是启动应收账款转让程序，必然触及应收账款债务人。本案质权设立之时，借款人和出租人均未将出质情况通知承租人，此为本案质权存在的又一风险点。由于本案质押租金到期之前，银行未及时通知承租人，故应收账款质权虽可依法设立，但应收账款质押对承租人不发生效力，承租人因不知情而直接将租金支付给出租人，租赁双方之间的债权债务关系已消灭，承租人对此不存在过错，承租人亦无义务再次付款。

编写人：福建省宁德市蕉城区人民法院　钟思敏

31

意思自治可以排除物保优先

——中信银行股份有限公司常州分行诉常州万圆机械有限公司等金融借款合同案

【案件基本信息】

1. 裁判书字号

江苏省常州市钟楼区人民法院（2018）苏0404民初666号民事判决书

2. 案由：金融借款合同纠纷

3. 当事人

原告：中信银行股份有限公司常州分行

被告：常州万圆机械有限公司、常州逸恒融资租赁股份有限公司、常州长江焊

材股份有限公司、蔡某庆、华某芳、蔡某、孙某艳

【基本案情】

2012年7月16日，常州万圆机械有限公司（以下简称万圆公司）与原告签订《最高额抵押合同》一份，万圆公司将其名下的坐落于常州市天宁区郑陆镇和平村的土地为其在原告处的借款设定抵押担保。

2016年6月2日，常州长江焊材股份有限公司（以下简称长江焊材公司）、蔡某庆、华某芳、蔡某、孙某艳分别与原告签订《最高额保证合同》，约定各被告为原告与万圆公司在2016年6月2日至2018年6月2日所签订的主合同（即《人民币流动资金贷款合同》）而形成的债务提供连带保证责任；2016年6月6日，被告常州逸恒融资租赁股份有限公司（以下简称逸恒公司）与原告签订《最高额保证合同》，约定为原告与万圆公司因在2016年6月6日至2017年12月6日所签订主合同而形成的债务提供连带保证责任。前述所签的《最高额保证合同》第6.5条约定：当主合同债务人不履行到期债务或发生约定的保证人承担保证责任的情形下，无论乙方（原告）对主合同项下的债权是否拥有其他担保（包括但不限于主合同债务人和/或第三人提供物的担保、保证、保函、备用信用证等担保方式），乙方均有权直接要求甲方（保证人）在其担保范围内承担担保责任，无须事先行使其他担保权利（包括但不限于先行处置主合同债务人和/或第三人提供的物的担保）；如合同的担保范围包含多笔债权的，乙方有权决定债权之间的清偿顺序及比例。

2016年6月16日、2016年7月13日，万圆公司分别与原告签订两份《人民币流动资金贷款合同》，向原告贷款合计2800万元。贷款发放后，被告万圆公司及保证人均未按约履行合同义务，及时偿还借款。截至2018年1月12日万圆公司结欠本金2800万元，利息2146964.14元。故原告未维护自身合法权益，诉至法院，要求：被告万圆公司立即归还原告欠款本息及实现债权的费用；就万圆公司所提供的抵押物进行折价或拍卖、变卖的款项优先受偿；各保证人对万圆公司所涉债务承担连带清偿责任。被告万圆公司、长江焊材公司、蔡某庆、华某芳、蔡某、孙某艳认为：《最高额保证合同》第6.5条系格式条款，该条款违反了法律强制性规定，无法律效力，根据担保法的规定债权有抵押的，抵押物优先进行偿还债务，保证人的担保责任应该在主债务人不动产抵押范围不足以清偿时承担。

【案件焦点】

1. 本案所涉的《最高额保证合同》第6.5条中约定保证人承诺条款的效力如何；2. 原告在向保证人主张实现担保权利时是否应当先就债务人万圆公司的物保实现债权。

【法院裁判要旨】

江苏省常州市钟楼区人民法院经审理认为：原告与被告万圆公司签订的《人民币流动资金贷款合同》《最高额抵押合同》，与长江焊材公司、逸恒公司、蔡某庆、华某芳、蔡某、孙某艳分别签订的《最高额保证合同》均系各方当事人真实意思表示，内容不违反法律、行政法规的强制性规定，合法有效。首先，本案所涉《最高额保证合同》第6.5条中约定的保证人承诺条款，虽系原告为了重复使用而预先拟定的格式条款，但显然不存在《中华人民共和国合同法》第五十二条和第五十三条规定的情形，另从该条款的内容看，原告作为格式条款提供一方也没有免除原告自身作为被保证人的责任。其次，《最高额保证合同》系为担保债权实现而订立的合同，保证人向原告承担担保义务，原告作为债权人享有担保请求权，属于单务合同性质。最后，本案中原告在涉案合同中最后条款部分均已加黑字体对合同条款予以提示说明，尽到了专业银行所应尽到的审慎义务，且“双方对合同所有条款内容的理解不存在异议”。故法院认为被告长江焊材公司、蔡某庆、华某芳、蔡某、孙某艳辩称的《最高额保证合同》第6.5条为无效条款的意见，于法无据，不予采纳。

《中华人民共和国物权法》第一百七十六条规定：“被担保的债权既有物的担保又有人的担保的，债务人不履行到期债务或者发生当事人约定的实现担保物权的情形，债权人应当按照约定实现债权；没有约定或者约定不明确，债务人自己提供物的担保的，债权人应当先就该物的担保实现债权……”依据该条规定，在物保与人保并存时当事人有关于担保权利实现顺位约定的，应从其约定。本案中，原告与各保证人在《最高额保证合同》第6.5条明确约定“无论乙方（原告）对主合同项下的债权是否拥有其他担保（包括但不限于主合同债务人和/或第三人提供物的担保、保证、保函、备用信用证等担保方式）”，原告均有权“直接要求甲方（保证人）在其担保范围内承担担保责任，无须事先行使其他担保权利（包括但不限于先行处置主合同债务人和/或第三人提供的物的担保）”。通过分析可以看出，该合同条款已对担保责任承担顺序作出了明确约定，其中“无须事先行使其他担保权利”即包含了保证人不得提出先就债务人万圆公司物的担保进行清偿的抗辩。故法院认为，该约定为双方真实意思表示，合法有效，被告万圆公司、长江焊材公司、蔡某庆、华某芳、蔡某、孙某艳辩称原告应先实现物的担保，不足以清偿时才由保证人承担担保责任的意见不成立，法院不予采纳。因此，在被告万圆公司未能按约履行付款义务的情况下，原告有权就被告万圆公司名下的坐落于常州市郑陆镇和平村的土地和房产进行折价或者拍卖、变卖的价款优先受偿，亦有权根据《最高额保证合同》约定，要求被告逸恒公司、长江焊材公司、蔡某庆、华某芳、蔡某、孙某艳对上述债务承担连带保证责任。

江苏省常州市钟楼区人民法院经审理，支持了原告的诉讼请求。

【法官后语】

在到期债务人不能履行债务的情形下，保证人与物上担保人如何进行责任承担?

《中华人民共和国物权法》第一百七十六条规定：“被担保的债权既有物的担保又有人的担保的，债务人不履行到期债务或者发生当事人约定的实现担保物权的情形，债权人应当按照约定实现债权；没有约定或者约定不明确，债务人自己提供物的担保的，债权人应当先就该物的担保实现债权……”该条文规定中第一个“约定”是针对当事人何时实现担保物权的，而第二个“约定”则是针对当事人如何实现担保，也就是意思自治。具体而言，当同时存在多个保证人，且债权人、部分保证人、物上保证人协商而作出如何实现担保权的约定时，无论该约定是要求先由参与协商的担保人承担担保责任，还是要求先由其他保证人承担担保责任，只要其他保证人与债权人之间不存在相反约定，则该约定应属有效。所谓当事人约定，不仅包括约定无论何种情形下，债权人均可自由选择实现任何一种担保，也包括约定即便物保是债务人提供的，债权人也可以先行要求保证人承担保证责任。《中华人民共和国物权法》第一百七十六条中规定的：“……没有约定或者约定不明确，债务人自己提供物的担保的，债权人应当先就该物的担保实现债权……”该规定实际是对债权人选择权的“法定”限制。在债务人自己提供物保的情形下，如对担保权利行使无约定或约定不明确，则应先就债务人提供的物保行使担保权利，否则将损害其他担保人的利益。

而本案中原告与各保证人在《最高额保证合同》第6.5条的约定则系一种“赋权型”约定，通过意思自治赋予债权人自由选择权以实现担保权之约定。涉案合同中的表述意在穷尽各种可能保障债权人得以自由行使担保权，以使债权获偿。

编写人：江苏省常州市钟楼区人民法院　胡传朋

32

借款人改变借款用途不影响保证责任的承担

——江苏宜兴农村商业银行股份有限公司诉江苏中越建材有限公司等金融借款合同案

【案件基本信息】

1. 裁判书字号

江苏省宜兴市人民法院（2017）苏0282民初8861号民事判决书

2. 案由：金融借款合同纠纷

3. 当事人

原告：江苏宜兴农村商业银行股份有限公司（以下简称农商行）

被告：江苏中越建材有限公司（以下简称中越公司）、储某明、汪某萍、无锡市长嵘塑料机械有限公司（以下简称长嵘公司）、潘某新、江苏中江物联网科技有限公司（以下简称中江公司）、何某刚、陈某、何某成、无锡九龙投资担保有限公司（以下简称九龙公司）

【基本案情】

2016年3月17日，农商行与中越公司签订流动资金循环借款合同一份，约定自2016年3月17日起至2017年3月17日止，农商行向中越公司提供最高本金余额不超过500万元的贷款，同时约定了借款利息、还款方式、违约责任等内容。

同日及同年8月10日，农商行分别与储某明、汪某萍、长嵘公司、潘某新、中江公司、何某刚、陈某、何某成、九龙公司签订最高额保证合同共两份，约定储某明、汪某萍、长嵘公司、潘某新、中江公司、何某刚、陈某、何某成，九龙公司自愿为中越公司自2016年3月17日起至2017年3月17日止，在农商行处办理业务所实际形成的全部债务分别在最高本金余额500万元、30万元范围内提供最高额连带责任保证担保，保证范围包括债务本金、利息、罚息、复利以及诉讼费、律师代理费等实现债权的一切费用。同时，储某明、汪某萍、长嵘公司、潘某新、中江公司、何某刚、陈某、何某成向农商行出具担保人同意担保声明一份，证明其已明知中越公司利用过桥资金偿还贷款，其同意为中越公司的500万元续贷提供最高额连带责任保证担保。同时，在担保期间，其对借款人利用过桥资金办理转贷继续承担保证责任。

上述合同签订后，农商行依约向中越公司发放贷款500万元，此后中越公司未按约还本付息，各保证人也未履行保证责任。据此，农商行诉至本院，并委托江苏荆溪律师事务所参与本案诉讼，由此需支出律师费196600元。

【案件焦点】

借款人擅自改变借款用途是否影响保证责任的承担。

【法院裁判要旨】

江苏省宜兴市人民法院经审理认为：首先，本案中保证人的风险和损失并非借款人擅自改变借款用途所致，而是保证人签订保证合同后固有的、天然的风险。其次，保证人储某明、汪某萍、长嵘公司、潘某新、中江公司、何某刚、陈某、何某成出具了担保人同意担保声明，同意对中越公司因转贷而产生的借款提供连带保证责任担保，系其真实意思表示。最后，正是由于保证人为中越公司借款提供了最高额连带责任保证担保，大大降低了中越公司因经营财务状况不佳而导致的信贷风险程度，才使农商行同意中越公司提供贷款支持。中越公司改变借款用途并不影响保证人保证责任的承担，长嵘公司、潘某新的抗辩意见于法无据，不予采信。

江苏省宜兴市人民法院依照《中华人民共和国合同法》第八条、第二百零五条、第二百零六条、第二百零七条，《中华人民共和国担保法》第十八条、第二十一条，《中华人民共和国民事诉讼法》第一百四十四条之规定，判决如下：

一、江苏中越建材有限公司于本判决发生法律效力之日起十日内归还江苏宜兴农村商业银行股份有限公司借款本金500万元、期内欠息（以本金500万元为基数，自2016年5月18日起至2017年3月15日止，按年利率6.09%计算，扣除已还利息81558.07元）、逾期罚息（以本金500万元为基数，自2017年3月16日起至实际给付之日止，按年利率6.09%上浮30%计算）、期内欠息之复利（以前述期内欠息为基数，自2017年3月16日起至实际给付之日止，按年利率6.09%上浮30%计算）；

二、江苏中越建材有限公司于本判决发生法律效力之日起十日内赔偿江苏宜兴农村商业银行股份有限公司因本案需支出的律师费损失196600元；

三、储某明、汪某萍、无锡市长嵘塑料机械有限公司、潘某新、江苏中江物联网科技有限公司、何某刚、陈某、何某成对江苏中越建材有限公司的上述第一项、第二项债务承担连带保证责任；

四、无锡九龙投资担保有限公司对江苏中越建材有限公司的上述第一项、第二项债务中本金30万元、以本金30万元计算的相应利息、律师费11796元承担连带保证责任；

五、驳回江苏宜兴农村商业银行股份有限公司的其他诉讼请求。

【法官后语】

近年来，在金融借款合同纠纷案件审理中，保证人常以借款人未按借款合同的约定使用借款，擅自改变借款用途，贷款人未尽事后监管义务为由，主张其无须承担保证责任。该问题属于扩大化适用保证人免责事由，违背了担保制度设立初衷。

在担保法律关系中，保证人是基于利益考虑及对债务人履约能力的信任而向债权人作出承诺，而不应依赖于债权人对债务人的管控。《中华人民共和国合同法》《中华人民共和国担保法》及相关司法解释中对于合同无效及保证人免责条款均有明确规定，根据法律规定，保证人减轻责任或免责情形主要包括主合同无效、主合同内容变更、主合同当事人双方或与第三方共同所实施的行为不适、超过保证期限、借新还旧未告知保证人等情形，暨借贷双方的行为必须违反强制性效力性规定才得以减轻或免除保证人的责任。本案中，各保证人对签订最高额保证合同这一事实均无异议，亦没有提出其他减轻或免除保证责任的法定事由，对于要求其承担保证责任事实及法律依据均完整充分。

对于金融机构是否需对贷款风险进行监管这一问题，虽然《商业银行授信工作指引》《贷款通则》等规定贷款发放后，贷款人应当对借款人执行借款合同等情况进行追踪调查，但并未规定商业银行违反严格审查义务应承担的民事责任，该规定仅为金融机构为防控风险的行政封闭性管理性规定，不影响保证人依照保证合同约定所负担的保证义务。加之，金融机构内部监管仅是债权人对自身贷款风险进行防范和控制的手段，如其未履行该义务，则导致其贷款不能收回的风险加大，使其自身处于不利状态，但并不影响债务人的利益，也不超出保证人承担责任的预期。

明确上述观点，有利于各担保人理性提供担保，防范互联互保等金融风险的积聚扩大，也有利于金融秩序的稳定及社会经济的发展。

编写人：江苏省宜兴市人民法院　陆妍

33

“借名贷款”中法律关系的认定及责任承担

——浙江绍兴瑞丰农村商业银行股份有限公司越州支行诉喻某平等金融借款合同案

【案件基本信息】

1. 判决书字号

浙江省绍兴市越城区人民法院（2017）浙0602民初1071号民事判决书

2. 案由：金融借款合同纠纷

3. 当事人

原告：浙江绍兴瑞丰农村商业银行股份有限公司越州支行

被告：喻某平、金某东、吴某光

【基本案情】

2014年4月18日，被告金某东、吴某光与原告签订《最高额保证合同》，约定该两被告同意为原告向被告喻某平自2014年4月18日至2016年4月17日融资期间内最高融资限额为30万元的所有融资债权提供最高额连带责任保证担保。合同还对保证期间和保证范围等事项作了约定。同日，原告与被告喻某平签订《个人循环借款合同》，约定借款额度为人民币30万元。具体每笔借款的金额、期限和用途由借款借据另行约定。合同签订后原告依约发放贷款30万元，并由被告喻某平出具借款借据。后被告未按月还本付息。

另，2011年下半年至2014年11月，胡某林担任浙江绍兴瑞丰农村商业银行股份有限公司越州支行小贷金融部客户经理，负责个人贷款的调查、发放、贷后管理等工作。胡某林在调查上述30万元贷款申请时，违反国家规定，向被告喻某平违法发放贷款。被告喻某平将汇入其账户的30万元取现后，由被告吴某光及案外人赵某峰等人实际使用。后胡某林因犯违法发放贷款罪被本院判处刑罚。胡某林在检察机关讯问中还供述事先都知道贷款的借款人并非实际的使用人。

【案件焦点】

“借名贷款”中借款人和担保人的责任如何承担。

【法院裁判要旨】

浙江省绍兴市越城区人民法院经审理认为：根据已生效的（2016）浙0602刑初1362号刑事判决书认定以及胡某林的供述，胡某林在原告处担任个贷部经理期间负责个人贷款的审批及发放工作，其在明知借款实际使用人与名义借款人不一致的情况下，仍未尽审查职责和义务，违反国家规定发放贷款，明显增加了银行的负担和资金风险。上述行为与其本身的职务和工作内容具有内在联系，具有为所在银行谋取利益、实现雇佣目的的表征，系履行职务行为，相应民事责任应由其所在的浙江绍兴瑞丰农村商业银行股份有限公司越州支行承担。喻某平作为受托人，依吴某光的委托以自己的名义与原告订立授信额度为30万元的《个人循环借款合同》，原告在订立合同时知道被告吴某光与喻某平之间存在代理关系，根据《中华人民共和国合同法》第四百零二条的规定，该《个人循环借款合同》直接约束浙江绍兴瑞丰农村商业银行股份有限公司越州支行和吴某光。上述合同不存在《中华人民共和国合同法》第五十二条规定的情形，应认定合法有效，吴某光在借款期限届满后未还本付息，浙江绍兴瑞丰农村商业银行股份有限公司越州支行要求其归还借款本金30万元并支付相应利息，依法予以支持。

关于金某东是否应承担担保责任的问题。因讼争贷款已被认定为借名贷款，故在认定借名贷款中担保人是否承担担保责任时，应审查担保人在签订合同时的意思表示，如果担保人提供担保时明知为实际借款人提供担保的，担保人基于其真实意思表示应当对实际借款人的借款承担相应的担保责任。在案证据无法认定被告金某东在与浙江绍兴瑞丰农村商业银行股份有限公司越州支行签订最高额保证合同时知道或者应当知道其所担保的借款的实际借款人为被告吴某光，故对浙江绍兴瑞丰农村商业银行股份有限公司越州支行要其承担相应连带清偿责任的诉请依法不予支持。

绍兴市越城区人民法院依照《中华人民共和国合同法》第二百零五条、第二百零六条、第二百零七条、第四百零二条和《中华人民共和国民事诉讼法》第一百四十四条之规定，判决如下：

一、被告吴某光应于本判决生效之日起十日内归还给原告浙江绍兴瑞丰农村商业银行股份有限公司越州支行借款本金人民币 30 万元，并支付自 2014 年 12 月 21 日起至款项付清之日止的利息（按中国人民银行有关规定及合同约定计算）；

二、驳回原告浙江绍兴瑞丰农村商业银行股份有限公司越州支行的其他诉讼请求。

【法官后语】

根据《中华人民共和国民法通则》第八十四条“债是按照合同的约定或者依照法律的规定，在当事人之间产生的特定的权利和义务关系。享有权利的人是债权人，负有义务的人是债务人”的规定可知，债是相对的法律关系，债权是对人权。债的相对性具体到合同领域即为合同相对性原则，即合同的效力范围仅限于合同当事人之间，第三人不能主张合同上的权利，也不能承担合同上的义务。本案系对合同相对性原则的突破，裁判援引的法律依据为《中华人民共和国合同法》第四百零二条规定，即“受托人以自己的名义，在委托人的授权范围内与第三人订立的合同，第三人在订立合同时知道受托人与委托人之间的代理关系的，该合同直接约束委托人和第三人，但有确切证据证明该合同只约束受托人和第三人的除外。”实践中，“借名贷款”的情况时有发生，由此产生的矛盾纠纷也较为复杂。本案中，被告喻某平与吴某光虽没有签订书面的委托代理合同，但根据生效刑事判决的认定，原告方放贷人员知晓两者之间存在隐名代理关系，因此喻某平作为受托人与原告签订的借款合同，相应的法律后果应由委托人即吴某光承担，即案涉借款合同应直接约束实际借款人吴某光，由其最终承担还款责任。当然，对于名义借款人来说，虽免于承担还款责任，但也应充分考虑到“借名”带来的风险和损失，如逾期贷款导致的不良信用记录等，因此需要谨慎行事。

编写人：浙江省绍兴市越城区人民法院　王晓波

34

金融机构贷款内控风险不影响保证人责任承担

——江苏宜兴农村商业银行股份有限公司明珠支行诉宜兴中燃能源有限公司等金融借款合同案

【案件基本信息】

1. 裁判书字号

江苏省无锡市中级人民法院（2017）苏02民终1568号民事判决书

2. 案由：金融借款合同纠纷

3. 当事人

原告（被上诉人）：江苏宜兴农村商业银行股份有限公司明珠支行

被告：宜兴中燃能源有限公司（以下简称宜兴中燃公司）、江苏晓盛建设工程有限公司（以下简称晓盛公司）、金坛中燃能源有限公司（以下简称金坛中燃公司）、江苏公和能源投资有限公司（以下简称公和公司）、沈某良、吴某英、陆某华

被告（上诉人）：湖州汇祥石化有限公司（以下简称汇祥公司）

【基本案情】

2014年8月7日，江苏宜兴农村商业银行股份有限公司明珠支行（以下简称农商行明珠支行）与宜兴中燃公司签订流动资金循环借款合同一份，约定由农商行明珠支行自2014年8月7日起至2016年8月7日止向宜兴中燃公司提供最高余额不

超过600万元的贷款，同时约定了借款利息、违约责任等内容。

此后，农商行明珠支行与晓盛公司、金坛中燃公司、汇祥公司、沈某良、吴某英、公和公司、陆某华签订最高额保证合同，约定晓盛公司、金坛中燃公司、汇祥公司、沈某良、吴某英、公和公司、陆某华自愿为宜兴中燃公司债务在最高本金余额600万元范围内提供最高额连带责任保证担保，同时约定了保证范围及保证期间等内容。农商行明珠支行依约向宜兴中燃公司发放贷款600万后，宜兴中燃公司未按约还本付息，各保证人亦未履行保证义务。据此，农商行明珠支行诉至法院，要求判令宜兴中燃公司立即偿还借款本金600万元并支付期内欠息、逾期罚息、期内欠息之复利、律师费用；各保证人对宜兴中燃公司的上述债务承担连带保证责任。

被告汇祥公司、晓盛公司、沈某良、吴某英等在案件审理中辩称：一、农商行明珠支行在贷款过程中未对宜兴中燃公司财务状况和偿债能力进行尽职调查，没有按照《贷款通则》及《商业银行授信工作指引》相关规定操作，存在重大过错；二、他公司对担保事实无异议，但不能免除农商行明珠支行未尽职调查产生严重后果的责任；三、农商行明珠支行在发放贷款过程中未认真履行义务，应承担不利后果。综上，他公司无须对本案所涉债务承担保证责任，要求依法驳回农商行明珠支行的全部诉讼请求。

【案件焦点】

金融机构贷款审查监管义务的履行是否影响保证人保证责任的承担。

【法院裁判要旨】

江苏省宜兴市人民法院经审理认为：本案中所涉借款合同、最高额保证合同均合法有效。汇祥公司、晓盛公司、沈某良、吴某英的风险和损失并非农商行明珠支行未履行审查和监管义务所致，而是保证人的固有、天然风险。《贷款通则》及《商业银行授信工作指引》等相关规定并未规定商业银行违反贷款中严格审查义务的民事责任，上述规定均为银行内部规定，且均是从商业银行风险控制角度加以规范，属管理性规范，银行即使违反相关规定，亦不影响银行与宜兴中燃公司之间信贷行为的效力和本案所涉最高额保证合同的效力。正是由于汇祥公司、晓盛公司、沈某良、吴某英等为宜兴中燃公司借款提供了最高额连带责任保证担保，大大降低了宜兴中燃公司因经营财务状况不佳而导致的信贷风险程度，才使农商行明珠支行同意为宜兴中燃公司提供贷款支持。农商行明珠支行贷款审查监管义务的履行并不影响保证人保证责任的承担，汇祥公司、晓盛公司、沈某良、吴某英的抗辩意见于法无据，不予采信。据此判决：宜兴中燃能源有限公司归还相应本息及律师费；江苏晓盛建设工程有限公司、金坛中燃能源有限公司、湖州汇祥石化有限公司、江苏公和能源投资有限公司、沈某良、吴某英、陆某华对宜兴中燃能源有限公司的上述第一项、第二项债务承担连带保证责任。

汇祥公司不服一审判决，提出上诉。无锡市中级人民法院经审理后认为：商业银行法规定银行应对借款人的借款用途、偿还能力、还款方式等情况进行严格审查，实行审贷分离、分级审批的制度，但这是对银行风险的控制规范，属管理性规定，《贷款通则》系中国人民银行颁布的用于规范贷款行为的准则，属于银行内部规定，上述规定并不影响民事合同效力的认定。本案所涉借款合同、最高额保证合同系当事人真实意思表示，且不违反法律法规的强制性规定，因此应为合法有效。

江苏省无锡市中级人民法院依照《中华人民共和国民事诉讼法》第一百七十条第一款第（一）项之规定，判决如下：

驳回上诉，维持原判决。

【法官后语】

近年来，在金融借款合同纠纷案件审理中，保证人常以借款人经营状况不佳，而金融机构仍向其发放贷款，未尽审查及事后监管义务为由，主张其不需承担保证责任。该问题属于扩大化适用保证人免责事由，与担保制度设立初衷不符。

担保合同是一种以保障债权人实现债权为目的的单务合同，其合同订立的双方是债权人和保证人，债务人是否如约履行主合同义务是保证人是否承担保证责任的关键，故保证人存在天然、固有的偿债风险。在担保法律关系中，保证人应是基于对债务人利益的考虑及债务人履约能力的信任而向债权人作出的承诺，而不应依赖于债权人对债务人清偿能力的管控。《中华人民共和国合同法》《中华人民共和国担保法》及相关司法解释中对于合同无效及保证人免责条款均有明确规定，根据法律规定，保证人减轻责任或免责情形主要包括主合同无效、主合同内容变更、主合同当事人双方或第三方共同所实施的行为不适、超过保证期限、超过诉讼时效、借新还旧未告知保证人等情形，借贷双方的行为必须违反强制性效力性规定才得以减轻或免除保证人的责任。

针对金融机构是否需对贷款风险进行监管这一问题。《商业银行授信工作指引》《贷款通则》等法律规定并未规定商业银行违法严格审查义务的民事责任，仅为风险防控的金融行政封闭性管理性规定，与保证人依照保证合同约定负担的保证义务并无对应关系，不影响民事合同效力的认定。况且，金融机构的内部监管仅是债权人对贷款风险进行防范和控制的手段，如其未能履行该义务，则导致其贷款不能收回的风险加大，使自身处于不利状态，但并不影响债务人的利益，也不超出保证人承担责任的预期，故前述担保人的抗辩意见与担保制度的目的与特点不符。

当前，受经济大环境影响，我国部分地区企业贷款审批要求提高，部分企业为了获得贷款，提供众多保证人提供担保，明确上述观点，有利于各担保人理性担保，也有利于社会经济的发展及金融秩序的稳定，防范互联互保等金融风险的积聚扩大。与此同时，金融机构也需要调整贷款发放思路，创新举措增加其贷款安全性，而非一味增加保证人人数，从而防止矛盾和隐患的产生。

编写人：江苏省宜兴市人民法院　陈豪　孟钰洁

35

“借新还旧”时，担保人是否免除担保责任

——长城华西银行股份有限公司泸州分行诉四川内江黎山化工有限公司等金融借款合同案

【案件基本信息】

1. 判决书字号

四川省泸州市龙马潭区人民法院（2017）川0504民初2004号民事判决书

2. 案由：金融借款合同纠纷

3. 当事人

原告：长城华西银行股份有限公司泸州分行

被告：四川内江黎山化工有限公司、四川正同粮油贸易有限公司、自贡市贡井区中昊融资担保有限公司、自贡中晟置业有限公司、自贡市英吉机械制造有限公司、李某华、赵某鸥

【基本案情】

2015年7月20日，四川正同粮油贸易有限公司作为抵押人与债权人长城华西银行股份有限公司泸州分行签订了《最高额抵押合同》，约定以其机器设备作为抵押物，担保债权人为债务人四川内江黎山化工有限公司。在2015年7月20日至2018年7月19日（指债务发生期间，不包括债务到期时间）办理的各类信贷业务实际形成的债权而发生的一系列债权，被担保的主债权最高额度为等值人民币490万元。同日，双方办理了动产抵押登记。同日，债务人四川内江黎山化工有限公司与债权人长城华西银行股份有限公司泸州分行签订《借款合同》，约定债权人向债务人发放贷款人民币490万元，贷款用途为用于购买原材料，借款期限为36个月，即2015年7月20日至2018年7月19日，并约定该合同系最高额借款合同。

2015年7月29日，自贡市贡井区中昊融资担保有限公司、自贡中晟置业有限公司、自贡市英吉机械制造有限公司、李某华、赵某鸥分别作为保证人与作为债权人的原告签订有《最高额保证合同》，上述最高额保证合同一致约定合同项下被保证的债权是指2015年7月29日至2016年7月28日（指债务发生期间，不包括债务到期时间），债权人为债务人四川内江黎山化工有限公司在办理的各类信贷业务实际形成的债权而发生的一系列债权，被保证的主债权最高额度为等值人民币490万元。同日，被告四川内江黎山化工有限公司又与原告签订《借款合同》，约定乙方向甲方发放贷款人民币490万元，借款期限为2015年7月31日至2016年7月30日，该贷款用于归还2014年德银借字第2014072200000014号合同项下借款。2015年7月31日，原告向被告四川内江黎山化工有限公司按约发放贷款490万。贷款凭证记载贷款月利率为6.5475‰，贷款到期时间为2016年7月30日。截至借款到期日，四川内江黎山化工有限公司截至2016年7月30日尚欠本金4890000元、利息358338.87元及复利9850.72元。

本案抵押人认为原告主张的借款用途是用于偿还旧贷，根据《最高人民法院关于适用〈中华人民共和国担保法〉若干问题的解释》第三十九条的规定，原告应

当告知作为抵押人的四川正同粮油贸易有限公司，而原告并未告知，故不承担担保责任。被告李某华、赵某鸥对本案《最高额保证合同》《借款合同》真实性及合同约定的内容不持异议。被告四川内江黎山化工有限公司、自贡市贡井区中昊融资担保有限公司、自贡中晟置业有限公司、自贡市英吉机械制造有限公司无正当理由未到庭参加诉讼也未提交答辩意见。

【案件焦点】

1. 对于《最高人民法院关于适用〈中华人民共和国担保法〉若干问题的解释》第三十九条是否适用于抵押人的抵押责任；2. 本案中主合同当事人协商以新贷还旧贷，保证人是否应当承担民事责任。

【法院裁判要旨】

四川省泸州市龙马潭区人民法院经审理认为：债权人与抵押人签订的《最高额抵押合同》是双方的真实意思表示，合法有效，对双方应当产生拘束力，双方应当按照合同约定行使权力履行义务。抵押人主张债权人与债务人协议贷新偿旧时未告知抵押人，抵押人不承担责任，但本院认为抵押以预先设定的财产范围承担担保责任，保证以保证人所有的财产承担约定的担保责任，虽然二者均系担保的形式，但在担保责任实现方式、风险结果上存在较大区别，故《最高人民法院关于适用〈中华人民共和国担保法〉若干问题的解释》第三十九条是关于贷新偿旧问题中涉及保证人责任的规定不能当然适用于本案抵押责任，对抵押人的主张不予采纳。

新贷还旧贷，各保证人是否承担民事责任问题。本案主合同属于以新贷偿还旧贷的情形，应当受《最高人民法院关于适用〈中华人民共和国担保法〉若干问题的解释》第三十九条规制，结合本案情况，自贡市贡井区中昊融资担保有限公司对新贷与旧贷均承担连带责任保证，属于新贷与旧贷系同一保证人的情形，应当承担保证责任。自贡中晟置业有限公司及自贡市英吉机械制造有限公司作为法人股东在案涉贷款的股东会决议上盖章，可证明自贡中晟置业有限公司及自贡市英吉机械制造有限公司对于新贷与旧贷的贷款情况知情，再结合上述二公司为本案所涉借款提供保证的事实，属于《最高人民法院关于适用〈中华人民共和国担保法〉若干问题的解释》第三十九条中"应当知道"的情形。李某华、赵某鸥在书面答辩意见中表示对《最高额保证合同》《借款合同》真实性及协议内容均不持异议，可认定为应当知道。

四川省泸州市龙马潭区人民法院遂判决：

四川正同粮油贸易有限公司、自贡市贡井区中昊融资担保有限公司、自贡中晟置业有限公司、自贡市英吉机械制造有限公司、李某华、赵某欧对被告四川内江黎山化工有限公司的本案债务承担相应的抵押和保证责任。

【法官后语】

借款合同双方当事人基于以新贷还旧贷的合意，先后订立多个借贷合同，保证人在知道或应当知道的情况下，应当承担保证责任，否则不承担民事责任，如新贷与旧贷系同一保证人则应当承担保证责任。

随着社会经济的进一步发展，贷款在现在的经济环境之下越发常见，大部分贷款都少不了担保这一环节，而担保后的法律风险并没有普及，很多自然人甚至企业都没有全面地认识风险。在现实金融借款实践中，某些金融机构为消化不良贷款，形成信贷资金的虚假循环，存在大量借新还旧的情况，对于债权人而言，此种操作方式存在很大安全隐患，可能导致债权脱保的后果，如遇诉讼，保证人是否知道或应当知道的举证责任在于债权人，而诸多金融机构工作人员缺乏此类证据意识，工作手续并不完善，导致举证困难的案例也大量存在。

债权人应当加强保护自身合法债权的意识，作为金融机构更应规范操作，特别是对于新加入或发生变更的保证人，在签订借新还旧的协议前应当书面通知保证人，征得保证人书面同意或答复；同样的，作为保证人也应学会保护自身合法权益，避免无故被加重保证责任，对于知晓的以新贷偿还旧贷的行为，保证人应当及时表示同意或者反对，如反对还应明确告知不再继续承担保证责任。希望通过本案担保人能够全面、正确地评估担保风险，充分了解自己的法定权利，依约承担担保责任，依法维护自己的合法权益，债权人特别是其中的金融机构能够在金融实践中加强规范金融行为，并依法保护自身合法权益。

编写人：四川省泸州市龙马潭区人民法院　方华

36

担保人进入破产程序对认定担保责任的影响

——中国工商银行股份有限公司宁德蕉城支行诉宁德市源广物资有限公司等金融借款合同案

【案件基本信息】

1. 裁判书字号

福建省宁德市蕉城区人民法院（2017）闽0902民初2513号民事判决书

2. 案由：金融借款合同纠纷

3. 当事人

原告：中国工商银行股份有限公司宁德蕉城支行

被告：宁德市源广物资有限公司、李某兴、宁德市建总建设工程有限公司

【基本案情】

2015年1月14日，中国工商银行股份有限公司宁德蕉城支行（以下简称工行蕉城支行）与宁德市建总建设工程有限公司（以下简称建总公司）签订《最高额抵押合同》，约定：建总公司提供坐落于宁德市蕉城区八一五中路××号的房产作为抵押；建总公司所担保的主债权为自2015年1月14日至2017年8月30日，在1000万元的最高余额内，工行蕉城支行依据与宁德市源广物资有限公司（以下简称源广公司）签订的本外币借款合同、外汇转贷款合同、银行承兑协议、信用卡开证协议/合同、开立担保协议、国际国内贸易融资协议、远期结售汇协议等金额衍生类产品协议以及其他文件而享有的对债务人的债权；担保的范围包括主债权本金、利息、复利、罚息、违约金、损害赔偿金、汇率损失以及实现抵押权的费用，但实现抵押权的费用应首先从抵押物变现所得中扣除，而不包括在上述最高余额内。上述抵押物已于2015年1月20日在宁德市国土资源局办理了最高额抵押登记手续。

2015年4月9日，工行蕉城支行与李某兴签订《最高额保证合同》，约定：李

某兴所担保的主债权为自2015年4月9日至2016年4月8日，在890万元的最高余额内，工行蕉城支行依据与源广公司签订的本外币借款合同、外汇转贷款合同、银行承兑协议、信用卡开证协议/合同、开立担保协议、国际国内贸易融资协议、远期结售汇协议等金额衍生类产品协议以及其他文件而享有的对债务人的债权；李某兴承担保证责任的方式为连带责任保证；担保的范围包括主债权本金、利息、复利、罚息、违约金、损害赔偿金、汇率损失以及实现债权的费用，但实现债权的费用不包括在上述最高余额内；保证期间为自主合同项下的借款期限届满之次日起两年。

2015年5月18日，工行蕉城支行与源广公司签订《小企业借款合同》，约定：工行蕉城支行向源广公司提供贷款890万元；贷款期限为一年，自实际提款日起算，实际提款日以借据为准；借款年利率为6.36%；自实际提款日起按日计息，按月结息，借款到期，利随本清；借款到期借款人未按约偿还的，贷款人有权自逾期之日起按本合同约定的逾期罚息利率计收罚息；对借款人未按时支付的利息，按逾期罚息利率计收复利；逾期罚息利率在原借款利率基础上加收50%确定。

合同签订后，工行蕉城支行于2015年5月26日向源广公司发放贷款890万元。蕉城区人民法院于2015年8月21日作出（2015）蕉民破（预）字第1号民事裁定：受理建总公司的重整申请。源广公司借款后，未按期足额偿还借款，截至2016年11月21日，源广公司尚欠工行蕉城支行借款本金890万元、利息872310.39元。工行蕉城支行遂诉请法院判决：1. 源广公司偿还工行蕉城支行截至2016年11月20日的借款本金890万元及利息872310.39元，之后产生的利息、复利、罚息按《小企业借款合同》约定计算至实际还款之日止；2. 李某兴对上述债务承担连带保证责任；3. 拍卖、变卖抵押物（建总公司所有的坐落于宁德市蕉城区八一五中路××号的房产）用于优先偿还源广公司拖欠工行蕉城支行的借款本息。

【案件焦点】

如何认定建总公司就主债务的利息部分承担担保责任的截止时间。

【法院裁判要旨】

福建省宁德市蕉城区人民法院经审理认为：工行蕉城支行与源广公司、李某兴、建总公司签订的《小企业借款合同》《最高额保证合同》《最高额抵押合同》，均系各方当事人真实意思表示，其内容不违反有关法律、行政法规的强制性规定，合法有效。合同各方当事人均应依约履行合同义务。工行蕉城支行依约向源广公司发放贷款后，源广公司未按约定按期足额偿还借款，构成违约，应承担违约责任。工行蕉城支行根据合同约定要求源广公司偿还剩余的借款本金及相应利息、罚息、复利，于法有据，予以支持。李某兴作为上述借款的最高额连带责任保证人，应对上述借款本息在890万元范围内承担连带偿还责任。建总公司自愿以坐落于宁德市蕉城区八一五中路××号的房产为上述债务提供最高额抵押担保，并已办理抵押登记，该抵押合法有效，工行蕉城支行对该抵押物在1000万元范围内享有优先受偿权。建总公司辩称，根据《中华人民共和国企业破产法》第四十六条第二款关于“附利息的债权自破产申请受理时起停止计息”之规定，建总公司就主债务的利息部分所承担的担保责任，应自法院受理该公司破产申请时起停止计算。根据《中华人民共和国企业破产法》第十二条第二款关于“人民法院受理破产申请后至破产宣告前，经审查发现债务人不符合本法第二条规定情形的，可以裁定驳回申请”之规定，亦不排除建总公司破产申请被驳回的可能性。若破产申请被驳回，则不存在停止计息的问题。不宜在本案中对停止计息问题进行判定，而应由受理破产申请的合议庭根据该破产案件的具体审理情况，确定建总公司就主债务的利息部分承担担保责任的截止时间，其在确定利息计算截止日期时，可不受本案判决关于利息计算截止时间的约束。

福建省宁德市蕉城区人民法院依照《中华人民共和国合同法》第八条、第一百零七条、第一百九十六条、第二百零六条、第二百零七条，《中华人民共和国担保法》第十四条、第十八条、第二十一条第一款、第三十一条、第三十三条、第四十一条、第四十二条第（二）项、第五十三条、第五十七条、第五十九条，《中华人民共和国企业破产法》第十二条第二款、第四十六条第二款，《中华人民共和国民事诉讼法》第一百四十四条，《最高人民法院关于适用〈中华人民共和国担保法〉若干问题的解释》第二十三条，作出如下判决：

一、源广公司应于本判决生效之日起偿还工行蕉城支行借款本金890万元及相应利息（截至2016年11月21日，利息为872310.39元，之后至借款付清之日止的利息、复利、罚息仍按《小企业借款合同》约定计算）；

二、李某兴对本判决第一项款项在890万元范围内承担连带清偿责任，李某兴承担保证责任后，有权向源广公司追偿；

三、若源广公司未能按期履行本判决第一项确定的义务，工行蕉城支行有权以建总公司所有的坐落于宁德市蕉城区八一五中路××号的房产拍卖、变卖所得的价款在1000万元范围内优先受偿，建总公司承担担保责任后，有权向源广公司追偿。

【法官后语】

担保人进入破产程序后，其所承担的担保责任范围是否会受到影响，一直是审判实践中备受争议的难点问题。

根据《中华人民共和国企业破产法》第十二条第二款关于“人民法院受理破产申请后至破产宣告前，经审查发现债务人不符合本法第二条规定情形的，可以裁定驳回申请”的规定，亦不能排除担保人破产申请被驳回的可能性。若破产申请被驳回，则不存在停止计息的问题，因此，不宜直接在本案中对停止计息问题进行判定。更为稳妥的处理方式是由受理破产申请的法院根据该破产案件的具体审理情况，确定担保人就主债务的利息部分承担担保责任的截止时间。就本案而言，可先以主债务的具体数额为依据确定担保责任的承担范围，并同时在判决书“本院认为”部分指明受理破产申请的法院在确定利息计算截止日期时，可不受本案判决关于利息计算截止时间的约束，避免出现前后矛盾的情况。

编写人：福建省宁德市蕉城区人民法院　钟思敏

37

无效担保合同中的责任承担

——中国工商银行股份有限公司茌平支行诉秦某国等金融借款合同案

【案件基本信息】

1. 判决书字号

山东省聊城市中级人民法院（2017）鲁15民终第2665号民事判决书

2. 案由：金融借款合同纠纷

3. 当事人

原告：中国工商银行股份有限公司茌平支行（以下简称工行茌平支行）

被告：秦某国、崔某娟、茌平县第一中学

【基本案情】

2005年12月26日，工行茌平支行与秦某国、崔某娟、茌平县第一中学签订个人购房借款合同1份，合同约定：贷款金额为60000元，用途为用于购买坐落于茌平县城关镇文化路115号4座××室房产，月利率4.59‰，如遇人民银行贷款利率调整，按规定执行，贷款期限为10年，自2005年12月26日起至2015年12月27日止，自贷款发放次月起，借款人按月按等额本息还款法归还贷款本息共120期；借款人未按合同约定日期（包括被宣布提前到期）偿还的贷款，贷款人有权按罚息利率按日计收利息；对不能按时支付的利息，按罚息利率计收复利；保证人茌平县第一中学在保证人处捺印，承担连带责任保证，保证期限为本合同借款人不履行债务之日起两年。被告秦某国、崔某娟以该坐落于茌平县城关镇文化路115号4座××室房产提供抵押，但未办理抵押登记手续。2005年12月28日，中国工商银行股份有限公司茌平支行将60000元贷款转入被告指定的银行账户。自2011年6月起，被告逾期未偿还贷款。

【案件焦点】

1. 保证合同的效力问题；2. 保证期间是否适用。

【法院裁判要旨】

山东省聊城市茌平县人民法院经审理认为：秦某国、崔某娟经公告送达开庭传票，未到庭参加诉讼，依法视为放弃相关诉讼权利，本院可依法缺席判决。原、被告签订的个人购房借款合同是当事人的真实意思表示，为有效合同。当事人应当按照约定全面履行自己的义务。工行茌平支行依约履行了发放贷款义务，秦某国、崔某娟、茌平县第一中学亦应依法履行还款义务，其未依约按时还款，工行茌平支行要求与被告终止借款合同，秦某国、崔某娟偿还借款本金31865.62元及到期利息、罚息、复利的请求依法应予支持。秦某国、崔某娟虽以茌平县城关镇文化路115号4座××室房产为该笔借款作抵押，但未在房产主管部门办理抵押登记。依照《中华人民共和国担保法》第四十一条、第四十二条之规定，抵押合同不生效。工行茌平支行要求被告用其所有的位于茌平县文化路115号4座××室房产承担抵押担保责任的诉讼请求依法不予支持。

关于保证合同的效力问题。根据《中华人民共和国担保法》第九条的规定，学校、幼儿园、医院等以公益为目的的事业单位、社会团体不得为保证人。《最高人民法院关于适用〈中华人民共和国担保法〉若干问题的解释》第三条之规定，国家机关和以公益为目的的事业单位、社会团体违反法律规定提供担保的，担保合同无效。根据《中华人民共和国担保法》第五条第二款的规定，担保合同被确认无效后，债务人、担保人、债权人有过错的，应当根据其过错各自承担相应的民事责任。被告茌平县第一中学作为以公益为目的的事业单位，为秦某国、崔某娟提供担保，属无效担保，其提供担保的行为，自身有过错。原告作为专门从事贷款业务的商业银行，审查不严，亦存在过错。根据《最高人民法院关于适用〈中华人民共和国担保法〉若干问题的解释》第七条之规定，主合同有效而担保合同无效，债权人、担保人有过错的，担保人承担民事责任的部分，不应超过债务人不能清偿部分的二分之一。

关于保证期间的适用问题。虽然案涉保证合同为无效合同，但是保证合同约定的保证期间仍然具有法律效力。本案保证期间为“本合同借款人不履行债务之日起两年”，工行茌平支行与秦某国、崔某娟签订的个人购房借款合同到期日为2015年12月27日，担保期间应自最后一笔贷款到期之日起计算两年，即至2017年12月26日。原告起诉时，茌平县第一中学的保证期间尚未超出。茌平县第一中学关于“原告主张已超过两年的诉讼时效”的抗辩主张，依法不予支持。被告茌平县第一中学对秦某国、崔某娟在原告处不能清偿部分的借款应承担不超过二分之一的民事赔偿责任。

山东省聊城市茌平县人民法院依照《中华人民共和国合同法》第二百零六条、第二百零七条，《中华人民共和国担保法》第九条、第五条第二款、第四十一条、第四十二条，《最高人民法院关于适用〈中华人民共和国担保法〉若干问题的解释》第三条、第九条，《中华人民共和国民事诉讼法》第六十四条、第一百四十四条之规定，判决如下：

一、被告秦某国、崔某娟于本判决生效之日起十日内偿还所欠原告工行茌平支行借款本金31865.62元及相应利息、罚息、复利（自借款之日起至生效判决确定的付款之日止，利息、罚息、复利按合同约定计算）；

二、上述借款本息、罚息、复利，被告茌平县第一中学对被告秦某国、崔某娟不能清偿部分的二分之一承担赔偿责任；

三、被告茌平县第一中学承担赔偿责任后，有权按承担数额向被告秦某国、崔某娟追偿；

四、驳回原告工行茌平支行的其他诉讼请求。

【法官后语】

该案对于无效担保合同中，保证人的责任承担问题具有指导意义。保证合同虽然无效，但合同约定的保证期间仍然具有法律效力，只要案件中保证期间未超过，保证人承担责任具有法律依据。本案中，保证期间为“本合同借款人不履行债务之日起两年”，原告与被告秦某国、崔某娟签订的个人购房借款合同最后到期日应视为“借款人不履行债务之日”。

保证人承担责任，需根据其过错各自承担相应的民事责任。具体到本案中，原告作为专业放贷机构，审查不严，存在过错。被告茌平县第一中学作为以公益为目的的事业单位，为被告秦某国、崔某娟提供担保，属无效担保，其提供担保的行为，自身亦有过错。

编写人：山东省聊城市茌平县人民法院　季秀哲

38

银行划转质押账户资金抵扣到期债务不构成流质

——大华银行（中国）有限公司重庆分行诉重庆国润汽车销售服务有限责任公司等金融借款合同案

【案件基本信息】

1. 判决书字号

重庆市第五中级人民法院（2017）渝05民终3593号民事判决书

2. 案由：金融借款合同纠纷

3. 诉讼双方

原告（被上诉人）：大华银行（中国）有限公司重庆分行（以下简称大华银行）

被告（上诉人）：重庆国润汽车销售服务有限责任公司（以下简称汽车销售公司）、王某熹、夏某林

第三人：中国电信集团公司、中国电信股份有限公司

【基本案情】

重庆国润汽车销售服务公司因资金周转需要向大华银行循环融资贷款2000万，为担保该债权实现，双方签订了一份《账户质押协议》，约定汽车销售公司将开立在大华银行的特定账户质押给大华银行，并存入400万元，承诺在到期不能清偿贷款时，大华银行可以直接处置该质押账户中存款以及利息收益等以实现质权，且无须征得汽车销售公司的同意。嗣后，汽车销售公司未能如期还款。大华银行认为汽车销售公司未按时还款的行为已构成违约，遂根据双方约定划转了质押账户款项以抵扣汽车销售公司部分应付债务，同时起诉至法院请求判令汽车销售公司立即支付尚欠的借款本金、利息、罚息、复利等。汽车销售公司对借款事实和未按期归还贷款无异议，但不同意大华银行直接划转其质押账户中的存款，认为大华银行未经法定程序或者当事人事后协商一致，直接划转其质押账户存款的行为属于物权法规定的流质行为，违反了法律的禁止性规定。

【案件焦点】

银行在债务人违约时直接划转其质押账户款项的行为是否违反了禁止流质的规定。

【法院裁判要旨】

重庆市渝中区人民法院经审理认为：双方签订的《账户质押协议》约定质权实现的方式包括直接划转质押账户中资金用于清偿被担保债务。大华银行扣划质押账户金额有相应合同依据。《最高人民法院关于适用〈中华人民共和国担保法〉若干问题的解释》第八十五条规定：“债务人或者第三人将其金钱以特户、封金、保证金等形式特定化后，移交债权人占有作为债权的担保，债务人不履行债务时，债权人可以以该金钱优先受偿。”双方当事人设立了账户质押，而账户质押的本质是以

账户中的资金作为担保财产，构成金钱质押。虽然《中华人民共和国物权法》第二百一十一条规定："质权人在债务履行期届满前，不得与出质人约定债务人不履行到期债务时质押财产归债权人所有。"但该禁止流质条款的立法本意在于质权是一种变价受偿权，若不经过折价或拍卖变卖环节而将质物所有权直接转移给债权人，则会在质物拍卖变卖所得价款高于债权数额本身时损害债务人和其他债权人的利益，有违民法公平原则。本案中的账户质押构成金钱质押，金钱不同于一般动产，其作为一般等价物，其价值是确定的，不需要经过拍卖变卖程序确定价值，因此金钱质押构成特殊动产质押，在债务人不履行债务时，债权人可以以该金钱优先受偿。该扣划行为发生后，汽车销售公司所欠大华银行债务本金数额相应减少，该部分扣划的金额不再计算逾期利息，对汽车销售公司来说可以及时止损，并不存在损害其利益的情况。因此，大华银行基于《最高人民法院关于适用〈中华人民共和国担保法〉若干问题的解释》第八十五条的规定与双方签订的《账户质押协议》之约定，对汽车销售公司向大华银行提供质押的账户资金进行扣划以抵扣汽车销售公司应付债务的行为，不违反法律法规的禁止性规定，应属有效。

重庆市渝中区人民法院依照《中华人民共和国合同法》第八条、第一百零七条、《最高人民法院关于适用〈中华人民共和国担保法〉若干问题的解释》第八十五条的规定，判决如下：

汽车销售公司应于本判决生效之日起十日内向银行偿还借款本金15908473.07元，截至2016年5月13日的利息179075元，并支付以16087548.07元为基数，按中国人民银行同期贷款利率130%的基础上上浮50%的标准计算的利息。

宣判后，汽车销售公司不服一审判决，提起上诉。

重庆市第五中级人民法院经审理判决：

驳回上诉，维持原判。

【法官后语】

账户本身没有交换价值，不能变现，账户质押的本质是以账户中的资金作为担保财产，构成金钱质押。但如何实现优先受偿权，法律未作详细规定，实践中很多金融机构直接划转质押账户资金以抵扣债务人部分债务，该行为并不属于流质。

第一，传统质权是一种变价受偿权，若不经过折价或拍卖变卖环节而将质物所有权直接转移给债权人，则会在质物拍卖变卖所得价款高于债权数额本身时损害债务人和其他债权人的利益。而质押账户中的货币作为等价交换物，其价值是确定的，既不需要折价协商明确价值，也不需要经过拍卖变卖程序确定价值，在债务人不履行到期债务时，债权人在债权额度范围内直接以质押账户中的货币受偿，不存在价值高估或低估的情形。同时，银行要求债务人提供质押账户作为主债权履约担保，债务人存入质押账户中的资金一般仅为贷款金额的一定比例，但通常均远远低于贷款金额，否则债务人根本无须向银行借款，直接自行支配相应规模的资金即可。因此，不可能存在质物本身价值高于被担保债权的情况。这与禁止流质条款立法本意中防止以价值较高的质押物担保小额债权有本质不同。

第二，划转质押账户款项的行为可以实现货币价值最大化，节省交易成本。传统动产质权实现时，需要经过协商折价或冗长的司法评估、拍卖、变卖等环节，上述程序均需要耗费较多的人力、物力、财力成本。仅拍卖一个环节可能就需要司法评估确定质物价值、继而经历一拍、二拍、三拍等程序，质权人虽然对质物享有优先受偿权，但真正实现债权的时间成本非常高。同时，司法评估及拍卖变卖本身需要一定费用，这些费用亦会增加交易成本。而银行直接划转质押账户资金则无须经历协商折价或司法评估、拍卖、变卖环节，避免了拍卖或协议折价等中间环节的延误从而大幅缩减了债权人实现债权的时间，减轻了质押双方当事人的交易成本，提高了债权实现的能力，亦节约了司法资源。

第三，划转质押账户款项的行为未对债务人造成财产损害。债务人发生逾期后，按照合同约定，银行有权按照逾期罚息标准计收罚息和复利，逾期罚息利率标准一般为贷款执行利率上浮30%～50%，复利计算标准为以借款期内应付未付利息为基数，以逾期罚息为标准计算。银行划转质押账户中的资金后，债务人所欠银行债务本金及利息数额相应减少，该部分被划转的金额不再作为基数计算逾期罚息和复利，对债务人来说可以及时止损，并不存在损害其利益的情况。相较传统质押而言，质权实现需要经历的司法评估、拍卖、变卖、折价等环节均需要较长时间，债务人欠付的本金及利息在这段时间内仍然要持续产生罚息和复利，最终债务人实际需要偿还的总金额亦会随着时间的延长而增加，债务人的负担也会相应加重。因此银行划转质押账户款项的行为在某种程度上可以变相减轻债务人的偿债负担，及时止损。

编写人：重庆市渝中区人民法院　李翃

39

债务人死亡，继承人的债务承担

——中国工商银行股份有限公司三门支行诉包某芳等金融借款合同、抵押合同案

【案件基本信息】

1. 判决书字号

浙江省三门县人民法院（2017）浙1022民初5627号民事判决书

2. 案由：金融借款合同纠纷、抵押合同纠纷

3. 当事人

原告：中国工商银行股份有限公司三门支行（以下简称工行三门支行）

被告：包某芳、杨某盖、杨某程

【基本案情】

2014年12月11日，包某芳的丈夫杨某进向原告工行三门支行借款人民币560000元，双方签订了一份《个人借款/担保合同》，合同中约定借款期限自2014年12月11日起至2024年12月11日止，约定贷款基准年利率为8.15%，后如遇调整，贷款期限在一年以上的自次年的1月1日起按调整后的利率；还款方式为按月等额本息还款法，每月20日为还款日，如逾期归还本金，从逾期之日起按约定利率加收50%的罚息，对未按期支付的利息，按罚息利率计收复利。借款人三个月或累计六次未足额偿还贷款本息的，原告有权宣布合同到期，并要求借款人立即清偿贷款以及利息罚息及其他费用，包括为实现债权的费用。同日，包某芳与杨某进自愿将坐落于三门县旁旁镇中心区A地块1号楼第2××间［房屋所有权证号为三房权证亭旁字第201207126号，土地使用权证号为三国用（2012）第002070号、三国用（2012）第002071号］及三门县亭旁镇中心区A地块1号楼第2××间［房屋所有权证号为三房权证亭旁字第201207127号，土地使用权证号为三国用

(2012) 第002068号] 房屋抵押给原告，抵押担保范围为全部贷款本息、罚息、复利、违约金、补偿金、实现债权费用等。原告于2014年12月11日向杨某进发放贷款560000元，杨某进贷款后支付本息至2015年5月20日，之后已经连续逾期六期未按时归还贷款本息。原告多次催讨，杨某进又陆续付款（最后一次付款时间为2017年5月20日）。截至2015年11月20日的款项已付清，2015年11月21日之后的款项经原告催讨无果。

借款人杨某进于2017年5月17日因病死亡。再查明，杨某进父亲杨某响已于2017年3月31日死亡，杨某进母亲梅某芳已于2008年4月18日死亡。杨某进的第一顺序继承人为包某芳、杨某盖、杨某程。

2017年6月10日，包某芳、杨某盖、杨某程自行达成协议，杨某盖自愿放弃继承其父亲杨某进所遗留下来的全部财产。

【案件焦点】

1. 继承人放弃继承被继承人遗产是否仍对被继承人生前债务承担还款责任；
2. 未成年被继承人在不放弃遗产继承情况下是否应该承担被继承人生前债务。

【法院裁判要旨】

浙江省三门县人民法院经审理认为：原告工行三门支行与杨某进的借款关系及原告工行三门支行与杨某进、包某芳之间的抵押关系事实清楚，证据确实充分，足以认定。对于原、被告双方的证据除了已经在认证阶段确认之外，工行三门支行对杨某盖提交的公证书及协议书所提出的异议，实际上就是杨某盖放弃继承后其是否要承担还款责任的问题，也就是本案的争议焦点之一。本案的争议焦点：一是杨某盖放弃继承被继承人遗产是否仍对被继承人生前债务承担还款责任的问题；二是杨某程（未成年）在不放弃遗产继承情况下是否应该承担被继承人生前债务。关于第一个争议焦点，《中华人民共和国继承法》第三十三条第二款规定，继承人放弃继承的，对被继承人依法应当缴纳的税款和债务可以不负偿还责任。关于第二个争议焦点，根据《中华人民共和国继承法》第三十三条第一款的规定，继承遗产应当清偿被继承人依法应该缴纳的税款和债务，缴纳税款和债务以遗产的实际价值为限，超出遗产实际价值部分，继承人自愿偿还的不在此限。该条规定并未区分年龄差别，所以杨某程以其未成年理由进行抗辩不成立，不予采纳。

浙江省三门县人民法院依照《中华人民共和国合同法》第一百零七条、第二百零五条、第二百零六条、第二百零七条,《中华人民共和国继承法》第三十三条之规定,判决如下:

一、由被告包某芳、杨某程于本判决生效之日起十五日内偿还给原告工行三门支行借款本金455873.14元并支付利息、罚息、复利(算至2017年11月6日合计11498.9元,之后自2017年11月7日起按合同约定的利率计算至贷款清偿之日止);

二、被告包某芳、杨某程于本判决生效之日起十五日内支付给原告工行三门支行因实现债权而支出的律师代理费5000元;

上述第一项、第二项中被告杨某程的偿还债务以遗产实际价值为限。

三、如果被告包某芳、杨某程未按本判决指定的期间履行付款义务,则原告工行三门支行在上述债权范围内对坐落于三门县旁旁镇中心区A地块1号楼第2××间[房屋所有权证号为三房权证亭旁字第201207126号,土地使用权证号为三国用(2012)第002070号、三国用(2012)第002071号]及三门县亭旁镇中心区A地块1号楼第2××间[房屋所有权证号为三房权证亭旁字第201207127号,土地使用权证号为三国用(2012)第002068号]房屋享有优先受偿权;

四、驳回原告工行三门支行对被告杨某盖的诉讼请求。

【法官后语】

从我国现行的包括《中华人民共和国继承法》在内的民事法律的规定看,继承人与被继承人之间的财产关系是独立的。继承人不因与被继承人之间有血缘关系而须对被继承人的债务承担责任。继承人对被继承人的债务承担责任仅是因为继承了被继承人的遗产。可见,继承实质上就是继承人接受被继承人的遗产并在接受遗产的价值范围内对被继承人的生前债务承担责任。

在类似继承案件中,当继承人发现义务大于权利时,多会选择放弃继承而回避义务的承担。因此,在现行继承法的框架下,继承人放弃继承意味着继承人放弃本应由其继承的遗产份额,并从被继承人遗留的财产涉及的各种法律关系中脱离出来,对被继承人的财产不享受权利,对被继承人的义务不承担责任。

本案的一审法院基于杨某盖放弃继承被继承人遗产,判决驳回了原告工行三门支行要求杨某盖对被继承人生前债务承担还款责任的诉讼请求。

本案的一审法院认定杨某程以其未成年理由进行抗辩不成立，判决支持了原告工行三门支行要求杨某程在继承遗产范围内对被继承人生前债务承担还款责任的诉讼请求。

编写人：浙江省三门县人民法院　陈丽亚

（二）金融借款合同履行

40

存在抵押担保的信用卡专向分期付款业务应当认定为金融借款合同纠纷

——中国银行股份有限公司上海市普陀支行诉吴某融、徐某娟金融借款合同案

【案件基本信息】

1. 判决书字号

上海市静安区人民法院（2017）沪0106民初17939号民事判决书

2. 案由：金融借款合同纠纷

3. 当事人

原告：中国银行股份有限公司上海市普陀支行（以下简称中行普陀支行）

被告：吴某融、徐某娟

【基本案情】

2010年10月25日，中行普陀支行与吴某融、徐某娟签订《信用卡专向分期付款协议书》一份，约定吴某融向原告申请办理信用卡专向分期付款业务，原告授予被告吴某融的专向分期额度为190000元，有效期为36个月，自2010年10月25日

至2013年10月24日。同日，中行普陀支行与吴某融、徐某娟签订《信用卡专向分期付款业务车辆最高额抵押合同》一份，约定吴某融将其购买的科帕奇牌轿车为其使用前述信用卡项而产生的全部债务提供抵押担保。徐某娟在《共有人承诺函》上签字，承诺作为吴某融的配偶，已知悉被告吴某融向原告申请了信用卡，并于2010年10月25日签署了《信用卡专向分期付款协议书》和《信用卡专向分期付款业务车辆最高额抵押合同》。

2010年11月，吴某融向原告申请汽车大额分期交易，11月22日，上述交易成功，中行普陀支行与吴某融正式建立分期计划，交易金额为190000元，分36期，手续费为16150元。2010年11月25日，吴某融主动注销了上述已办理的190000元分期业务的信用卡（有效期至2013年11月30日）。2011年12月27日，经双方协商，吴某融归还了15831元（审理中，中行普陀支行、吴某融、徐某娟一致同意15831元系用于支付手续费，剩余手续费原告不再主张），中行普陀支行与吴某融并于2012年5月31日建立了新的分期计划，原信用卡重新开通使用。对被告吴某融之前因擅自销卡产生的透支利息、滞纳金等，原告同意作冲销处理。

2012年7月，吴某融开始按照新的分期计划还款。自2012年7月至2013年11月，吴某融共计还款93940.4元。2013年12月起，吴某融又以原信用卡已到期为由不再还款。经多次催讨未果，原告于2014年11月17日对吴某融信用卡项下的债务作全部到期处理。截至2014年11月16日，以吴某融每月应还款额5277元为基数、日万分之五的透支利率为逾期利率，吴某融拖欠的逾期利息为5171.52元。

2017年1月，原告与上海市佳信达律师事务所签订《聘请律师合同》一份，并支付律师代理费13831元。

吴某融、徐某娟辩称，原信用卡已于2013年11月到期，因原告未寄送新卡，导致其不能履行还款义务，故逾期还款的责任在原告，被告无须归还透支利息和滞纳金。

【案件焦点】

1. 信用卡到期后，在原告未能提供充分证据证明已向被告寄送新卡的情况下，逾期还款的责任是否应当由被告承担；2. 存在抵押担保的信用卡专向分期付款业务中，银行与持卡人之间的法律关系应当认定为信用卡纠纷还是金融借款合同纠纷。

【法院裁判要旨】

上海市静安区人民法院经审理认为：根据现有证据，不足以证明原告在信用卡到期后已向吴某融寄送了新卡，但是已过有效期的信用卡并非不能还款，只是不能消费，且信用卡的还款方式不止一种，还款平台也不止一个，即使信用卡已到期，吴某融仍可以通过柜面转账等其他方式履行还款义务。即便吴某融当庭表示其对上述还款方式均不予认同，在原告及其委托的第三方向被告催收时，吴某融也理应积极配合原告归还欠款，但吴某融自2013年12月起不仅未再归还任何款项，且在原告电话向其催收时，拒绝与原告沟通，人为阻挠搭建新的还款平台，其拒绝与原告沟通的理由牵强附会，缺乏可信度，反映出其显然具有逃废债务、逃避还款责任之意图。故吴某融以信用卡已到期为由拒绝承担逾期还款责任的辩称，不予支持，吴某融对逾期还款应承担全部责任。

从双方当事人签订的合同名称来看，原告向被告提供的似乎是信用卡分期付款服务，但是从款项的发放以及担保方式来看，原、被告之间更应当认定为金融借款法律关系。对于《信用卡专向分期付款协议书》中约定的手续费，原、被告对此均无异议，予以确认；对于《信用卡专向分期付款协议书》中约定的日万分之五的透支利率，认定为逾期利息的利率，并以此为基础计算吴某融应当支付的逾期利息。对于《信用卡专向分期付款协议书》中约定的滞纳金，并非金融借款合同纠纷项下可以计收的款项，不予支持。对于原告主张的剩余本金金额，吴某融同意归还，予以照准。原告主张的律师费金额过高，酌情调整为9000元。同时，原告作为抵押权人依法可要求吴某融以抵押物承担抵押担保责任。徐某娟作为吴某融的配偶，应当对吴某融的债务承担共同清偿责任。

上海市静安区人民法院依照《中华人民共和国合同法》第六十条第一款、第二百零五条、第二百零七条，《中华人民共和国担保法》第五十三条、《中华人民共和国民事诉讼法》第六十四条第一款之规定，判决如下：

一、被告吴某融、被告徐某娟应于本判决生效之日起十日内归还原告中行普陀支行借款本金100262.92元，支付暂计算至2014年11月16日的逾期利息5171.52元，并以上述借款本金为基数，按日万分之五的利率支付原告自2014年11月17日起至借款实际清偿之日止的逾期利息；

二、被告吴某融、被告徐某娟应于本判决生效之日起十日内偿付原告中行普陀支行律师费损失9000元；

三、被告吴某融、被告徐某娟届期不履行上述付款义务的，原告中行普陀支行可与被告吴某融协议，以科帕奇牌汽车（车架号KL1FC6EG3AB087433）折价，或者申请以拍卖、变卖该抵押物所得价款优先受偿，抵押物折价或者拍卖、变卖后，其价款超过债权数额的部分归抵押物所有权人所有，不足部分由被告吴某融、被告徐某娟继续清偿；

四、驳回原告中行普陀支行的其余诉讼请求。

宣判后，原、被告均未上诉。

【法官后语】

司法实践中，信用卡专向分期付款业务（以下简称卡分期）存在着多种表现形式，本案所涉及的是单一"专向分期额度"的、有抵押担保的信用卡专向分期付款业务。

本案系争的卡分期业务与一般的信用卡业务存在本质区别：第一，卡分期业务与一般的信用卡业务的授信额度在合同中进行了区分；第二，卡分期业务项下的贷款必须专款专用，而一般信用卡业务项下持卡人在授信额度内可以随意刷卡消费（取现）；第三，卡分期业务项下的贷款存在抵押担保，而一般的信用卡业务只有信用担保；第四，卡分期业务不适用最低还款额的信用卡规则；第五，卡分期业务不存在免息期且持卡人需要根据贷款金额的一定比率支付手续费。综上所述，本案系争的卡分期业务与传统的信用卡业务在产品设计以及程序操作方面存在诸多差别，尤其是其贷款指向的特定性和贷款担保的非信用性使其更符合金融借款合同的特征，故应当认定为金融借款合同纠纷。

银行对贷款产品的定价应当遵循风险与收益相匹配的原则，信用卡属于高风险的贷款，银行可以收取较高的利率以及费用来补偿其风险；相比之下，有抵押担保的金融借款就属于较低风险的贷款。由于法院认定系争卡分期业务的性质为金融借款合同纠纷，只能参照金融借款合同的收费标准计收相应的利息和逾期利息。

编写人：上海市静安区人民法院　唐星芝

41

贷款逾期未还的处理

——广发银行股份有限公司湘潭支行诉王某强金融借款合同案

【案件基本信息】

1. 判决书字号

湖南省湘潭市岳塘区人民法院（2018）湘0304民初308号民事判决书

2. 案由：金融借款合同纠纷

3. 当事人

原告：广发银行股份有限公司湘潭支行（以下简称广发银行湘潭支行）

被告：王某强

【基本案情】

王某强与广发银行湘潭支行于2016年4月18日签订个人信用贷款合同，约定王某强向广发银行湘潭支行贷款24500元，贷款期限为12个月，以年利率15%计算利息，按照到期一次性还本分期结息方式还款，按月分期偿还利息，每月20日为结息日，逾期贷款罚息利率在约定利率基础上上浮50%即年利率22.5%。借款人若未按约定期限还款，就逾期部分，从逾期之日起按照逾期贷款罚息利率按日计收利息，直至清偿本息为止，并对不能按时支付的利息，按罚息利率计收复利。合同签订后，广发银行湘潭支行按约发放了贷款，但王某强至今只归还本金5000.03元、利息3600.05元、复利6.42元，合计8606.5元。截至2018年1月31日，王某强尚欠广发银行湘潭支行贷款本金19499.97元、利息126元、罚息4235.02元、复利396.11元，合计24257.1元。广发银行湘潭支行为确保其合法权益于2018年2月6日诉至本院，向本院提出诉称之请求。王某强未作答辩，未到庭参加诉讼。

【案件焦点】

贷款逾期未还应否要求借款人一次性还本付息并支付逾期付款利息。

【法院裁判要旨】

湖南省湘潭市岳塘区人民法院经审理认为：金融借贷关系应受法律保护。本案中，王某强向广发银行湘潭支行申请个人贷款后不按时归还贷款本息才酿成本案纠纷，王某强应承担纠纷发生的全部责任。双方贷款合同约定，借款人若未按约定期限还款，就逾期部分，从逾期之日起按照逾期贷款罚息利率按日计收利息，直至清偿本息为止，本案贷款期限 1 年早已届满，广发银行湘潭支行要求王某强归还贷款本金，并按罚息利率计收利息的诉讼请求，予以支持。截至 2018 年 1 月 31 日，王某强尚欠广发银行湘潭支行贷款本金 19499.97 元、利息 126 元、罚息 4235.02 元、复利 396.11 元，合计 24257.1 元，应予一次性归还，同时，王某强应按罚息利率 22.5%/年从 2018 年 2 月 1 日起持续计算贷款利息至贷款本金还清时止。

湖南省湘潭市岳塘区人民法院依照《中华人民共和国合同法》第六十条第一款、第一百零七条、第二百零五条、第二百零六条、第二百零七条，《中华人民共和国民事诉讼法》第六十四条第一款、第一百四十四条之规定，判决如下：

王某强在本判决生效后十日内归还广发银行股份有限公司湘潭支行贷款本金 19499.97 元、利息 126 元、罚息 4235.02 元、复利 396.11 元，合计 24257.1 元，其中本金 19499.97 元从 2018 年 2 月 1 日开始按年利率 22.5% 计算罚息至款项还清时止；利息 126 元从 2018 年 2 月 1 日开始按年利率 22.5% 计算复利至利息付清时止。

宣判后，当事人未提出上诉。

【法官后语】

本案处理重点主要在于对贷款逾期后的处理。《中华人民共和国合同法》第六十条规定，当事人应当按照约定全面履行自己的义务，具体到本案中，既包括贷款人应当按照约定的日期、数额提供借款，又包括借款人应当按照约定的期限归还借款、支付利息。因《中华人民共和国合同法》第二百零七条规定，借款人未按照约定的期限返还借款的，应当按照约定或者国家有关规定支付逾期利息，且原、被告双方在借款合同中对逾期利息的支付方式进行了明确约定，现借款人逾期未还借款，需按双方约定一次性还本付息并按约定支付逾期付款利息（即逾期后按约定的罚息利率计收利息）。

编写人：湖南省湘潭市岳塘区人民法院　李湘蓉

42

回购协议约定不明时的效力

——金华银行股份有限公司杭州萧山支行诉杭州园立建筑工程机械有限公司等金融借款合同案

【案件基本信息】

1. 裁判书字号

浙江省杭州市中级人民法院（2017）浙01民终4788号民事裁定书

2. 案由：金融借款合同纠纷

3. 当事人

原告（被上诉人）：金华银行股份有限公司杭州萧山支行（以下简称金华银行）

被告（上诉人）：杭州园立建筑工程机械有限公司（以下简称园立公司）、嘉兴海阳工程建设有限公司（以下简称海阳公司）、李某一、李某二

【基本案情】

2016年1月8日，金华银行与园立公司、海阳公司、李某一、李某二园立公司签订了编号为20169××××借00026号的《流动资金借款合同》；借款本金：200万元；借款期限：2016年1月8日至2016年12月15日；借款利率：年利率7.2%；罚息利率：借款利率上浮50%；还款付息方式：按月结息，结息日为每月20日；到期一次性偿还本金；2016年1月11日，原告发放借款200万元。被告园立公司于2016年12月22日返还借款63.98元，2017年2月14日返还借款2500.58元，2017年3月29日返还借款6000元；已结清至2017年1月20日的利

息和罚息，之后于2017年3月28日支付罚息3万元。

2015年12月25日，金华银行与李某一、李某二签订《最高额保证合同》，合同约定：李某一、李某二为金华银行与园立公司在2015年12月25日至2017年12月15日连续发生的债权，在最高主债权限额250万元范围内提供连带责任保证，当园立公司未按合同约定履行其债务时，无论金华银行对主合同项下的债权是否拥有其他担保（包括但不限于保证、抵押、质押等担保方式），金华银行均有权直接要求李某一、李某二在其保证范围内承担保证责任。2016年1月8日，原告与被告园立公司签订了《最高额抵押合同》，合同约定：园立公司以其所有的28台机器设备（塔吊起重机）为其自2016年1月8日至2017年12月15日连续发生的债权，在最高主债权限额6995200元范围内提供抵押担保，双方并于2016年1月11日在工商部门办理了抵押登记。

2016年1月8日，金华银行与被告园立公司、海阳公司、案外人杭州市建筑设备租赁商会签订《抵押物四方回购协议》，约定：园立公司未按合同约定按期向金华银行偿还贷款本息的，海阳公司无条件回购园立公司抵于金华银行的机器设备；园立公司同意在借款期间，若未按合同约定偿还贷款利息或到期未偿还本金的，所抵押的机器设备由海阳公司回购，回购所得用于清偿此次贷款本金、利息及相关费用，不足部分由园立公司补足，多余部分退还园立公司；若园立公司未按合同约定按期偿还贷款本息的，金华银行有权提前终止合同，提前收回贷款本息，该机器设备由海阳公司回购；一旦金华银行发现海阳公司在园立公司的借款期限内丧失回购能力，杭州市建筑设备租赁商会有义务也有责任为金华银行重新选定第二回购方。

【案件焦点】

回购协议在约定不明时的效力认定。

【法院裁判要旨】

浙江省杭州市萧山区人民法院经审理认为：案涉《流动资金借款合同》《最高额保证合同》《最高额抵押合同》合法有效，对各方具有法律约束力。被告园立公司、李某一、李某二未按合同约定履行各自义务，依法应承担相应民事责任。《抵押物四方回购协议》约定园立公司未按合同约定偿还贷款本息时，园立公司抵押的机器设备由海阳公司回购，但无证据显示海阳公司为该批机器设备的出卖人，故协议约定的回购实为收购；该协议还约定，在海阳公司丧失收购能力时由杭州市建筑设备租赁商会重新选定收购方，对海阳公司为此是否需要承担民事责任未作出约定；协议的四方当事人就机器设备的收购金额、收购方式等也未作出约定。因此，原告要求海阳公司履行收购义务的诉讼请求不够明确，且双方就收购事宜产生的纠纷与本案不属于同一法律关系，故该院在本案中不予支持。

杭州市萧山区人民法院依照《中华人民共和国合同法》第一百零七条、第二百零六条、第二百零七条，《中华人民共和国担保法》第十二条、第十八条、第二十一条、第三十一条，《中华人民共和国物权法》第一百九十五条、第二百零三条、第二百零七条和《中华人民共和国民事诉讼法》第一百四十四条之规定，判决如下：

一、杭州园立建筑工程机械有限公司于本判决生效之日起十日内返还金华银行股份有限公司杭州萧山支行借款 1991435.44 元，支付该借款计算至 2017 年 3 月 28 日止的罚息 10166.45 元，及自 2017 年 3 月 29 日起至实际履行日止按年利率 10.80% 计算的罚息；

二、李某一、李某二对上述付款义务承担连带责任；

三、金华银行股份有限公司杭州萧山支行对杭州园立建筑工程机械有限公司所有的 28 台塔吊起重机［抵押登记编号：杭拱工商抵登字（2016）第 2 号］，经折价或者以拍卖、变卖方式变价后所得的价款，在上述第一项确定的债权范围内优先受偿；

四、李某一、李某二在承担保证责任后，有权就其已承担责任部分向杭州园立建筑工程机械有限公司追偿；

五、驳回金华银行股份有限公司杭州萧山支行的其他诉讼请求。

园立公司持原审起诉意见提起上诉。在审理过程中，园立公司于 2017 年 11 月 21 日提出撤诉申请。杭州市中级人民法院裁定如下：

准许上诉人杭州园立建筑工程机械有限公司撤回上诉。杭州市萧山区人民法院（2017）浙 0109 民初 2845 号民事判决自本裁定书送达之日起发生法律效力。

【法官后语】

“回购”并非法律上的概念，字面理解即将动产或不动产买回。结合本案从回购行为的性质分析来看，其应当界定为海阳公司承担保证责任的一种形式，同时也是银行实现债权的方式。回购只有在银行依法实现抵押权时，海阳公司回购抵押设备，付清贷款。这也是为了在对抵押财产依法拍卖变卖时，为避免流拍或所拍卖价格不足以清偿贷款，海阳公司才负有回购的义务。在回购款不足以清偿贷款情况下，还要继续承担保证义务。而海阳公司在履行保证回购责任之后取代所取得的只是抵押权人的法律地位，即享有代位追偿权。

本案回购协议中虽约定园立公司抵押的设备由海阳公司回购，其丧失收购能力时由杭州市建筑设备租赁商会重新选定收购方。但未约定收购金额、方式，也并未约定海阳公司事后未进行收购所需要承担的民事责任。因此，金华银行要求海阳公司履行收购义务的诉讼请求不明确。且金华银行与海阳公司之间的收购法律关系与本案并不属于同一法律关系，在本案中不宜处理。

编写人：浙江省杭州市萧山区人民法院　贾菁菁

43

决算期届满后债务履行期届满前最高额保证人清偿债务的行为认定

——中国民生银行股份有限公司温州分行诉温州市建筑工程公司等金融借款合同案

【案件基本信息】

1. 判决书字号

浙江省温州市中级人民法院（2018）浙03民终1803号民事判决书

2. 案由：金融借款合同纠纷

3. 当事人

原告（被上诉人）：中国民生银行股份有限公司温州分行（以下简称民生银行）

被告（上诉人）：温州市建筑工程公司（以下简称建筑公司）、林某华、温州

华杰建设工程有限公司（以下简称华杰公司）

【基本案情】

2011 年 12 月 14 日，建筑公司与民生银行签订《最高额抵押合同》，约定：建筑公司以其名下坐落于温州市鹿城区矮凳桥××号的不动产（所有权证号：温房权证鹿城区字第 205296 号）为其与民生银行自 2011 年 12 月 14 日至 2016 年 12 月 14 日期间内连续签订的多笔《中小企业金融服务合同》项下的全部债务提供最高额抵押担保，担保的最高债权额为 2800 万元。后办理了抵押登记手续。2015 年 1 月 23 日，建筑公司与民生银行签订《中小企业金融服务合同》，约定：民生银行向建筑公司授信 1550 万元，期限为 2015 年 1 月 23 日至 2016 年 1 月 23 日。

2015 年 1 月 23 日，华杰公司、林某华分别与民生银行签订《最高额保证合同》，约定：华杰公司、林某华各自为上述《中小企业金融服务合同》项下债务提供最高额保证，担保的最高债权额为 700 万元，被担保的主债权发生期间为 2015 年 1 月 23 日至 2016 年 1 月 23 日；不论是否存在其他担保，民生银行有权选择优先行使本合同项下的担保权利。2016 年 1 月 22 日，建筑公司向民生银行提取借款 1540 万元，借款期限自 2016 年 1 月 22 日至 2016 年 7 月 22 日，年利率为 5.0025%，逾期利率上浮 50%。

华杰公司于 2016 年 6 月 30 日偿还涉案借款共计 198508.85 元。建筑公司至今尚欠借款本金 14883497.91 元、利息 66338.71 元、复利 13.38 元。为此，民生银行诉请法院判决：1. 建筑公司立即偿还全部借款本息；2. 民生银行有权对建筑公司提供的抵押财产拍卖、变卖或折价款在 2800 万元最高限额内享有优先受偿；3. 华杰公司、林某华分别在 700 万元最高限额内对上述款项承担连带清偿责任。

华杰公司认为其于 2016 年 6 月 30 日代建筑公司向民生银行偿还了 198508.85 元，已部分履行最高额保证责任，该偿还金额应从华杰公司的剩余保证限额内扣除。民生银行认为，华杰公司于 2016 年 6 月 30 日偿还 198508.85 元属实，该款已在借款本息中扣除，但本案借款期限自 2016 年 1 月 22 日至 7 月 22 日，华杰公司的保证期间是债务履行期届满后 2 年，华杰公司的付款行为发生在借款期限内，不属于保证人履行保证责任，华杰公司仍应在 700 万元最高限额内承担连带清偿责任。

【案件焦点】

华杰公司作为最高额保证人，于2016年6月30日偿还借款198508.85元，该清偿行为能否认定为华杰公司履行最高额保证责任，华杰公司对主债务的剩余最高保证限额是否应扣除该198508.85元。

【法院裁判要旨】

浙江省温州市瓯海区人民法院经审理认为：案涉《中小企业金融服务合同》《最高额抵押合同》《最高额保证合同》均合法有效，对各方当事人具有约束力。借款到期后，建筑公司未按约还本付息，应对尚欠的本息承担清偿责任。民生银行有权依照《最高额抵押合同》的约定对案涉抵押物拍卖、变卖或折价所得优先受偿。林某华应依照《最高额保证合同》的约定在700万元限额内承担保证责任。华杰公司虽在借款期满前清偿部分款项，但仍应依照《最高额保证合同》的约定在700万元限额内对案涉债务承担连带责任。浙江省温州市瓯海区人民法院遂判决：

一、建筑公司在判决生效后十日内偿还民生银行借款本金14883497.91元、利息66338.71元、复利13.38元及逾期利息（暂算至2016年12月23日为496459.81元，自2016年12月24日起至实际履行之日止，以本息之和14949836.62元为基数，按年利率7.50375%计算）；

二、如建筑公司不能清偿上述款项，民生银行有权依据《最高额抵押合同》对建筑公司名下坐落于温州市鹿城区矮凳桥××号的不动产（所有权证号：温房权证鹿城区字第205296号）拍卖、变卖或折价款在2800万元最高限额内享有优先受偿；

三、华杰公司依据《最高额保证合同》在700万元最高限额内对上述款项承担连带清偿责任；

四、林某华依据《最高额保证合同》在700万元最高限额内对上述款项承担连带清偿责任；

五、华杰公司、林某华承担担保责任后，有权向建筑公司追偿。

华杰公司不服原判提出上诉。温州市中级人民法院经审理认为：双方一致认可华杰公司于2016年6月30日偿还了涉案借款198508.85元。华杰公司提供最高额保证的主债权发生期间为2015年1月23日至2016年1月23日，华杰公司于2016年6月30日代偿债务198508.85元，虽代偿时涉案借款尚未满履行期限，但约定的主债权发生期间已届满，被担保的债权归于确定，最高额保证已具备决算条件，该代偿行为应认定为华杰公司部分履行最高额保证责任，故其对本案债务的保证责任最高限额应当扣除198508.85元。浙江省温州市中级人民法院遂判决：

一、维持原判第一项、第二项、第四项、第五项；

二、变更原判第三项为“华杰公司在6801491.15元最高限额内对上述款项承担连带清偿责任”；

三、驳回民生银行的其他诉讼请求。

【法官后语】

本案处理的重点在于最高额保证人在决算期届满后、债务履行期届满前清偿债务，该清偿行为是否可视为保证人履行最高额保证责任。一方面，决算期届满，最高额保证担保的债权归于确定，保证人履行最高额保证责任已具备前提条件。另一方面，学术理论及司法实践一般认为《最高人民法院关于适用〈中华人民共和国担保法〉若干问题的解释》第三十二条关于保证期间应当从主债务履行期届满之日起计算的规定，不仅适用于一般保证，也同样适用于最高额保证。故债务履行期届满前保证期间尚未起算，保证人的法定责任承担尚未开始，保证人有权拒绝履行保证责任。但本案的特殊性在于保证人华杰公司自愿提前清偿，银行对提前清偿也予以认可，该种情况下华杰公司主张该提前清偿系部分履行最高额保证责任，清偿金额在剩余最高保证限额内扣减，应当予以支持，理由如下：

首先，保证期间是债权人有权且应当向保证人主张权利的期间，但保证人履行保证责任并不一定要在保证期间内。在债权人也同意提前清偿的情况下，根据合同意思自治原则，只要不损害他人利益，保证人完全可以提前代偿债务。事实上，提前清偿能够减少利息负担、减轻催讨压力，对债务人及其他担保人无害反有利。再从裁判的公平性和社会效果来看，若保证人是在债务履行期届满后经债权人催讨才还款，则保证人系履行保证责任将无争议。保证责任的本质在于保证人为债务人履行义务、债权债务人享受代偿利益，保证人放弃期限利益主动代偿，不仅符合保证责任的本质要求，且有助于节约资源、提升效率，于债权债务人、社会整体福利均有利，若反而不视为履行保证责任，如此裁判显然对保证人不公平，对社会不效率。

值得注意的是，若保证人清偿债务的时间发生在决算期届满前，则一定不能视为履行最高额保证责任，最高保证限额不能予以扣减。最高额保证的特殊性就在于决算期届满前具体债权可因新增或清偿不断地进行增减变动，保证人是在最高限额内对决算期届满之日确定的债权余额承担保证责任，其履行最高额保证责任必须是在决算期届满之后。

编写人：浙江省温州市中级人民法院　胡淑丽

44

共同生活是夫妻对外承担债务的首要前提

——柘荣县农村信用合作联社股份有限公司诉吴某兵、吴某丹金融借款合同案

【案件基本信息】

1. 裁判书字号

福建省柘荣县人民法院（2017）闽0926民初439号民事判决书

2. 案由：金融借款合同纠纷

3. 当事人

原告：柘荣县农村信用合作联社股份有限公司（以下简称柘荣信用社）

被告：吴某兵、吴某丹

【基本案情】

2016年2月3日，因收购太子参需要，吴某兵向柘荣信用社下属机构东区信用社（以下简称东区信用社）申请贷款，与柘荣信用社签订《借款合同》，约定借款2万元，借款期限为2016年2月3日至2017年2月2日，借款利率为月利率9.9‰，并约定了逾期利率和还款方式等。当日，袁某让与柘荣信用社签订《保证合同》，自愿为《借款合同》形成的债务提供担保。柘荣信用社于当日放款2万元。借款期间，吴某兵累计偿还本金149.17元及利息3757.27元，仍结欠借款本金19851.83元及利息510.17元。本案借款发生在吴某兵、吴某丹婚姻关系存续期间。

【案件焦点】

吴某兵与吴某丹在借款时是否分居、案涉借款是否用于收购太子参及夫妻共同生活。

【法院裁判要旨】

福建省柘荣县人民法院经审理认为：吴某丹为证实其主张，提交了福建省柘荣县人民法院民事裁定书、民事判决书各 1 份，《村委会证明》1 份，证明因感情破裂，吴某丹与吴某兵从 2012 年 5 月起分居，在村委调解无效下，吴某丹于 2016 年 3 月 2 日第一次向法院提起离婚之诉。经审查，福建省柘荣县人民法院认为，上述裁判文书真实性予以确认，但未对吴某丹与吴某兵从 2012 年 5 月起分居进行认定，《村委会证明》的调解人身份不明且未参加庭审质证，对证据的真实性不予认定。因此，对吴某丹的主张不予支持。吴某丹提交《临时居住证》，证明其于 2015 年 5 月 22 日至 2016 年 5 月 21 日在浙江诸暨务工，吴某兵并未同行。福建省柘荣县人民法院认为，从柘荣信用社提交的《个人信贷面谈记录》吴某兵填写的工作单位“温州瓯海区 × × ×”，可以证实双方并未在同一地方工作，但是否因感情破裂而分居，吴某丹需要继续举证。

本案中，柘荣信用社在审批贷款和监察借款用途时存在重大瑕疵：（1）《个人贷款面谈记录》吴某兵工作单位位于浙江温州，但借款的用途是用于收购太子参，从其提交的证据中也未能体现该借款具体用途。（2）在涉及配偶一方未到场申请贷款，可能涉及第三人需要承担责任的情况下，至少应当联系上吴某丹，将借款的事实予以告知。（3）吴某丹当庭出示两份《结婚证》原件，柘荣信用社在贷款人没有提供吴某丹身份证、结婚证原件情况下，通过从何种渠道调取吴某丹户籍、《结婚登记审查处理表》，通过审批贷款。柘荣信用社作为专门的金融机构，对贷款的审批有更加慎重审查的义务，因此，柘荣信用社在未告知吴某丹借款事实，且贷款审批存在重大瑕疵情况下，要求吴某丹承担共同还款责任于法无据。

福建省柘荣县人民法院依照《中华人民共和国合同法》第二百零五条、第二百零七条，《中华人民共和国担保法》第十四条、第二十一条第一款，《中华人民共和国民事诉讼法》第一百四十四条，《最高人民法院关于适用〈中华人民共和国民事诉讼法〉的解释》第九十条之规定，作出如下判决：

一、吴某兵应在本判决生效之日起七日内返还柘荣县农村信用合作联社股份有限公司贷款本金19851.83元及利息（从2016年2月3日起至2017年2月2日止按月利率9.9‰计算利息，逾期后从2017年2月3日起按月利率14.85‰计算利息，未按期付息其欠息部分按逾期贷款罚息利率计收利息，暂算至2017年7月25日止，尚欠利息510.17元）；

二、袁久让对上述债务承担连带偿还责任，保证人承担保证责任后，有权向债务人追偿；

三、驳回柘荣县农村信用合作联社股份有限公司的其他诉讼请求。

【法官后语】

对于夫妻共同债务的认定，承办人认为应依据夫妻共同债务的本质——夫妻共同生活来审查认定。该本质可外化为借款是否为夫妻的共同意思表示、借款所生利益是否为夫妻共享等具体标准，通过审查借款的目的及实际用途加以确定，而将司法推定作为认定夫妻共同债务的必要补充。

本案中，原告在审批贷款和监察借款用途时存在重大瑕疵而通过审批贷款。柘荣信用社作为专门的金融机构，对贷款的审批有更加慎重审查的义务，因此，柘荣信用社在未告知吴某丹借款事实，且贷款审批存在重大瑕疵情况下，要求吴某兵的配偶吴某丹承担共同还款责任于法无据，不予支持。

作为货币给付债务，借款的实际用途一般除占有人外他人难以控制，故夫妻一方借款的实际用途不易查明，其是否属于日常家事范围亦难以判断。本案中，首先，从夫妻的共同意思表示分析，在申请借款时，夫妻分居两地，不久贷款人的配偶向法院提出离婚的申请，没有共同的意思表示基础。其次，从借款的实际用途上看，贷款人工作单位位于浙江温州，但借款的用途是用于收购太子参，原告有监督管理资金使用的职责，但未能提供证据证明借款的实际用途。再次，从贷款审批过程是否存在上讲，贷款人的配偶当庭出示两份《结婚证》原件，原告在贷款人没有提供其身份证、结婚证原件情况下，而通过审批贷款，其存在过错。最后，借款所生利益是否为夫妻共享，贷款人与其配偶在另案中是通过公告进行离婚判决的，可见借款的利益没有为夫妻所共享。

编写人：福建省柘荣县人民法院　黄姚斌

45

夫妻共同债务中家庭共同生产经营的认定

——广发银行股份有限公司南通分行诉金某金融借款合同案

【案件基本信息】

1. 裁判书字号

江苏省南通市中级人民法院（2017）苏06民终3166号民事判决书

2. 案由：金融借款合同纠纷

3. 当事人

原告（被上诉人）：广发银行股份有限公司南通分行（以下简称广发银行南通分行）

被告（上诉人）：金某

【基本案情】

被告金某与陈某鹏（已死亡）系夫妻。2014年10月20日，陈某鹏因生产经营所需向申请个人信用贷款，并填写了《生意人卡（生意红）申请表》，并签字确认该表所附的《个人信用贷款（生意红）条款》。申请表上借款人配偶签名处有“金某”字样签名。2014年10月24日，广发银行南通分行向陈某鹏签发《个人信用贷款核准通知书》（额度及单笔）。通知书明确同意向陈某鹏发放授信额度为50万元的循环额度贷款及单笔贷款50万元，约定了还款方式、还款日、额度有效期限、单笔贷款期限、利率等。该通知书由陈某鹏签字确认。原告于2014年10月24日向陈某鹏发放贷款50万元，贷款期限36个月。后因陈某鹏归还部分贷款，原告在上述贷款授信额度内于2015年5月15日、2015年6月21日、2015年8月30日、2015年9月28日先后向陈某鹏分别放款1.7万元、1.6万元、3万元、2.8万元，贷款期限均为12个月。陈某鹏自2016年4月27日起，未能按照合同约定足额履行还款义务。原告即于2016年11月21日向被告寄送了《贷款提前到期通知书》宣布上述贷款提前到期。截至 2016 年 11 月 22 日，陈某鹏尚欠原告借款本金 328384.38 元，利息 24777.51 元、罚息 9649.26 元及复利 2122.69 元。原告认为，案涉债务系被告金某与陈某鹏夫妻关系存续期间的共同债务，现因陈某鹏已死亡，案涉债务应由陈某鹏之妻金某偿还，故诉至法院，要求被告金某偿还借款本金 328384.38 元及相应的利息、罚息、复利。

【案件焦点】

陈某鹏向广发银行南通分行所借款项是否属于夫妻共同债务。

【法院裁判要旨】

江苏省南通市崇川区人民法院经审理认为：广发银行南通分行与陈某鹏签订的贷款申请表、贷款核准通知书系双方当事人的真实意思表示，内容不违反我国法律、行政法规的强制性规定，应为合法有效，双方当事人应按合同约定行使权利并履行义务。合同订立后，原告按约履行了自己的合同义务，已向陈某鹏发放贷款，陈某鹏应按合同约定归还借款及利息。现陈某鹏已死亡，原告认为案涉债务系陈某鹏与金某的夫妻共同债务，应由金某偿还，金某认为经鉴定申请表中配偶签名栏签名并非其本人所签，案涉债务非夫妻共同债务，其不应承担还款责任。根据《最高人民法院关于适用〈中华人民共和国婚姻法〉若干问题的解释（二）》第二十四条规定，金某对陈某鹏个人名义所借案涉债务并非用于夫妻共同生活的事实负有举证责任。现虽然贷款申请表上陈某鹏配偶签名非金某所签，但金某未能提供证据证明原告与陈某鹏明确约定案涉债务为个人债务，或原告知晓其与陈某鹏约定婚姻存续期间的财产归各自所有，同时原告提供了陈某鹏个体工商户营业执照、贷款核准通知书中载明的贷款用途为生产经营所需等，认定该借款系用于夫妻共同生活更为合理，案涉债务发生于陈某鹏、金某婚姻关系存续期间，应作为夫妻共同债务处理。

江苏省南通市崇川区人民法院依照《中华人民共和国合同法》第六十条，《最高人民法院关于适用〈中华人民共和国婚姻法〉若干问题的解释（二）》第二十四条之规定，作出如下判决：

被告金某于本判决生效之日起十日内一次性归还原告广发银行南通分行借款本金 328384.38 元及相应利息。

金某不服一审判决，提出上诉。江苏省南通市中级人民法院经审理认为：广发银行南通分行与陈某鹏签订的贷款申请表、贷款核准通知书合法有效，双方当事人应按合同约定行使权利并履行义务。依照《最高人民法院关于适用〈中华人民共和国婚姻法〉若干问题的解释（二）》第二十四条的规定，债权人就婚姻关系存续期间夫妻一方以个人名义所负债务主张权利的，应当按夫妻共同债务处理。但夫妻一方能够证明债权人与债务人明确约定为个人债务，或者能够证明属于婚姻法第十九条第三款规定情形的除外。夫妻共同生活的范围既要考虑日常家庭生活，还要考虑家庭的生产经营活动。夫妻一方为生产经营活动的举债，根据生产经营活动的性质、夫妻双方在其中的地位作用、第三人是否善意等具体情形来认定是否属于夫妻共同债务。本案中，其一，借款人陈某鹏系以个人名义借款并用于以陈某鹏为经营者的个体工商户“雅鹿毛毯”的生产经营，现并无证据证明金某参与了生产经营活动。广发银行南通分行在本案审理过程中称，其在发放贷款时，仅考虑陈某鹏个人的信用，而未考虑其家庭财产状况及配偶的相关情况。其二，在广发银行南通分行提交的案涉贷款《信用贷资料上报清单（生意红（三证一日贷）信贷政策适用)》中，在资料名称“借款人配偶身份证明”载明：“如有配偶则必须提供”。而案涉《家庭财产连带责任担保承诺书》中，借款人陈某鹏及其配偶金某也需共同签字，承诺其“作为共同生活的家庭成员，愿以家庭财产（包括个人所有、夫妻共有、家庭共有财产）对该笔贷款本息承担无限连带清偿责任”。虽然广发银行南通分行未将该份承诺书作为证据提交，但从中可以看出，在案涉贷款发放之前，对借款人配偶的意思表示也应进行相应的审查。其三，金某并非本案的共同借款人，且根据鉴定结论，申请表中金某的签名并非其本人所签，而《家庭财产连带责任担保承诺书》作为与申请书同时形成的文件，不仅金某当庭否认系其签名，现也无其他证据证明系由金某本人所签，可以认定借款过程中并未有金某的合意。陈某鹏带他人假冒金某进行签名，亦可印证陈某鹏对金某刻意隐瞒借款的情况，金某辩称对该借款并不知情与上述证据相印证。案涉债务不能认定为夫妻共同债务，广发银行南通分行要求金某对陈某鹏的借款承担连带清偿责任的请求，不予支持。

江苏省南通市中级人民法院依照《中华人民共和国民事诉讼法》第一百七十条第一款第（二）项之规定，作出如下判决：

一、撤销江苏省南通市崇川区人民法院（2017）苏0602民初349号民事判决；

二、驳回广发银行南通分行的诉讼请求。

【法官后语】

2001年修订的《中华人民共和国婚姻法》施行后，最高人民法院分别于2001年、2003年、2011年制定了三部婚姻法司法解释，《中华人民共和国婚姻法》施行后出现了一些夫妻假离婚真逃债的情形，最高人民法院试图通过《关于适用〈中华人民共和国婚姻法〉若干问题的解释（二）》第二十四条确定夫妻共同债务认定的裁量标准，但又出现了夫妻一方与债权人恶意串通损害夫妻另一方权利，适用该条判令未举债一方配偶共同承担虚假债务，非法债务等极端案例。

2017年2月针对《关于适用〈中华人民共和国婚姻法〉若干问题的解释（二）》第二十四条出台了补充规定，强调虚假债务、非法债务不受法律保护。但有关夫妻共同债务认定标准举证证明责任方面的问题仍然没有得到全面解决，应配偶一方超出家庭日常生活需要大额举债，被负债一方在毫不知情的情况下背上了沉重债务的问题日益凸显。

2018年1月18日最高人民法院发布了《关于审理涉及夫妻债务纠纷案件适用法律有关问题的解释》（以下简称《解释》），旨在进一步细化和完善夫妻共同债务认定标准。合理分配举证证明责任平衡，保护各方当事人的合法权益。根据《解释》的规定，当夫妻一方以个人名义对外所负的债务，尤其是数额较大的债务超出了家庭日常生活所需的范畴时，认定该债务是否属于夫妻共同债务的标准是债权人能否证明债务用于夫妻共同生活或共同生产经营，或债务的负担系基于夫妻双方共同的意思表示，如果债权人不能证明的，则不能认定为夫妻共同债务。

本案一、二审裁判时《解释》尚未出台，一审法院的判决即简单硬套了《关于适用〈中华人民共和国婚姻法〉若干问题的解释（二）》第二十四条，将未用于夫妻共同生活的举证责任分配给了被告金某，二审法院从金某签名非本人所签、银行没有对配偶情况进行审核、原告没有证据证明金某实际参与了共同生产经营等角度认定被告对此不知情，故不属于夫妻共同债务，更具有合理性，也契合了《解释》的精神。

编写人：江苏省南通市崇川区人民法院　曹燕飞

46

职务代理行为的认定

——唐某文诉德惠农村商业银行股份有限公司菜园子支行金融借款合同案

【案件基本信息】

1. 判决书字号

吉林省德惠市人民法院（2017）吉0183民初957号民事判决书

2. 案由：金融借款合同纠纷

3. 当事人

原告：唐某文

被告：德惠农村商业银行股份有限公司菜园子支行（以下简称德惠农商行菜园子支行）

【基本案情】

2012年3月23日，因唐某文购买生产资料需要资金，向德惠农商行菜园子支行贷款人民币16000元，约定借款月利率为7.475‰，于2017年3月23日还清。2013年4月19日，原告向被告开设的业务窗口偿还贷款本金3200元，利息1501.85元，此款已入被告账户且被告已为唐某文出具贷款还款凭证。2014年3月6日，唐某文又到德惠农商行菜园子支行业务窗口还款时，德惠农商行菜园子支行单位的外勤副主任兼信贷员万某民将唐某文叫到其办公室，让唐某文将剩余贷款本金12800元及利息1280元交给他，唐某文便将贷款本息14000元（实收利息1200元）交给了万某民，万某民为唐某文出具盖有德惠市农村信用合作社菜园子信用社公章、万某民个人名章及万某民签名的收条一枚。

德惠农商行菜园子支行以唐某文拖欠贷款为由，于2015年5月9日扣划原告粮食直补款2039元，2016年6月30日，扣划原告粮食直补款2051元。

另查明，2017年1月19日，万某民因涉嫌挪用唐某文等13人资金被刑事拘留，2017年1月25日被逮捕。2017年6月10日，本院做出（2017）吉0183刑初128号刑事判决，判决书认定：2014年至2016年期间，万某民收取唐某文等13人资金贷款不入账，共挪用资金167336元（其中原告14000元），被其个人生活等用掉。判决万某民犯挪用资金罪，判处有期徒刑三年六个月；万某民退赔吉林德惠农商行菜园子支行人民币167336元。

【案件焦点】

职务代理行为在民事纠纷中的认定。

【法院裁判要旨】

吉林省德惠市人民法院经审理认为：唐某文向德惠农商行菜园子支行偿还贷款本金3200元及利息1501.85元，德惠农商行菜园子支行已入账且为唐某文出具了贷款还款凭证，故认定该款已偿还德惠农商行菜园子支行；万某民作为德惠农商行菜园子支行单位的外勤副主任兼信贷员在单位收取了唐某文偿还的贷款本金12800元及利息1200元，并向唐某文出具了盖有德惠市农村信用合作社菜园子信用社公章的收条，虽然14000元未入被告账户，但万某民收取贷款的行为属于职务代理行为，故应认定该14000元唐某文已向德惠农商行菜园子支行偿还；2014年3月6日，唐某文尚欠德惠农商行菜园子支行借款利息80元，故唐某文主张2014年3月6日贷款已履行完毕，无事实依据，不予支持；德惠农商行菜园子支行于2015年5月9日扣划唐某文粮食直补款后，应视为唐某文已全部履行了偿还贷款义务；德惠农商行菜园子支行主张万某民的行为系个人行为，不符合法律规定，德惠农商行菜园子支行的抗辩理由不成立，本院不予支持。在唐某文仅欠德惠农商行菜园子支行80元贷款利息的情况下，德惠农商行菜园子支行又扣划唐某文2015年、2016年粮食直补款4090元，对多扣划的4010元属于不当得利，德惠农商行菜园子支行应予以返还。

吉林省德惠市人民法院依照《中华人民共和国民法总则》第一百二十二条、第一百七十条，《中华人民共和国民事诉讼法》第六十四条之规定，作出如下判决：

一、原告唐某文于2012年3月23日在被告吉林德惠农商行菜园子支行的贷款16000元已于2015年5月9日偿还完毕；

二、被告吉林德惠农商行菜园子支行返还原告唐某文粮食直补款4010元，此款于本判决生效后10日内一次付清；

三、驳回原告唐某文的其他诉讼请求。

【法官后语】

本案处理重点主要在于对职务代理行为的认定。万某民作为被告单位信贷工作人员，在单位收取了原告偿还的贷款本金及利息，并向原告出具了盖有单位公章的收条，虽然该本金与利息未入被告账户，而被其个人挪用，但其收取贷款的行为属于职务代理行为，故应认定该本金及利息原告已向被告偿还。

严格区分商事活动中职务行为与个人行为，对于职务行为的构成要件和判断基准予以明确，是依法做出裁判的重要依据。认定职务代理行为，除法人名义、授权、利益归属等方面以外，惯例或习惯、牵连性、信赖可能性及时间、地点标准也应作为识别规则，从而正确认定其行为与效力。

编写人：吉林省德惠市人民法院　王书申

47

诉讼中自行达成的和解协议没有约束力

——江苏东台农村商业银行股份有限公司诉江苏久工重型机械股份有限公司等金融借款合同案

【案件基本信息】

1. 判决书字号

江苏省盐城市中级人民法院（2016）苏09民终4079号民事判决书

2. 案由：金融借款合同纠纷

3. 当事人

原告（被上诉人）：江苏东台农村商业银行股份有限公司（以下简称东台农商行）

被告（被上诉人）：江苏久工重型机械股份有限公司（以下简称久工公司）、

王某、王某兰

被告（上诉人）：江苏新曹茧丝绸有限公司（以下简称茧丝绸公司）

【基本案情】

久工公司因生产经营需要，于2014年5月20日与东台农商行签订了一份编号为东农商借字〔2014〕第05202992001号的《流动资金循环借款合同》，约定借款额度为人民币2000万元，期限为自2014年5月20日起至2016年5月20日止，在该期限内借款人可循环使用上述借款额度，不再逐笔签订借款合同，借款利率按照借款当日中国人民银行相应档次基准利率基础上上浮40%确定，年利率为8.4%。合同约定按月结息，到期还本，结息日为每月的20日。合同并对其他事项作出明确的约定。

东台农商行与茧丝绸公司签订了一份编号为东农商保字〔2014〕第05202992002号《最高额保证合同》，与王某、王某兰、王某华、祁某智、咸某生签订了一份编号东农商保字〔2014〕第05202992004号《最高额保证合同》，保证合同均约定：保证人自愿为主合同债务人自2014年5月20日至2016年5月20日止，在债权人处办理约定的各类业务所实际形成的主债务最高余额提供最高额连带保证责任担保。其中茧丝绸公司对被告久工公司的主债务本金最高余额1000万元承担连带保证责任；王某、王某兰、王某华、祁某智、咸某生对被告久工公司的主债务本金最高余额2000万元承担连带保证责任。

合同生效后，东台农商行依照合同约定，于2014年5月20日向久工公司发放贷款1000万元，到期日为2015年5月20日，此款东台农商行出借给久工公司后，又按久工公司的指定汇至江苏建联商贸有限公司。借款到期后，久工公司未能归还借款本金1000万元，仅支付利息至2015年9月20日；保证人亦未履行保证责任。

【案件焦点】

股东会决议的有无是否对担保效力产生实质性影响，诉讼中当事人自行达成的和解协议对案件当事人是否具有约束力问题。

【法院裁判要旨】

江苏省东台市人民法院经审理认为：关于茧丝绸公司辩解股东会决议可能对本

案茧丝绸公司的担保效力产生实质性影响的问题，《中华人民共和国公司法》第十六条第一款规定：公司向其他企业投资或者为他人提供担保，依照公司章程的规定，由董事会或者股东会、股东大会决议；公司章程对投资或者担保的总额及单项投资或者担保的数额有限额规定的，不得超过规定的限额。该规定属于管理性规范，即使公司未召开股东会或者股东会决议存在瑕疵，不影响公司为他人提供担保的效力，故茧丝绸公司的辩解意见本院不予采信。债务人久工公司未按照合同约定及时偿还借款本息，保证人应按照约定，在其担保的范围内承担保证责任。东台农商行与茧丝绸公司，与王某、王某兰分别签订的两份《最高额保证合同》，约定由茧丝绸公司、王某、王某兰分别对久工公司的1000万元借款本息承担连带保证责任，但未约定各自担保的份额，应当认定茧丝绸公司、王某、王某兰对久工公司的1000万元借款及利息承担连带共同保证责任。至于东台农商行未起诉全部保证人，系其对民事权利的处分。

东台市人民法院依照《中华人民共和国合同法》第四十四条、第六十条、第一百九十六条、第二百零五条、第二百零六条、第二百零七条，《中华人民共和国担保法》第十二条、第十四条、第十八条、第二十一条，《最高人民法院关于适用〈中华人民共和国担保法〉若干问题的解释》第二十条、第二十三条、第四十二条，《中华人民共和国民事诉讼法》第六十四条之规定，作出如下判决：

一、被告江苏久工重型机械股份有限公司应于本判决发生法律效力之日起向原告江苏东台农村商业银行股份有限公司支付借款本金1000万元及利息（自2015年9月21日起至实际给付之日止，按年利率8.4%上浮50%计算）；此款被告江苏久工重型机械股份有限公司分五个月偿还，于每月20日归还借款200万元及其利息。

二、被告江苏新曹茧丝绸有限公司、王某、王某兰对被告江苏久工重型机械股份有限公司上述债务承担连带共同偿还责任。

三、被告江苏新曹茧丝绸有限公司、王某、王某兰在承担连带责任后，有权向被告江苏久工重型机械股份有限公司追偿。

茧丝绸公司不服判决，提起上诉。盐城市中级人民法院经审理，确认一审法院认定的事实和证据。另查明，一审诉讼过程中，茧丝绸公司（丙方）、东台农商行（甲方）、久工公司（乙方）、江苏金鹰投资发展有限公司（丁方）于2016年3月31日签订协议一份，言明：2014年5月20日甲方与乙方订立借款合同，贷款1000

万元，丙方提供了连带清偿责任担保。目前，该笔贷款已逾期且在法院诉讼之中，经市政府领导及法院相关领导协商多次，现经各方协商达成如下调解协议：甲方同意放弃对2014年5月20日贷款合同项下对茧丝绸公司担保责任的追究。乙方重新与甲方办理1000万元贷款时，丙方同意继续为乙方提供担保等内容。

盐城市中级人民法院经审理认为：该案争议焦点为东台农商行是否放弃了要求茧丝绸公司承担担保责任的主张，也即诉讼中当事人自行达成的和解协议对案件当事人是否具有约束力问题。首先，根据该协议的整体解释，东台农商行并非是完全放弃要求上诉人承担担保责任，而是通过以贷还贷的形式解决本案借款，而以贷还贷后上诉人仍然提供担保。该协议虽未在文字上明确表明为附条件的放弃，但通过该协议的整体解释可以明确当事人的真实意思表示是附条件的。其次，该协议签订后，各方当事人并未履行该协议，案涉借款并未通过以贷还贷的形式消灭案涉借款。在各方当事人均未履行该协议的情况下，茧丝绸公司的担保责任亦不应免除。如果当事人均同意按该协议履行，则应该向人民法院要求出具调解书或东台农商行向一审法院申请撤诉，现当事人既没有向法院要求出具调解书，东台农商行也没有申请撤诉，则法院仍应按当事人原来的法律关系进行审查判决。

盐城市中级人民法院依照《中华人民共和国民事诉讼法》第一百七十条第一款第（一）项之规定，作出如下判决：

驳回上诉，维持原判决。

【法官后语】

本案中，东台农商行与茧丝绸公司于一审诉讼过程中签订相关协议，但此协议直至二审诉讼程序结束之前均未履行，其不得拘束本案的双方当事人，法院仍应按照审理查明的法律关系进行裁判。

裁判是法官对当事人之间的纠纷作出的强制性处理决定，是公权力对私权的判断，要以审判公开为保障权力正当行使的基本方法。调解不同于裁判的根本之处，在于调解是当事人合意解决纠纷，以当事人行使处分权为基础。人民法院的判决合法性主要体现在依法公开审理，而和解、调解协议的合法性体现在调解协议的公正和不违反法律、行政法规禁止性规定两方面。

人民法院的判决是围绕当事人的诉讼请求而作出，不允许超出或者遗漏当事人的诉讼请求，而和解、调解中，当事人之间可能会有多个纠纷，在协商解决其中一个纠纷时，他们也会对各项法律关系的解决一并予以考虑和协商而超出原告的诉讼请求范围。

和解或调解协议往往是当事人为了促成矛盾的解决而作出了一定让步，且此让步的言外之意即为双方矛盾的实质解决，在双方均未履行和解或调解协议时，一方当事人以此作为利己之证据，有违诚实信用之原则，若司法裁判再加以保护之，实属对不诚信之人之放任，不利于鼓励当事人通过调解或和解的方式解决纠纷。

编写人：江苏省东台市人民法院　曹蓉蓉

（三）其他金融借款合同纠纷

48

“借新还旧”的举证责任

——中国农业银行股份有限公司灵山县支行诉梁某幸等金融借款合同案

【案件基本信息】

1. 裁判书字号

广西壮族自治区灵山县人民法院（2017）桂0721民初894号民事判决书

2. 案由：金融借款合同纠纷

3. 当事人

原告：中国农业银行股份有限公司灵山县支行（以下简称农行灵山支行）

被告：梁某幸、劳某嵘、陈某林、吴某兰

【基本案情】

梁某幸与被告劳某嵘、陈某林与吴某兰分别为夫妻关系。2014年3月6日，梁某幸以购进固话、手机销售及线路网络工程安装材料等周转资金为由，向农行灵山支行提出贷款申请。2014年3月10日，农行灵山支行与梁某幸、劳某嵘、吴某兰进行面谈，梁某幸在《中国农业银行农村个人生产经营贷款面谈记录》借款申请人一栏中签名，陈某林、吴某兰在担保人一栏中签名。同日，陈某林、吴某兰出具一份《同意房产抵押承诺书》给原告，同意以自己的房地产为借款人梁某幸向原告农行灵山支行借款所产生的债务提供抵押担保。陈某林在抵押人一栏中签名，吴某兰在共有权人一栏中签名。

2014年4月1日，农行灵山支行与梁某幸签订了一份《农户贷款借款合同》，约定：农行灵山支行借款120万元给梁某幸，用款方式为可循环方式；担保方式为最高额抵押担保，担保的债务最高余额为144万元，担保物为陈某林、吴某兰共同共有的房地产。梁某幸在借款人一栏中签名，陈某林、吴某兰在担保人一栏中签名。2014年4月1日，陈某林、吴某兰对用于抵押的房地产在灵山县房产管理局办理了抵押登记。

2014年至2015年期间，农行灵山支行向梁某幸发放了6笔贷款，梁某幸于2016年4月份归还了该6笔贷款的本息。同月，被告向原告申请贷款120万元，原告收到被告的用款申请后，将120万元的贷款发放给梁某幸。因梁某幸未能按约定偿还本金和利息，陈某林、吴某兰亦未履行担保责任。

【案件焦点】

被告于2016年4月份向原告申请的贷款是否存在“以借还新”。

【法院裁判要旨】

广西壮族自治区灵山县人民法院审理认为：根据原告所提交的证据，陈某林、吴某兰在《农户贷款借款合同》担保人一栏中签名，两被告在庭审中亦认可该签名为其亲笔签名，用于作抵押担保的房地产也已在灵山县房产管理局办理了抵押登记，原告已完成了双方当事人之间存在最高额抵押担保借款合同法律关系的举证证明责任。陈某林、吴某兰主张梁某幸未按合同约定使用借款及原告与梁某幸存在恶意串通，损害其利益，根据《最高人民法院关于适用〈中华人民共和国民事诉讼法〉的解释》（以下简称《解释》）第一百零八条规定，陈某林、吴某兰对反驳原告诉讼请求所依据的事实所提供的证据的证明力应当足以使法院确信待证事实的存在具有高度盖然性，基于前述，两被告为反驳原告主张的事实所依据的仅是劳某嵘成立的公司未实际缴纳注册资本、未报送最新一年度的年度报表，梁某幸经营的营业厅未报送最新一年度的年度报表，除此之外没有其他的证据予以佐证，陈某林、吴某兰所作举证没有达到高度盖然性之证明标准，对其主张，不予支持。陈某林、吴某兰不能据上述理由免除担保责任。

陈某林、吴某兰辩称梁某幸与原告之间存在新贷还旧贷的行为，应免除保证责任的主张。由于《解释》第三十九条适用的主体仅是指保证人，而陈某林、吴某兰是本案的抵押人，并非保证人，因此，本案不适用《解释》第三十九条的规定处理。本案中，虽然劳某嵘、梁某幸在借款及还款在时间维度上存在交集，但该一连续的放款和还款行为符合《农户贷款借款合同》中的用款方式为可循环方式及担保方式为最高额抵押担保方式约定，是借款人额度有效期内，借款人可以在1200000万元的额度范围内，单笔借款不超过一年的情况下，向贷款人申请借款；陈某林、吴某兰作为抵押人，在最高债权额限度内，以抵押物对一定期间内连续发生的债权作担保。且原、被告之间对用款方式及担保方式的约定不违反法律规定。综上所述，陈某林、吴某兰不能援用《解释》第三十九条的规定免除其责任。

【法官后语】

借新还旧，保证人责任得以免除的法理基础在于债权人与债务人共同向保证人隐瞒了实际借款用途，增加了保证债务的风险，保证人据此享有免责抗辩权。以贷还贷的构成要件包括：新旧贷款债权债务主体一致；借款人客观上有将新贷偿还旧贷的行为；双方之间主观上存在以贷还贷的合意。

本案中，根据原告所提交的证据，陈某林、吴某兰在《农户贷款借款合同》担保人一栏中签名，两被告在庭审中亦认可该签名为其亲笔签名，用于作抵押担保的房地产也已在灵山县房产管理局办理了抵押登记，原告已完成了双方当事人之间存在最高额抵押担保借款合同法律关系的举证证明责任。根据《解释》第一百零八条规定，陈某林、吴某兰对反驳原告诉讼请求所依据的事实所提供的证据的证明力应当足以使本院确信待证事实的存在具有高度盖然性。陈某林、吴某兰却未能举证证明原、被告之间有以贷还贷的意思联络。《最高人民法院关于适用〈中华人民共和国担保法〉若干问题的解释》第三十九条第一款规定："主合同当事人双方协议以新贷偿还旧贷，除保证人知道或者应当知道的外，保证人不承担民事责任。"该条款适用的主体仅是指保证人，而陈某林、吴某兰是本案的抵押人，并非保证人，因此，本案不适用《解释》第三十九条的规定处理。被告的主张不能得到支持。

编写人：广西壮族自治区灵山县人民法院　宁彩霞

49

利息、罚息、复利之和超过年利率24%的不予支持

——华侨永亨银行（中国）有限公司广州分行诉林某红、广州市一杰金属装饰设计有限公司等金融借款合同案

【案件基本信息】

1. 判决书字号

广东省广州市越秀区人民法院（2017）粤0104民初10900号民事判决书

2. 案由：金融借款合同纠纷

3. 当事人

原告：华侨永亨银行（中国）有限公司广州分行

被告：林某红、广州市一杰金属装饰设计有限公司、庄某英

【基本案情】

2014年7月8日，华侨永亨银行（中国）有限公司广州分行（贷款人）与林某红（借款人）签订《个人经营性贷款合同》，合同约定：贷款人向借款人提供贷款额度1000000元，贷款额度不可循环使用，贷款合同项下的每笔贷款的年利率为21%；借款人按月分36期偿还贷款本息，还本付息日为贷款实际发放日的次月15日及以后的每月15日；借款人未按合同约定日期偿还的贷款，贷款人有权计收逾期罚息，逾期罚息年利率为本合同约定的年利率的150%；贷款人有权对没有按时

支付的利息按照贷款利率按利息期计收复利，其中对贷款逾期所产生的并且没有按时支付的利息有权按照相应罚息利率按利息期计收复利。如借款人出现逾期还款的情形，属于违约，贷款人有权提前收回全部借款本金及利息、其他应付款项，要求借款人赔偿其违约行为给贷款人造成的一切损失，包括诉讼费、律师费、执行费等费用。2014 年 7 月 8 日，林某红与华侨永亨银行签订《不动产抵押和保证合同》，合同约定：为担保林某红履行其在贷款合同项下的义务和责任，林某红将其名下位于白云区琴韵街 5 号 ××房抵押给原告华侨永亨银行。抵押担保主债务下根据主合同应偿还的本金为叁佰玖拾万元整，被担保主债务的期限为 120 个月；抵押担保期间为本合同规定的抵押登记之日起至被担保债务不可撤销地清偿后办理完毕抵押注销手续之日止。庄某英签署了《同意函》，内容为其作为林某红的配偶，同意林某红将上述房产用于提供抵押，用于担保被担保债务的偿还。上述抵押房产已办理了抵押权人为原告华侨永亨银行的抵押登记手续。

2014 年 7 月 8 日，华侨永亨银行（中国）有限公司广州分行与一杰公司签订《保证合同》，合同约定：一杰公司自愿为林某红在上述贷款合同项下的全部债务提供连带责任保证担保。被告一杰公司所担保的主债权本金为 3900000 元；保证期间为主合同项下每笔债务履行期届满之日起两年。保证范围为主合同项下被授信人应向原告华侨永亨银行支付的于现在或今后任何时候可能到期的所有款项和债务，包括但不限于本金、利息、费用、佣金、罚息、复利、违约金、补偿金、损害赔偿金、其他法定或约定费用，以及债权人为强制执行主合同和本合同项下权利发生的全部佣金、费用、诉讼费、律师费以及其他的成本和支出等。

2014 年 8 月 14 日，林某红向原告申请提款 1000000 元，预定提款日为 2014 年 8 月 14 日，到期日为 2017 年 8 月 14 日。华侨永亨银行（中国）有限公司广州分行经审核，同意林某红的申请，于 2014 年 8 月 14 日向林某红发放了借款 1000000 元。林某红没有按照约定的还款方式偿还贷款，自 2016 年 11 月 15 日开始出现逾期，华侨永亨银行（中国）有限公司广州分行遂提起本诉。根据原告出具的欠款明细，截至 2017 年 10 月 9 日，林某红尚欠借款本金余额 350852.9 元，积欠利息 35505.5 元及罚息。华侨永亨银行（中国）有限公司广州分行另提交专项聘请律师协议及律师费发票、律师费转账凭证，显示本案已支付律师费 24000 元。华侨永亨银行（中国）有限公司广州分行向法院起诉，请求判令：1. 被告林某红、庄某英共同偿还原告借款本金350852.9元，利息和罚息（自2016年11月15日起的利息和罚息按合同约定的标准计至全部本金清偿之日止，暂计至2017年10月9日利息为35505.5元，罚息为63567.11元）；2. 被告林某红、庄某英承担原告委托律师的费用24000元；3. 原告对被告林某红名下的抵押物位于白云区琴韵街5号××房在第一项、第二项诉讼请求的范围内享有优先受偿权；4. 被告一杰公司对第一项、第二项诉讼请求承担连带保证责任；5. 三被告承担案件诉讼费用。

林某红辩称，不同意华侨永亨银行（中国）有限公司广州分行的诉请，理由如下：第一，林某红是和永亨银行签订的《个人经营性贷款合同》，而原告为华侨永亨银行中国有限公司广州分行，原告华侨永亨银行的主体不适格。第二，此借款为林某红的个人经营性借款，借款是由林某红所借和使用，与庄某英无关。第三，原告华侨永亨银行主张林某红逾期，且应当支付利息。但是并没有证据证实案涉贷款已经逾期或没有支付利息，原告华侨永亨银行应当承担举证不利的后果。第四，即便华侨永亨银行（中国）有限公司广州分行华侨永亨银行有证据支撑其诉请，但利息、罚息利率过高，请求法院依法予以酌减。第五，关于律师费的诉请，对比华侨永亨银行提供的律师费收据发票时间和专项聘请律师协议的时间，两份证据时间上不一致，跟常理不符，不足以证明华侨永亨银行已经实际支付律师费。即便律师费已实际发生，但是律师费过高，请求法院依法予以减少。

一杰公司、庄某英无答辩。

【案件焦点】

金融借款合同纠纷中，银行同时主张的利息、复利、罚息、违约金和其他费用总计超过年利率24%的部分是否予以支持。

【法院裁判要旨】

广州市越秀区人民法院经审理认为：原告与林某红、一杰公司分别签订的《个人经营性贷款合同》《不动产抵押和保证合同》《保证合同》是各方当事人在自愿、平等、协商一致的基础上形成的合意，合同内容没有违反法律、行政法规的强制性规定，合法有效，并对缔约各方产生约束力。原告华侨永亨银行经中国银监会批准进行更名，故永亨银行广州分行与林某红、一杰公司签订的案涉合同的权利义务由更名后的主体即原告华侨永亨银行承继，原告华侨永亨银行的主体适格，林某红的抗辩理由没有依据，不予采纳。

原告已依约履行了放款义务，林某红未能按合同约定的期限及金额履行还本付息义务构成违约，林某红抗辩未逾期还款，但未提供相应证据予以证实，本院不予采纳其抗辩意见。原告要求林某红偿还尚欠全部贷款本金及按照案涉合同约定的标准计算合同期内的利息的请求，符合法律规定以及合同约定，予以支持。关于原告主张以每笔尚欠贷款本息为基数按照年利率21%的标准上浮50%计算罚息（包含复利），即年利率为31.5%，林某红抗辩罚息利率过高，且原告未提供证据证实其实际损失超过24%，故林某红的抗辩理由成立，予以采纳，酌情调整罚息利率为年利率24%，以被告林某红每笔尚欠的贷款本息为基数计算至款项实际清偿之日止。《个人经营性贷款合同》明确约定林某红违约的，原告有权要求林某红赔偿因其违约行为而给原告造成的一切损失并承担原告为实现其债权而产生的包括但不限于律师费等，现原告为涉案诉讼实际支出律师费24000元，原告要求林某红支付律师费24000元合法有据，予以支持。林某红抗辩律师费过高的依据不足，不予采纳。原告提交了林某红、庄某英的结婚证复印件，证实林某红、庄某英为夫妻关系，案涉借款发生在两被告夫妻关系存续期间，结合庄某英出具的《同意函》载明其同意被告林某红签署和履行抵押合同，并同意将抵押物抵押给原告用于担保债务的偿还，并签名确认，其对案涉借款为明知，故庄某英应对上述债务承担共同还款责任。林某红抗辩案涉债务为其借款并使用，但未提供相应证据予以证实，且庄某英经合法传唤，未到庭应诉，视为其放弃抗辩的权利。对林某红的该项抗辩意见，不予采纳。

林某红为案涉债务提供其房产作为抵押，并办理了抵押登记手续，原告的抵押权成立，林某红、庄某英不履行还款义务时，原告有权就处分抵押房产所得价款优先受偿。一杰公司为林某红、庄某英上述借款向原提供连带责任保证，应对林某红、庄某英的上述债务承担连带清偿责任。被告一杰公司承担保证责任后，有权依照《中华人民共和国担保法》第三十一条的规定向林某红、庄某英追偿。

广州市越秀区人民法院依照《中华人民共和国合同法》第六十条、第一百零七条、第一百九十八条、第二百零五条、第二百零六条、第二百零七条，《中华人民共和国物权法》第一百七十三条、第一百七十九条、第一百八十条、第一百八十七条、第一百九十五条，《中华人民共和国担保法》第十八条、第三十一条，以及

《最高人民法院关于适用〈中华人民共和国担保法〉若干问题的解释》第四十二条、最高人民法院关于适用〈中华人民共和国婚姻法〉若干问题的解释（二）》第二十四条之规定，作出如下判决：

一、在本判决发生法律效力之日起十日内，林某红、庄某英向原告华侨永亨银行（中国）有限公司广州分行归还贷款本金350852.90元、利息35505.5元及罚息；

二、在本判决发生法律效力之日起十日内，被告林某红、庄某英向原告华侨永亨银行（中国）有限公司广州分行支付律师费损失24000元；

三、被告林某红、庄某英不履行上述第一项、第二项判决时，原告华侨永亨银行（中国）有限公司广州分行有权从拍卖、变卖被告林某红提供抵押的位于白云区琴韵街5号××房的房产所得价款中优先受偿；

四、被告广州市一杰金属装饰设计有限公司对被告林某红、庄某英所欠的上述债务承担连带清偿责任，被告广州市一杰金属装饰设计有限公司承担清偿责任后，有权向被告林某红、庄某英追偿；

五、驳回原告华侨永亨银行（中国）有限公司广州分行的其他诉讼请求。宣判后，各方均未提出上诉，本案已发生法律效力。

【法官后语】

金融机构应以服务实体经济作为出发点和落脚点，引导和规范金融交易，严格限制高利、高息。金融机构应在符合国家法律规定和行业的规定下，与借款人约定利息、罚息及复利，且其主张的利息、罚息、复利等不能超过国家规定的贷款利率的上限。

首先，金融机构的贷款利率应受到限制。《中华人民共和国商业银行法》第三十八条规定："商业银行应当按照中国人民银行规定的贷款利率的上下限，确定贷款利率。"《中华人民共和国合同法》第二百零四条规定："办理贷款业务的金融机构贷款的利率，应当按照中国人民银行规定的贷款利率的上下限确定。"由此可见，对贷款利率进行限制是我国法律体系的基本要求和精神。虽然中国人民银行已全面放开金融机构贷款利率管制，并不规定金融机构贷款利率的上下限，交由金融机构自主确定，但此举旨在推进利率市场和改革，通过市场竞争提高金融机构的经营能力和服务水平，促进金融资源的优化配置，也就是说，放开金融机构贷款利率上限的目的绝非放任金融机构牟取高利。

其次，超过年利率24%的贷款利率应属于高利。《最高人民法院关于审理民间借贷案件适用法律若干问题的规定》第二十六条第一款规定："借贷双方约定的利率未超过年利率24%，出借人请求借款人按照约定的利率支付利息的，人民法院应予支持。"第二十八条规定："借贷双方对前期借款本息结算后将利息计入后期借款本金并重新出具债权凭证，如果前期利率没有超过年利率24%，重新出具的债权凭证载明的金额可认定为后期借款本金；超过部分的利息不能计入后期借款本金。约定的利率超过年利率24%，当事人主张超过部分的利息不能计入后期借款本金的，人民法院应予支持。按前款计算，借款人在借款期间届满后应当支付的本息之和，不能超过最初借款本金与以最初借款本金为基数，以年利率24%计算的整个借款期间的利息之和。出借人请求借款人支付超过部分的，人民法院不予支持。"第二十九条第一款规定："借贷双方对逾期利率有约定的，从其约定，但以不超过年利率24%为限。"第三十条规定："出借人与借款人既约定了逾期利率，又约定了违约金或者其他费用，出借人可以选择主张逾期利息、违约金或者其他费用，也可以一并主张，但总计超过年利率24%的部分，人民法院不予支持。"从上述一系列规定中，能够看到自然人、法人、其他组织之间及其相互之间进行资金融通的借贷利率、相关违约处罚受到上限24%的严格限制。

最后，金融机构的贷款利息、罚息、复利等亦应受到年利率24%的限制。《最高人民法院关于人民法院审理借贷案件的若干意见》第六条规定："民间借贷的利率可以适当高于银行的利率……但最高不得超过银行同类贷款利率的四倍（包含利率本数）。超出此限度的，超出部分的利息不予保护。"该意见虽因《最高人民法院关于审理民间借贷案件适用法律若干问题的规定》生效实施而被替代废止，但是其中依照国家有关限制借款利率的规定制定的相关条文的逻辑是清晰可见的，有权解释机关认为商业银行利率不用特别规制，也不会形成高利、高息，从而规定民间借贷的利率可以适当高于银行的利率，同时仅对民间借贷利率设定明确上限。虽然《最高人民法院关于审理民间借贷案件适用法律若干问题的规定》不适用于金融机构因发放贷款业务等相关金融业务引发的纠纷，但是规定了民间借贷年利率不得超过24%，因为合同法规定自然人之间的借款不得违反国家对借款利率的限制，据此逻辑，24%年利率即应为国家对借款利率的规定，金融机构也要遵守。因为相较于民间借贷，金融机构的贷款利率应受到更为严格的限制。法律之所以介入到民事主体之间的合同约定，限制民间借贷的利率，一方面是处于资金优化配置的考量，防止资金脱离实体经济，另一方面则是为了限制高利行为，防范社会危机。通常意义上，借款年利率24%以上即为高利。金融机构与从事民间借贷行为的自然人、法人和其他组织同为平等的民事主体，其从事借款等民事活动亦应遵循公平原则，不得损害社会公共利益、扰乱社会经济秩序。因此，金融机构的贷款利率不应高于民间借贷。

编写人：广东省广州市越秀区法院　赵璐璐

四、票据纠纷

（一）票据追索权纠纷

50

持票人依基础法律关系向后手清偿债务并取回票据后，享有票据再追索权

——北京三联弘源文化传播有限公司诉北京翠文竹文化发展有限公司、北京华迈时代文化传播有限公司票据追索权案

【案件基本信息】

1. 判决书字号

北京市第三中级人民法院（2017）京03民终11273号民事判决书

2. 案由：票据追索权纠纷

3. 当事人

原告（上诉人）：北京三联弘源文化传播有限公司（以下简称三联弘源公司）

被告（被上诉人）：北京翠文竹文化发展有限公司（以下简称翠文竹公司）、北京华迈时代文化传播有限公司（以下简称华迈时代公司）

【基本案情】

2017年3月，外文誉成公司以买卖合同为由起诉三联弘源公司，称三联弘源公司为支付货款交付出票人为华迈时代公司、票号为3050113001663367、票面金额为

7万元、出票日期为2012年12月28日的支票，该支票因存款不足被退票，外文誉成公司索款未果，要求三联弘源公司支付货款7万元及利息。该案审理中，三联弘源公司以其因交易关系从翠文竹公司取得涉案支票，对支票空头不知情、无过错等为由进行答辩；华迈时代公司则做出其与外文誉成公司无经济往来、合同和相关票据均是其与翠文竹公司之间所发生、其已与翠文竹公司结清账务等陈述。该案法院查明事实：1. 2015年1月7日，华迈时代公司出具证明函，载明该公司于2012年12月28日出具民生银行支票，因华迈时代公司账面余额不足退票，该支票由华迈时代公司开具给翠文竹公司，退票后，华迈时代公司已换票另行与翠文竹公司结清2012年业务往来款项。2. 外文誉成公司称其2013年1月8日得知存款不足，将涉案支票退还给了三联弘源公司的财务人员。3. 三联弘源公司、华迈时代公司均表示支票未在其处。法院审理后对该买卖合同纠纷案件做出13303号判决书，认定外文誉成公司与三联弘源公司存在买卖合同关系，三联弘源公司作为买卖合同的付款义务人，应履行支付货款的义务。最终依法判决三联弘源公司给付外文誉成公司货款7万元及利息，驳回了外文誉成公司其他诉讼请求。2016年11月17日，三联弘源公司向外文誉成公司支付案款86576.66元。而后三联弘源公司向一审法院起诉，请求判令翠文竹公司、华迈时代公司给付三联弘源公司7万元并赔偿16576.66元经济损失。

一审审理中，三联弘源公司表示：取得涉案支票系与翠文竹公司有业务合作，被退票后找到华迈时代公司，华迈时代公司出具证明称款已给付翠文竹公司；翠文竹公司既否认经手涉案票据，也否认与华迈时代公司、三联弘源公司有直接业务往来。二审审理中，三联弘源公司出示了涉案支票原件，并提供了该公司及外文誉成公司员工的证人证言，证明涉案票据在几个公司间的流转过程。

【案件焦点】

三联弘源公司能否要求其所主张的前手即翠文竹公司以及涉案票据出票人即华迈时代公司承担票据责任。

【法院裁判要旨】

北京市朝阳区人民法院经审理认为：三联弘源公司主张票据权利，但并未持有、也不曾出示涉案票据。即便外文誉成公司曾是持票人，三联弘源公司也有向外文誉成公司支付款项的行为，但是，该付款行为是履行买卖合同纠纷生效判决的行为，并非基于票据关系所为，不属于履行票据责任的行为，因此三联弘源公司无法证明其因履行票据责任而获得再追索权。

北京市朝阳区人民法院判决如下：驳回北京三联弘源文化传播有限公司的全部诉讼请求。

北京市第三中级人民法院审理后认为：二审审理中，三联弘源公司出示了涉案支票原件，故其系涉案票据之持有人。本案二审审理中，三联弘源公司出示了涉案支票原件，并提供了证人证言，现有证据已经形成较为完整的证据链，可以佐证三联弘源公司所述其系自翠文竹公司合法取得涉案支票的事实。背书形式连续是持票人享有票据权利最直接的证明方式，背书形式不连续仅是持票人行使票据权利的障碍，但不足以导致持票人丧失票据权利。本案中，在转让涉案支票过程中虽均未背书，但综合前述事实，可以认定三联弘源公司系该支票合法持票人，享有相应的票据权利。

再追索权是经其他票据权利人追索而清偿了票据债务的票据债务人，取得票据后向其前手再为追索的权利。本案中外文誉成公司依据买卖合同纠纷起诉三联弘源公司，而后三联弘源公司依据生效判决向其支付了相关款项，该付款行为虽并非基于票据关系所为，但清偿基础法律关系所生债务的同时客观上使得相应票据债务亦得以清偿，另外文誉成公司将涉案支票交付三联弘源公司的行为本身亦表明向该公司移转了相应票据权利，故而三联弘源公司享有向其前手及出票人等其他票据债务人继续追索的权利。

三联弘源公司作为合法持票人在法定期限内行使所享有的票据再追索权，且生效判决认定涉案支票曾遭银行退票即拒付之事实，故三联弘源公司完备再追索权行使之主客观条件，其主张前手及出票人连带支付已清偿的支票金额以及自到期日起至清偿之日利息的诉请应予支持。

北京市第三中级人民法院判决如下：

一、撤销北京市朝阳区人民法院（2017）京0105民初8056号民事判决；

二、北京翠文竹文化发展有限公司、北京华迈时代文化传播有限公司于本判决生效后七日内连带给付北京三联弘源文化传播有限公司85026.66元；

三、驳回北京三联弘源文化传播有限公司的其他诉讼请求。

【法官后语】

本案的特殊之处在于，三联弘源公司系依据基础法律关系对债务进行了清偿，在此情形下其是否能够代位取得票据追索权并无明确法律、司法解释的规定，司法实践中亦未形成统一认识，对此笔者认为，三联弘源公司享有再追索权。理由在于：

“追索权”与“再追索权”为同一性质的权利。从两种权利的概念可知，追索权是指持票人在行使付款请求权不获实现，或有其他法定原因时，在保全权利的基础上，向其前手请求支付票据金额、利息及有关费用的权利。再追索权，是指被追索人对追索人履行了清偿义务后，依据其取得的票据而向其前手继续进行追索的权利。而从法律规定来讲，《中华人民共和国票据法》第二章第六节对“追索权”进行了专门规定，但未单独规定“再追索权”，仅是第七十一条等个别条文中使用了“再追索权”的称谓。由此可见，追索权与再追索权只是在发生顺序及行使顺序上有所不同，实为同一性质的权利。

对于再追索权的行使上，其实质要件是被追索人履行付款义务，向追索人偿还了债务，形式要件为取得原票据，即被追索人通过履行付款义务并取得票据而重新具有了持票人的地位。被追索人履行付款义务无论系基于前一持票人依据票据权利进行的追索，抑或基于基础法律关系所进行的求偿，均不影响前一持票人票据权利消灭的法律后果。

就本案而言，三联弘源公司与外文誉成公司基于买卖合同这一基础法律关系而产生票据关系，后三联弘源公司履行生效判决，使得基础法律关系中的债务得以清偿，三联弘源公司与外文誉成公司之间的基础关系债权债务消灭，外文誉成公司的票据权利亦消灭，三联弘源公司基于转移的票据而重新取得了持票人地位，故而三联弘源公司享有向其前手及出票人等其他票据债务人继续追索的权利，现其在法定期限内提起诉讼主张权利，故二审改判支持了三联弘源公司要求其前手翠文竹公司及出票人华迈时代公司连带承担票据债务的诉求。

编写人：北京市第三中级人民法院　赵霞

51

以直接买卖方式取得票据并非必然无法取得票据权利

——莱芜亚诺化工有限公司诉师某军等票据追索权案

【案件基本信息】

1. 裁判书字号

北京市第二中级人民法院（2017）京02民终10063号民事判决书

2. 案由：票据追索权纠纷

3. 当事人

原告（被上诉人）：莱芜亚诺化工有限公司（以下简称亚诺公司）

被告（被上诉人）：师某军、山东北海医药有限公司（以下简称北海公司）、菏泽市菏建劳务服务有限公司（以下简称菏建公司）

被告（上诉人）：中标建设集团股份有限公司（以下简称中标公司）

【基本案情】

2015年4月12日，师某军向北海公司支付501000元、向郑某珍支付27000元后取得包括涉案汇票在内的两张商业承兑汇票。

2015年4月21日，亚诺公司向师某军支付票据款120650元后从师某军处取得涉案汇票，该汇票票面记载了以下事项：1. “商业承兑汇票”字样；2. 票号00100061/20987266；3. 出票日期2015年2月15日；4. 付款人中标公司；5. 收款人菏建公司；6. 出票金额133313.8元；7. 汇票到期日2015年8月10日；8. 中标公司在出票人处签章，并载明“本汇票请予以承兑于到期日付款”；9. 中标公司在承兑人处签章并载明“本汇票已经承兑，到期无条件付票款”；10. 菏建公司在背书人处签章后背书给北海公司；11. 北海公司在背书人处签章后，未记载被背书人名称。亚诺公司取得涉案汇票后，在被背书人处签章并背书给工行南冶支行委托收款，但被中标公司以“票据收款人由于发生票据纠纷要求我公司拒绝付款”为由拒付，故亚诺公司起诉要求中标公司支付票据金额133313.8元及利息，师某军、北海公司、菏建公司承担连带责任。

【案件焦点】

亚诺公司以直接买卖方式取得商业承兑汇票是否享有票据权利。

【法院裁判要旨】

北京市丰台区人民法院经审理认为：票据为无因证券，票据持票人有权凭借其所持有的合法有效票据向票据债务人行使票据权利，请求其支付票据金额。本案中，亚诺公司持有的汇票系合法取得，且票面必要记载事项完整规范，背书连续，内容无更改，属有效票据，其作为持票人享有取得票据金额的权利。中标公司作为涉案承兑汇票的出票人和承兑人，在亚诺公司通过委托收款银行提示付款时，应向亚诺公司承担无条件付款的责任，其以收款人要求拒付为由拒绝付款，致使亚诺公司未能实现票据权利，亚诺公司依法享有票据追索权。中标公司虽认为亚诺公司系采用买卖方式取得票据故不享有票据权利，但根据庭审查明的事实，涉案承兑汇票的背书人与被背书人在汇票上的签章依次前后衔接，符合背书连续的要求，持票人亚诺公司已以背书连续的形式证明其享有票据权利，在取得票据时亦支付了相应对价，证明其系涉案承兑汇票的合法持票人，现中标公司未提供证据证明亚诺公司取得票据的过程中存在欺诈、偷盗或者胁迫等恶意行为，故对于中标公司的该项辩称意见，法院不予采信。现亚诺公司要求付款人中标公司支付票面金额及利息、背书人菏建公司、北海公司承担连带责任的诉讼请求，有事实和法律依据，法院予以支持，但亚诺公司主张利息的计算标准有误，法院予以调整。亚诺公司虽自师某军处取得涉案承兑汇票，但师某军并非票据当事人，亚诺公司不得依据票据向其主张权利，故对于亚诺公司要求师某军承担连带责任的诉讼请求，法院不予支持。北海公司经本院传票传唤，无正当理由拒不到庭参加诉讼，不影响法院依据查明的事实作出缺席判决。

北京市丰台区人民法院依照《中华人民共和国票据法》第十三条、第二十六条、第三十一条、第三十七条、第六十一条、第六十八条、第七十条，《中华人民共和国民事诉讼法》第一百四十四条之规定，判决如下：

一、中标公司于本判决生效之日起十日内向亚诺公司支付票据金额133313.8元及利息（以133313.8元为基数，自2015年8月10日起至实际付清之日止，按照中国人民银行同期贷款利率计算）；

二、北海公司、菏建公司对上述债务承担连带责任；

三、驳回亚诺公司的其他诉讼请求。

中标公司不服一审判决，提出上诉。二审法院同意一审法院裁判意见。

北京市第二中级人民法院依照《中华人民共和国民事诉讼法》第一百七十条第一款第（一）项规定，作出如下判决：

驳回上诉，维持原判。

【法官后语】

当前，随着市场经济的发展，为加快现金流转，市场主体基于自身资金需求通过直接买卖的方式将票据进行贴现的民间融资行为并不鲜见，由此产生的票据纠纷案件亦呈现出剧烈增长的态势。因该种取得票据的方式与传统票据取得方式存在一定差异，故此种情形下持票人能否取得票据权利存在不确定性，且很大程度上可能无法会最终落得“钱票两空”的下场，但此时持票人并非必然无法取得票据权利，对此仍应具体分析。

虽然通过直接买卖方式取得票据表面看并不符合《中华人民共和国票据法》对于票据取得方式的规定，但如若票据符合以下条件，持票人依然可以取得票据权利：首先，票据形式合法。票据的无因性决定票据关系一经产生即与基础关系相分离，持票人在主张票据权利时只需证明其持有的票据必要记载事项齐全且背书连续，即意味着其取得票据的票据关系合法成立。其次，取得票据合法。根据《中华人民共和国票据法》的规定，票据的取得应当具有真实的交易关系和债权债务关系，并给付对价，同时非以欺诈、偷盗或者胁迫等手段取得票据，也就是说，满足上述条件的持票人应当享有票据权利。最后，不存在抗辩事由。票据债务人（即出票人、承兑人、背书人）应当对持票人承担连带责任，其不得以不存在真实的债权债务关系以及未给付对价等为由对业经背书转让票据的持票人进行抗辩，亦不得以自己与出票人或者与持票人的前手之间的抗辩事由对抗持票人。相反，如若票据的形式及取得并不满足上述条件，则持票人无法享有票据权利。

本案中，亚诺公司所持汇票票面记载事项完整，形式上为合法有效票据。从汇票签章看，出票人与付款人均为中标公司，收款人为菏建公司，后经背书依次连续转让给北海公司、亚诺公司，票面背书连续。持票人亚诺公司取得票据时已经给付了相应对价，其上一手取得票据时亦已经支付了相应对价。现中标公司、菏建公司均未能证明亚诺公司欺诈、偷盗或者胁迫等手段取得票据，故亚诺公司应当享有票据权利。根据票面记载，亚诺公司系经其前手北海公司背书取得票据权利，中标公司、菏建公司作为出票人及第一手背书人，不仅不得以与持票人亚诺公司之间不存在真实的债权债务关系以及未给付对价等为由进行抗辩，亦不得以自己与持票人的前手即北海公司之间的抗辩事由对抗持票人，即北海公司取得案涉票据是否具有真实交易、是否给付对价，中标公司、菏建公司均无权进行抗辩。中标公司作为出票人、付款人、承兑人，荷建公司、北海公司作为背书人，应当按照票据金额向持票人亚诺公司承担到期付款的责任。

一、二审法院判决支持原告亚诺公司诉求的处理，正是基于法律规定、结合案件事实对于以买卖方式取得票据的持票人在一定条件下享有票据权利作出的认定。

编写人：北京市丰台区人民法院　苏洁

52

收款人名称记载错误的银行承兑汇票无效

——葛洲坝环嘉（大连）再生资源有限公司诉福建鑫华股份有限公司、招商银行股份有限公司厦门鹭江支行票据追索权案

【案件基本信息】

1. 判决书字号

福建省厦门市中级人民法院（2017）闽02民终4061号民事判决书

2. 案由：票据追索权纠纷

3. 当事人

原告（被上诉人）：葛洲坝环嘉（大连）再生资源有限公司（以下简称葛洲坝公司）

被告（上诉人）：招商银行股份有限公司厦门鹭江支行（以下简称招商银行）

被告：福建鑫华股份有限公司（以下简称鑫华公司）

【基本案情】

2015年12月15日至2016年6月2日，葛洲坝公司与鑫华公司签订数份采购合同，约定鑫华公司向葛洲坝公司采购化纤用再生聚酯专用料。为此，葛洲坝公司收到鑫华公司银行承兑汇票一张，汇票号码为30800053－95130819，出票日期为2016年4月26日，汇票到期日为2016年10月26日，出票金额为150万元，出票人为鑫华公司，付款人为招商银行。2016年5月12日，葛洲坝公司向案外人中国建设银行股份有限公司大连春柳支行（以下简称建设银行）申请贴现上述汇票。建设银行向招商银行电查后，招商银行未指出该票据届时不得托收。2016年5月18日，建行银行对汇票进行贴现，扣除贴现利息22960元后向葛洲坝公司支付1477040元。建设银行将上述汇票向招商银行进行托收，招商银行于2016年10月26日出具拒绝付款理由书，退票理由为收款人名称“洲”字误写成“州”字，票据背书不连续。建设银行向葛洲坝公司追索，葛洲坝公司于2016年10月28日向建设银行支付汇票金额150万元。

葛洲坝公司向思明区法院提出诉讼，请求判令鑫华公司、招商银行：1. 连带支付葛洲坝公司汇票金额150万元及自2016年10月27日起至清偿日按中国人民银行规定的利率计算的利息（暂计至2016年12月15日为9062.5元）；2. 连带赔偿葛洲坝公司贴现利息损失22960元，差旅费、住宿费等诉讼所需费用7000元；3. 承担本案全部诉讼费用。

鑫华公司辩称：1. 本案所涉银行承兑汇票属于废票，葛洲坝公司不享有票据权利；2. 葛洲坝公司未按《中华人民共和国票据法》第六十六条履行书面通知义务而造成利息损失的扩大，应由葛洲坝公司自行承担；3. 葛洲坝公司的贴现利息损失与鑫华公司无关，应予驳回；4. 葛洲坝公司关于差旅费、诉讼费等诉讼所需费用的主张于法无据，应予驳回。

招商银行辩称：1. 本案所涉银行承兑汇票属于废票，葛洲坝公司不享有票据权利；2. 葛洲坝公司存在重大过失，依法不享有票据权利；3. 因汇票收款人填写错误，且属于法律不可更改事项，故招商银行有权拒付。

【案件焦点】

讼争票据是否有效。

【法院裁判要旨】

厦门市思明区人民法院经审理认为：案涉汇票的付款人名称、收款人名称、出票人签章、出票日期、票据金额等绝对应记载事项齐全，且无更改票据金额、日期、收款人名称等导致票据无效的事由，故应认定为有效票据。重大过失是指显而易见的，一般人稍作注意即可预见和避免，而专业人士或组织却未预见和避免的不可原谅的疏忽或懈怠行为。本案中，收款人名称“葛洲坝环嘉（大连）再生资源有限公司”误写成“葛州坝环嘉（大连）再生资源有限公司”，葛洲坝公司在取得案涉票据时未审慎核对“洲”字与“州”字之差异，存在一定过失，但该过失并非一般人稍作注意即可避免，故该过失尚未达到票据法规定的“重大过失”之程度。再者，建设银行在贴现前已就票据相关事项向招商银行电查，所查询的收款人名称为“葛洲坝环嘉（大连）再生资源有限公司”，招商银行答复“查询汇票记载事项与我行承兑的汇票记载一致”，两家专业银行在票据审查时尚且未能发现“洲”字与“州”字之差异，故若要求葛洲坝公司在取得票据时轻易发现该笔误，未免过于严苛。综上，葛洲坝公司取得存在笔误的涉案票据并不存在重大过失。另外，建设银行虽未发现收款人名称有误，但其系在向招商银行电查确认票据信息后方才贴现，故建设银行因贴现而取得票据亦不存在重大过失，其有权在被招商银行拒付后向葛洲坝公司追索，故葛洲坝公司依法向招商银行支付票据金额150万元亦无过失。葛洲坝公司虽无法举证其在收到拒付通知之日起三日内书面通知鑫华公司，但即使迟延通知，其依法仍可行使追索权，要求票据债务人支付其已清偿的全部金额及该金额自清偿之日起再追索清偿日止的利息。该利息金额的起算时间点与葛洲坝公司通知鑫华公司的时间无关；且鑫华公司在收到本案诉状后，至今未主动履行付款义务，可知该利息金额的截止时间点亦与葛洲坝公司通知鑫华公司的时间无关。因此，葛洲坝公司迟延履行通知义务并未给鑫华公司造成额外的利息损失。贴现利息系葛洲坝公司在汇票到期日前提前支用汇票款项而需向贴现银行支付的对价，现葛洲坝公司亦已实际通过贴现行为提前取得票据款项，故贴现利息并非其实际损失范围。票据追索权系持票人依照票据法规定依法享有的权利，其追索范围法定，并不包括差旅费、住宿费等诉讼所需费用，故葛洲坝公司关于差旅费、住宿费的诉讼请求无事实和法律依据。综上，讼争汇票虽有笔误，但仍为有效票据，葛洲坝公司作为票据收款人及被追索人取得该票据均无重大过失，故其依法享有被追索后的再追索权，要求汇票出票人鑫华公司及承兑人招商银行连带支付票据金额150万元，同时支付自清偿之日（即2016年10月28日）起至再追索清偿之日止按照中国人民银行规定的利率计算的利息，葛洲坝公司诉求的利息起算日应予调整。葛洲坝公司关于贴现利息损失、差旅费、住宿费的诉讼请求无事实和法律依据，不予支持。

厦门市思明区人民法院依据《中华人民共和国票据法》第九条、第十二条、第二十二条、第六十一条、第六十六条、第六十八条、第七十一条，《中华人民共和国民事诉讼法》第六十四条第一款之规定，判决：

一、鑫华公司、招商银行应于判决生效之日起十日内连带支付葛洲坝公司汇票金额150万元及利息（按中国人民银行规定的利率计算，自2016年10月28日起计至实际清偿之日止）；

二、驳回葛洲坝公司的其他诉讼请求。

招商银行不服，提起上诉。福建省厦门市中级人民法院经审理认为：鑫华公司出具给葛洲坝公司的讼争银行承兑汇票，收款人葛洲坝公司的名称错误。根据《中华人民共和国票据法》第九条第一款、第二款规定："票据上的记载事项必须符合本法的规定。票据金额、日期、收款人名称不得更改，更改的票据无效。"因此，收款人名称属于不可更改的事项。因讼争银行承兑汇票收款人名称错误，相应的责任应由出票人鑫华公司承担，故葛洲坝公司请求其支付汇票金额及利息，有事实及法律依据，予以支持。葛洲坝公司请求的贴现损失、差旅费、住宿费等不属于票据追索权行使的范围，一审法院未予支持，并无不当。招商银行作为承兑人，拒绝承兑讼争存在不可更改事项的票据并无过错，葛洲坝公司请求其承担赔偿责任，缺乏事实及法律依据，不予支持，一审法院对此认定错误，予以纠正。

厦门市中级人民法院依照《中华人民共和国民事诉讼法》第一百七十条第一款第（一）项、第（二）项之规定，判决如下：

一、撤销福建省厦门市思明区人民法院（2017）闽0203民初1810号民事判决第二项；

二、变更福建省厦门市思明区人民法院（2017）闽0203民初1810号民事判决第一项为：鑫华公司应于本判决生效之日起十日内支付葛洲坝公司150万元及利息（按中国人民银行同期同类贷款利率，自2016年10月27日起计至本判决确定的还款之日止）；

三、驳回葛洲坝公司的其他诉讼请求。

【法官后语】

本案讼争票据因出票人鑫华公司出票时将收款人葛洲坝公司名称记载错误而引发纠纷，因此，要解决争议之前应先分析票据的法律效力。

鑫华公司出具给葛洲坝公司的票据上所记载的收款人名称错误，而该错误又是无法更改的事项，故讼争票据不符合票据法的规定属于无效票据。一审法院仅以票据记载形式完整，未分析错误记载事项的实际内容认定票据有效错误。葛洲坝公司收取票据时未尽合理审查义务，收取不符合票据法规定的票据，存在重大过失，葛洲坝公司也不得享有票据权利。因鑫华公司出具的票据本身存在瑕疵而无效，相应的责任应由出票人鑫华公司承担。葛洲坝公司请求鑫华公司支付讼争票据对应价款，应予以支持。葛洲坝公司诉请的其他损失属于其未尽合理审查义务所造成的，并非由于鑫华公司的开票行为及招商银行的拒付行为造成，应由葛洲坝公司自行承担。

编写人：福建省厦门市中级人民法院　师光

53

支票的效力认定

——北京永安铝兴旺不锈钢制品销售中心诉北京中玻羽佳玻璃有限公司票据追索权案

【案件基本信息】

1. 判决书字号

北京市第一中级人民法院（2017）京01民终5884号民事判决书

2. 案由：票据追索权纠纷

3. 当事人

原告（被上诉人）：北京中玻羽佳玻璃有限公司

被告（上诉人）北京永安铝兴旺不锈钢制品销售中心

【基本案情】

北京中玻羽佳玻璃有限公司（以下简称中玻公司）提交一份出票人处加盖北京永安铝兴旺不锈钢制品销售中心（以下简称销售中心）财务专用章的北京农商银行转账支票，支票号为11500794，该支票载明内容为：出票日期2015年7月6日，收款人为中玻公司，金额为99920元，并填写了密码。中玻公司持该支票向银行提示付款时，因印章不符被退票。遂中玻公司向本院起诉销售中心，追索该支票的票据金额。

庭审中，销售中心称该张支票确系其从银行领取的，并加盖了销售中心的印章，但内容为空白的。中玻公司称其与高坊振之间有买卖合同关系，系高坊振将该支票交付给中玻公司，在收取转账支票时，出票日期与收款人名称系中玻公司填写。

中玻公司称涉案支票大写金额系其填写、小写金额由销售中心填写，密码是销售中心告诉中玻公司后由中玻公司填写；销售中心则称大写金额与小写金额均由中玻公司填写。销售中心还称涉案支票签发后未流通便丢失，丢失后其未报案也未采取失票救济措施；至于中玻公司如何取得涉案支票其不清楚。

【案件焦点】

涉案支票是否有效。

【法院裁判要旨】

北京市昌平区人民法院经审理认为：中玻公司虽与销售中心之间没有直接的合同关系，但中玻公司取得的案涉支票，记载事项齐全，形式完备，且取得的途径合法，系有效票据，故对销售中心称票据无效的抗辩意见该院不予采信。根据《中华人民共和国票据法》相关规定，支票的出票人必须按照签发的支票金额承担保证向持票人付款的责任，支票被拒绝付款的，持票人可以对出票人行使追索权，追索金额包括支票拒付金额以及相应利息。案涉支票虽因印章不符被银行退票，但销售中心称支票上的印章确系其加盖，由此，销售中心应对支票的金额承担付款责任，故中玻公司可依法行使追索权。

北京市昌平区人民法院依照《中华人民共和国票据法》第六十一条第一款、第七十条第一款、第七十一条、第八十九条、第九十三条第一款，《中华人民共和国民事诉讼法》第六十四条之规定，判决如下：

一、销售中心于判决生效后七日内支付中玻公司支票票面金额99920元；

二、销售中心于判决生效后七日内支付中玻公司利息3348.69元；

三、驳回中玻公司的其他诉讼请求。

销售中心不服提起上诉。北京市第一中级人民法院经审理认为：关于涉案支票是否有效。依据《中华人民共和国票据法》第八十五条规定、结合相关票据原理，支票金额事项虽为绝对必要记载事项，但支票金额事项允许空白，若没有补记，则金额空白支票因缺少绝对必要记载事项而无效；若经过补记，则金额空白支票和一般有效支票无异，为有效支票。依据《中华人民共和国票据法》第八十四条的规定，出票日期为支票绝对必要记载事项之一，但在持票人正当、善意持有支票的前提下，已经填写出票日期的，应当适用票据文义性原则，以票面记载内容为准，认定支票有效。依据《中华人民共和国票据法》第八十四条的规定，收款人名称并非支票绝对必要记载事项，出票人出票时未记载收款人名称并不导致支票无效。故销售中心关于涉案支票为无效支票的上诉理由缺乏依据，不予采信。

关于中玻公司是否有权对销售中心行使追索权。第一，依据《最高人民法院关于审理票据纠纷案件若干问题的规定》第九条第二款规定、结合相关票据原理，向人民法院提起诉讼的持票人负有提供诉争票据的责任，在持票人提供诉争票据的情况下，若票据债务人认为持票人取得票据存在偷盗、胁迫等非法行为并提出合理怀疑的，则持票人对持票的合法性负有举证责任。第二，依据《最高人民法院关于审理票据纠纷案件若干问题的规定》第十九条规定，支票出票人一经签发支票，便应承担担保支票付款的责任，即便持票人不能出示拒绝证明、退票理由书等拒绝证书，其对出票人的追索权仍不丧失。

北京市第一中级人民法院依照《中华人民共和国民事诉讼法》第一百七十条第一款第（一）项之规定，判决如下：

驳回上诉，维持原判。

【法官后语】

《中华人民共和国票据法》虽规定确定的金额为支票绝对必要记载事项，但《中华人民共和国票据法》第八十五条亦明确规定支票上的金额可以由出票人授权补记，未补记前的支票，不得使用。可见，支票金额事项允许空白，若没有补记，则金额空白支票因缺少绝对必要记载事项而无效；若经过补记，则金额空白支票和一般有效支票无异，为有效支票。

出票人如何授权补记呢？目前，我国法律未明确规定，但同时也未进行限制，可通过书面方式、口头方式、默示方式进行授权。何为默示方式？司法实践中，一般认为空白支票的交付即可推定为附带有补充记载权的授予，即为默示方式的一种。

具体到本案，涉案支票签发时虽未记载金额，为空白支票，但附带有补记金额权利的授予，现持票人中玻公司已经补记，故无论金额为何人记载均不影响出票时金额空白的涉案支票为有效支票。

涉案支票签发时虽未记载出票日期，但现持票人中玻公司正当、善意持有涉案支票，且已填写出票日期，故涉案支票不因持票人销售中心出票时未填写出票日期而无效。

依据《中华人民共和国票据法》第八十四条、第八十六条第一款的规定，收款人名称并非支票绝对必要记载事项，且我国承认无记名支票，出票人签发支票是否填写收款人名称，以及是否补记收款人名称均不影响支票的效力，涉案支票亦不因出票人销售中心出票时未填写收款人名称而无效。

编写人：北京市第一中级人民法院　邵普

54

“不履行约定义务”如何理解

——北京泽盈律师事务所诉中金丰国际贸易（北京）有限责任公司票据追索权案

【案件基本信息】

1. 裁判书字号

北京市第三中级人民法院（2017）京03民终6687号民事判决书

2. 案由：票据追索权纠纷

3. 当事人

原告（上诉人）：北京泽盈律师事务所（以下简称泽盈律师所）

被告（被上诉人）：中金丰国际贸易（北京）有限责任公司（以下简称中金丰公司）

【基本案情】

2015年7月14日，泽盈律师所与中金丰公司签订《委托代理协议》，约定：中金丰公司与陈某峰因借款合同纠纷一案，委托泽盈律师所代理诉讼，泽盈律师所接受委托，指派赵某革律师作为一审诉讼代理人；代理权限为代为提起、参与诉讼，代为申请证据、财产保全，代为承认、变更、放弃诉讼请求，接受和解和调解，代签法律文书；中金丰公司应在合同签订之日起10个工作日内支付律师费500万元；如泽盈律师所无故终止履行合同，代理费全部退还，如因中金丰公司原因终止，则代理费不予退还；合同有效期自签订之日起至本案办理终结止（一审判决、调解、案外和解及撤销诉讼）；中金丰公司未如约交纳代理费的，泽盈律师所有权单方终止代理工作和代理协议，已收费用不予退还。

2015年8月28日，中金丰公司向泽盈律师所开具转账支票一张，金额为300万元，此后补记出票时间为2016年4月8日。2016年4月11日，泽盈律师所向银行请求付款时，被以密码支票未填密码或密码填写错误为由退票。

2016年3月16日，泽盈律师所以委托合同纠纷为由将中金丰公司诉至法院，主张代理费500万元以及利息。2016年4月21日，泽盈律师所申请撤诉。

2016年4月21日，中金丰公司向泽盈律师所发出通知，载明：我公司于2015年8月28日开具的诉讼费300万元的支票，因我公司已解除与贵所的合作关系，故上列开具的支票停止支付。

诉讼中，泽盈律师所称合同签订后，已经办理了委托手续，并开展了调查取证、论证、案外和解等工作，草拟了起诉状，但是没有实际起诉立案，之后也未再继续代理，原因是中金丰公司未给付律师费。

诉讼中，中金丰公司称合同签订后，泽盈律师所未按照协议履行代理工作，包括确定管辖有误、提交材料迟延、未做前期准备，因此发函解除合同，现已经另行委托代理人起诉立案。同时，为证明代理工作有误，中金丰公司提供了办案流程、适用法条、借款合同纠纷材料，其中办案流程包括已完成的工作、计划开展的工作，适用法条包括管辖法院、合同法规定，借款合同纠纷材料包括相关法条、相关案例、本案基本情况、办案思路。

【案件焦点】

《中华人民共和国票据法》第十三条第二款规定的“不履行约定义务”应如何理解。

【法院裁判要旨】

北京市朝阳区人民法院经审理认为：泽盈律师所与中金丰公司签订的《委托代理协议》，系双方当事人真实意思表示，内容不违反法律、行政法规的强制性规定，应属合法有效。现双方在合同履行过程中出现争议，中金丰公司作为委托人发函解除合同关系，应属合法有效，一审法院对此予以确认。泽盈律师所称其已经开展了调查取证、论证、案外和解等工作，并草拟了起诉状，但是其针对此并未进行举证，根据中金丰公司提交的办案流程、适用法条、借款合同纠纷材料，泽盈律师所仅针对待起诉案件开展了法条查询、案例查询、工作计划、办案思路等文本工作，案件起诉并未有实质进展，因此一审法院结合证据中显示的泽盈律师所已完成工作数量及工作质量，确定中金丰公司尚需给付泽盈律师所代理费20万元。根据法律规定，票据债务人可以对不履行约定义务的与自己有直接债权债务关系的持票人进行抗辩；所称抗辩，是指票据债务人根据本法规定对票据债权人拒绝履行义务的行为。现泽盈律师所与中金丰公司基于签订的协议存在直接债权债务关系，故中金丰公司有权依照协议约定以及履行情况向泽盈律师所提出抗辩，泽盈律师所主张按照中金丰公司交付的转账支票金额支付代理费，于法无据，一审法院不予支持。中金丰公司辩称泽盈律师所职业能力有限不能胜任委托代理案件，故无权要求支付代理费，但泽盈律师所已完成代理工作的质量，并不能否认其已经为代理工作支出了部分费用和成本，对此答辩意见，不予采信。

北京市朝阳区人民法院判决：

中金丰国际贸易（北京）有限责任公司于判决生效之日起十日内支付北京泽盈律师事务所代理费20万元以及自2015年7月27日起至付清之日止按照中国人民银行同期同类贷款基准利率标准计算的利息。

北京市第三中级人民法院经审理认为：《中华人民共和国票据法》规定，票据债务人可以对不履行约定义务的与自己有直接债权债务关系的持票人进行抗辩。本法所称抗辩，是指票据债务人根据本法规定对票据债权人拒绝履行义务的行为。本案中，中金丰公司系出票人即票据债务人，泽盈律师所系持票人。基于双方委托合同关系，中金丰公司将票据直接交付泽盈律师所，双方之间存在直接债权债务关系。根据票据法规定，中金丰公司有权以泽盈律师所不履行约定义务为由，主张票据法上的抗辩。现中金丰公司已依据票据法的规定，行使票据抗辩，拒绝向泽盈律师所履行付款义务。泽盈律师所持票向中金丰公司行使票据追索权，要求支付票面金额300万元，缺乏法律依据。泽盈律师所以票据追索权纠纷诉至法院，一审法院直接审理双方委托合同的具体债权债务关系，已经超出案件审理范围，本院对此予以纠正。泽盈律师所与中金丰公司可以就委托诉讼协议所产生的纠纷另行诉讼。判决：

一、撤销北京市朝阳区人民法院（2016）京0105民初22327号民事判决；

二、驳回北京泽盈律师事务所的全部诉讼请求。

【法官后语】

在司法实践中，对于“不履行约定义务”如何理解素有争论，主要有以下两种意见：第一种意见认为“不履行约定义务”应当指未履行合同约定的主要义务，致使票据债务人在基础关系中的合同目的无法实现；第二种意见认为“不履行约定义务”应当指未履行任何合同义务，持票人部分履行的，票据债务人不得进行抗辩。

本案中，我们倾向于第一种意见，认为“不履行约定义务”是指持票人未履行基础关系中足以实现合同目的的主要合同义务，致使票据债务人在承担票据债务时所期望得到的对价全部落空。具体理由如下：

对价是判断一个承诺能否得到法律认可的标准，只有得到对价支持的承诺才得到法律的认可。在票据关系中，于票据债务人而言，其关心的是是否得到了约定的对价，如果没有则以此作为抗辩事由避免损失发生；于持票人而言，只有当票据债务人提出抗辩时，才有必要分析其是否支付了对价。若票据债务人没有得到承担票据债务时所希望换取的任何利益，即对价全部落空，其可以此为由对抗作为持票人的票据直接当事人。

票据直接当事人是指持票人和票据债务人即是产生票据关系的基础关系的当事人，持票人取得票据所支付的对价和票据债务人签发票据所得到的对价产生吻合，即持票人取得票据应支付的对价是交付、提供与合同相符的货物或服务，票据债务人期望得到的对价是收到、享受与合同相符的货物或服务。此时，基础关系中合同目的无法实现将导致票据债务人对价全部落空。合同履行过程中出现的履行不能、履行迟延、部分履行等状态均有可能成为合同履行的障碍，严重影响当事人合同目的的实现。因此，“不履行约定义务”的含义不应限制为未履行任何合同义务，即便部分履行的，也存在不足以实现合同目的的可能，故“不履行约定义务”应指未履行足以实现合同目的的主要合同义务。

本案中，虽然泽盈律师所已经履行包括准备诉讼材料等部分合同义务，但泽盈律师所并未履行双方委托代理协议中作为诉讼委托代理人的义务，未对案件进行立案等诉讼代理行为，中金丰公司委托泽英律师所代理诉讼的合同目的不能实现，即未得到承担票据债务时所期望换取的代理诉讼服务，对价全部落空，故中金丰公司作为票据债务人有权提出票据法上的抗辩，拒绝履行票据债务。

编写人：北京市第三中级人民法院　潘蓉

55

票据贴现后能否基于基础关系向前手追索

——王某山诉朱某亮票据案

【案件基本信息】

1. 裁判书字号

山东省淄博市中级人民法院（2017）鲁03民终296号民事判决书

2. 案由：票据纠纷

3. 当事人

原告（上诉人）：王某山

被告（被上诉人）：朱某亮

【基本案情】

原告以935000元价格从被告朱某亮处购买承兑汇票一张，汇票号码为103000××××7968，出票人为大唐保定热电厂，收款人为河北大唐电力燃料有限公司，付款行为中国农业银行股份有限公司保定高开区支行，票面金额为1000000元，出票日期为2011年9月8日，到期日为2012年3月8日，被告朱某亮在承兑汇票复印件上签名，落款日期为2011年9月18日。2011年9月19日，原告以943000元的价格转让给临朐县浩岳铝业有限公司，此后，该汇票又依次转让给山东南山铝业有限公司、龙口市南山西海岸人工岛建设发展有限公司、青州市东方金属制品有限公司、青州市北汽贸易有限责任公司。2011年9月27日，石家庄市矿区益丰物资有限公司以此承兑汇票丢失为由向河北省保定市新市区人民法院申请公示催告，持票人青州市东方金属制品有限公司申报了权利，公示催告结束。2011年11月23日，石家庄市矿区益丰物资有限公司以青州市东方金属制品有限公司和临朐县浩岳铝业有限公司为被告向河北省保定市新市区人民法院起诉要求确认其为汇票合法持有人，享有票据权利并要求返还票据。河北省保定市新市区人民法院作出

(2012)新民初字第208号民事判决，以青州市东方金属制品有限公司虽在票据上背书，但未记载背书日期，视为在公示催告期间转让，该背书无效，石家庄市矿区益丰物资有限公司虽未在票据上背书，但其提交的证据证明其取得票据合法为由，认定涉案票据权利归石家庄市矿区益丰物资有限公司所有。判决送达后，青州市东方金属制品有限公司不服该判决，向河北省保定市中级人民法院提起上诉，该院经过审理，以(2013)保民四终字第319号判决驳回上诉，维持原判。判决生效后，临朐县浩岳铝业有限公司、山东南山铝业有限公司、龙口市南山西海岸人工岛建设发展有限公司及青州市东方金属制品有限公司于2014年9月26日签订协议书一份，协议的主要内容有：涉案票据因被河北省保定市新市区人民法院作出除权判决，自临朐县浩岳铝业有限公司起所有背书人均为无效取得，不享有票据权利。为减少诉累，不再从青州市东方金属制品有限公司开始依次向前手起诉维护权利，四家公司共同协调由临朐县浩岳铝业有限公司向青州市东方金属制品有限公司支付100万元，青州市东方金属制品有限公司将票据返还临朐县浩岳铝业有限公司。协议签订后，临朐县浩岳铝业有限公司依据其他背书人的要求，支付1000000元给青州市东方金属制品有限公司，并于2015年5月6日起诉至青州市人民法院，要求王某山归还购票款943000元，该院以涉案票据权利已经被确认归石家庄市矿区益丰物资有限公司所有为由，于2015年7月8日判决王某山返还临朐县浩岳铝业有限公司943000元，原告王某山履行义务后，向被告朱某亮索要票款未果，形成诉讼。

另查明，石家庄市矿区益丰物资有限公司以四张承兑汇票丢失为由向河北省保定市新市区人民法院申请公示催告，涉及金额500万元，其中包含本案汇票。在石家庄市矿区益丰物资有限公司申请公示催告的四张承兑汇票中，其中另一张号码为103000××××7919的票据被齐商银行股份有限公司临淄支行申报了权利，该汇票的公示催告程序终结后，石家庄市矿区益丰物资有限公司向保定市中级人民法院提起诉讼，在保定市中级人民法院(2012)保民三初字第123号民事判决书中，认定石家庄市矿区益丰物资有限公司所申请公示催告的四张票据不是丢失而是自愿转手，石家庄市矿区益丰物资有限公司不再享有公示催告票据的所有权。石家庄市矿区益丰物资有限公司不服该判决，上诉至河北省高级人民法院，该院于2013年3月11日作出了(2013)翼民二终字第26号民事调解书，在该调解书中，对上述事实进行了认定。

【案件焦点】

在公示催告前合法取得票据的后手在票据权利被确定为他人所有后能否再向其前手基于基础关系进行追索。

【法院裁判要旨】

山东省淄博市临淄区人民法院经审理认为：票据并不能作为买卖合同的标的物，本案案由应为票据追索权纠纷，而不是买卖合同纠纷。原告王某山在诉讼中主张其与被告朱某亮之间存在买卖票据法律关系，无法律依据，不予支持。票据作为一种特殊的权利凭证，具有支付性和流通性特点，涉案票据在公示催告前依法转让，是有效票据，并未出现无效情形，原告王某山亦未提供充分证据证明涉案票据权利转让方式存在无效情况，已合法取得了票据权利，与其对应的是票据的基础关系即已结算完毕。此时，除当事人协商一致外，如果允许持票人再依据基础关系径行向其前手主张民事权利，不仅将导致众多前手面临被卷入诉讼的危险，使已经稳定的民事法律关系重新陷于不确定状态，而且也会使票据的流通性大为减损，背离了创设票据之宗旨。因此，原告王某山以与被告朱某亮之间所贴现的涉案票据权利已被生效判决确认归石家庄市矿区益丰物资有限公司所有、被告朱某亮应返还票据款为由向被告朱某亮进行追偿，不应予以支持。合法持票人可依河北省高级人民法院（2013）冀民二终字第26号民事调解书和保定市中级人民法院（2012）保民三初字第123号民事判决书提出申诉，或者向取得票据款项的石家庄市矿区益丰物资有限公司主张不当得利返还或侵权损害赔偿的方式实现票据权利，以避免其财产损失。

山东省淄博市临淄区人民法院依照《中华人民共和国合同法》第九十一条，《中华人民共和国民事诉讼法》第六十四条之规定，判决如下：

驳回原告王某山的诉讼请求。

宣判后，王某山不服提起上诉。山东省淄博市中级人民法院经审理认为：票据具有无因性和文义性等法律特征。在票据流转中，对汇票的持有存在事实上的持有和票据法律意义上的持有。前者持有人可能对票据享有票据权利，即属于票据法律意义上的持有人，也可能虽然持有票据，但却不是票据法律意义上的持有人，对票据不享有票据权利。从涉案汇票的背书记载看，王某山并没有在涉案票据上背书，也不是基于继承、企业合并等原因而取得的汇票，其对该汇票不享有票据法规定的付款请求权和追索权。该案纠纷产生系王某山和朱某亮在民间票据贴现过程中产生的争议，王某山和朱某亮之间存在事实上的票据转让关系，故该案案由应当为票据纠纷。一审判决将该案案由认定为票据追索权纠纷不当，予以纠正。民间票据贴现，又称票据买卖，是指持票人为了融通资金，将未到期的票据低于票面金额的价格转让给非金融机构。本案中，王某山和朱某亮之间转让票据行为实为民间票据贴现，并未违反法律、行政法规的强制性规定，也不构成票据法规定的恶意或重大过失取得票据的情形。从市场现实来看，民间票据贴现已经发展为一种广泛使用的民间资金融通方式，可以在一定程度上适应中小企业的融资需求，在司法裁判中，不能轻易否认民间票据贴现在民商事法律上的效力。民事活动应当遵循自愿、公平、等价有偿、诚实信用的原则。本案中，朱某亮向王某山转让了汇票，并收取了935000元价款，双方之间存在事实上的票据转让关系。票据作为一种有价证券，其自身具有一定的财产权属性。在汇票到期前，河北省保定市新市区人民法院（2012）新民初字第208号民事判决判定涉案的号码为103000××××7968的承兑汇票及票据权利归石家庄市矿区益丰物资有限公司所有，进而导致该汇票的实际持有人即王某山不能实现该汇票所记载的财产性权利，并因此导致王某山向临朐县浩岳铝业有限公司返还了其转让票据的对价943000元。民事之债具有独立性和相对性，朱某亮转让的票据导致王某山实际发生了经济损失，在王某山和朱某亮形成的债之间，按照公平原则，朱某亮向王某山返还购票款符合法律规定，朱某亮应当返还购票款935000元。一审判决认定双方之间所贴现的涉案票据权利已被生效判决确认归石家庄矿区益丰物资有限公司所有，对王某山以返还购票款为由向朱某亮进行追偿的主张不予支持，属于法律错误，依法予以纠正。对王某山以票据转让法律关系为依据向朱某亮主张返还购票款，予以支持。

山东省淄博市中级人民法院依照《中华人民共和国民法通则》第四条，《中华人民共和国票据法》第三条，《中华人民共和国合同法》第八条、第五十二条，《中华人民共和国民事诉讼法》第一百七十条第一款第（二）项规定，判决如下：

一、撤销山东省淄博市临淄区人民法院（2016）鲁0305民初3329号民事判决；

二、被上诉人朱某亮于本判决生效之日起十日内返还上诉人王某山票据转让款935000元。

【法官后语】

本案涉及在公示催告前合法取得票据的后手在票据权利被确定为他人所有后能否再向其前手基于基础关系进行追索问题。

首先，就票据追索而言，其行为依据来源于票据法上的票据追索权。票据追索权又称偿还请求权，是指持票人在提示承兑或提示付款而未获承兑或未获付款时，依法向其前手请求偿还票据金额及其他金额的权利。票据追索权作为一种票据权利，票据合法有效无疑是其行使的前提。从追索权作为票据权利属性的角度来讲，票据在经公示催告程序后票据权利被确定为他人所有后，此时票据实际已经作废，其本身的票据权利因此亦已丧失。而票据权利又包括付款请求权和追索权，既然票据权利因被确定为他人所有而丧失，那么持票人此时便不可能再享有付款请求权及追索权这两项票据权利。因此持票人根据票据法向其前手追索显然已经失去了权利基础。

其次，从票据基础关系的角度来讲，在此情况下持票人也不能再根据票据基础关系向其前手主张民事权利。这是因为票据具有支付性和流通性的特点，这决定了票据在经济活动中实际起到了结算工具的重要作用。如在买卖合同关系中买方可以用票据来支付货款，此时只要票据是合法有效的，交付票据就相当于已经支付货款，从而使双方的买卖合同关系这一基础法律关系顺利完结。之后即便是该票据被申请公示催告并被判决除权或确定为他人所有，也不意味着该票据在公示催告前合法流转的行为就因除权判决或确定为他人所有而归于无效，毕竟票据具有文义性和无因性。如果仅仅因为票据被判决除权或确定为他人所有就认定先前的流转行为无效，就等于直接否定了票据的流通性功能，使因票据流通而已经稳定的交易秩序重新陷于不稳定状态，这显然背离了创设票据制度的宗旨。

最后，从权利救济的角度来讲，合法持票人依法可采取的正确救济措施是向取得票据款项的公示催告申请人主张不当得利返还或侵权损害赔偿。票据被判决除权或确定为他人所有后，合法的持票人已不能再依票据权利和票据基础关系向前手追索，但这并不意味着其权利就这样“打了水漂”。由于实际持票人权利不能实现是公示催告及其引发的除权判决或确定为他人所有判决所致，故其应当向公示催告申请人主张不当得利返还或侵权损害赔偿，以此来实现票据上的权利从而避免其财产损失。虽然经公示催告后的除权判决属于生效判决，但其属于非讼事件，其所作出的结论仅是程序法上的推定，不具有实体法上的既判力，不能以此证明票据存在问题。而人民法院在对票据上的权利归属依法作出新的认定后，即视为撤销了原先的除权判决。所以说除权判决并不影响实际持票人向公示催告申请人主张权利。确定为他人所有的判决，如果确有错误，实际持票人也可以通过审判监督程序进行救济。关于救济问题应当注意的一点是，如果实际持票人依据基础关系向其前手追偿，即向前“层层退票”，若前手不认可法院当然不予支持；若与前手协商一致后实现“退票”，则前手就取得了票据上的权利并可依法向公示催告申请人主张权利，以此类推。

具体到本案，2011 年 9 月 19 日前朱某亮交付王某山涉案票据时，该票据是合法有效的票据，并没有被挂失。王某山支付了相应对价，且并非以欺诈、偷盗或者胁迫等非法手段取得票据，或者明知有前列情形出于恶意取得票据。双方之间的民间票据贴现并不当然无效。因此，王某山合法取得票据，其作为实际持票人当然享有相应的权利。尽管本案中王某山根据法院生效判决返还其下手临朐县浩岳铝业有限公司 943000 元，但基于上述理由，王某山作为合法的实际持票人和利害关系人，其有权对（2013）保民四终字第 319 号判决书申请提起审判监督程序，或者向取得票据款项的石家庄市矿区益丰物资有限公司主张不当得利返还或侵权损害赔偿的方式实现票据权利，以避免其财产损失。其在未穷尽票据法上的权利救济措施前，向其前手朱某亮基于民间票据贴现这一基础关系主张权利不符合法律规定和法理。如果支持王某山的主张，将会导致朱某亮的合法权利很难救济，其只能再向其前手主张，从而导致“层层退票”，不仅将导致众多前手面临被卷入诉讼的危险，使已经稳定的民事法律关系重新陷于不确定状态，而且也会使票据的流通性大为减损，背离了创设票据之宗旨。

编写人：山东省淄博市临淄区人民法院　刘海红

56

票据追索权与票据利益偿还请求权的区分

——廊坊金恒力金属制品有限公司诉北京仟舜永和科贸有限公司票据案

【案件基本信息】

1. 裁判书字号

北京市密云区人民法院（2017）第5294号民事判决书

2. 案由：票据纠纷

3. 当事人

原告：廊坊金恒力金属制品有限公司（以下简称金恒力公司）

被告：北京仟舜永和科贸有限公司（以下简称仟舜永和公司）

【基本案情】

2015年1月4日，洛阳达维防水材料有限公司向洛阳华杰公路工程有限公司签发一张银行承兑汇票，票号为31300052××××0691，付款人为洛阳银行，金额为20万元，汇票到期日为2015年7月4日。

洛阳华杰公路工程有限公司背书转让给河南聚通汽车贸易有限公司，河南聚通汽车贸易有限公司背书转让给上海天佑汽车销售服务有限公司，上海天佑汽车销售服务有限公司背书转让给福田公司，福田公司转让给仟舜永和公司。仟舜永和公司将诉争银行汇票交给公司职员陈某华用于采购，陈某华携银行汇票因私回老家河北省廊坊市文安县，陈某左将银行汇票私自拿走。

2015年2月16日，陈某左将银行汇票交给张某卫用于偿还所欠民间借贷本金15万元及利息，张某卫退还超额的4万元给陈某左。18日，陈某华所驾车辆发生自燃，车内若干物品被焚毁，陈某华认为包括银行汇票在内的物品已经灭失。仟舜永和公司以票据丢失为由向洛龙区法院申请公示催告，洛龙区法院于2015年7月

23日作出除权判决。仟舜永和公司据此向银行汇票付款人洛阳银行请求付款，并受领了票面金额20万元。

张某卫将银行汇票交付给金恒力公司，金恒力公司在被背书人处填写上了公司名称等，又将银行汇票背书转让给天津市亿博新型材料包装有限公司，天津市亿博新型材料包装有限公司背书转让给天津市农兴旺畜牧水产养殖场。

2015年7月6日，天津市农兴旺畜牧水产养殖场委托天津农商银行西青小孙庄分理处收款。8日，天津农商银行西青小孙庄分理处以银行汇票以已挂失为由进行了退票。其后，银行汇票逐次退回至金恒力公司，张某卫亦以银行汇票已被除权为由再次向陈某左主张权利。2017年2月9日，文安县人民法院以（2017）冀1026民初65号民事判决书判令陈某左、王某返还张某卫借款本金146250元及利息，郑某、陈某荣对前述债务承担连带清偿责任。金恒力公司向仟舜永和公司请求偿付票面金额未果，遂起争议。

另查明，陈某华系仟舜永和公司法定代表人唐某仁的妹夫。在庭审中，张某卫称系金恒力公司法定代表人张某生之兄，张某生为其代持了金恒力公司的部分股份，张某卫系金恒力公司实际股东，张某卫已另行收取了陈某左偿还借款两万余元。陈某华称陈某左系其堂弟。

【案件焦点】

1. 票据追索权与票据利益偿还请求权的区分；2. 票据权利（票据追索权）的有效抗辩的认定。

【法院裁判要旨】

北京市密云区人民法院经审理认为：票据追索权系持票人依据《中华人民共和国票据法》（以下简称《票据法》）第六十一条对背书人、出票人以及汇票的其他债务人行使追索的权利。票据利益返还请求权系持票人依据《票据法》第十八条请求出票人或者承兑人返还其与未支付的票据金额相当的利益。金恒力公司系名义上背书人之一，仟舜永和公司亦系名义上背书人之一，因此金恒力公司对仟舜永和公司的请求权为再追索权，而非票据利益返还请求权。依据《最高人民法院关于审理票据纠纷案件若干问题的规定》第十六条之规定，票据债务人依照票据法第九条、第十七条、第十八条、第二十二条和第三十一条的规定，对持票人提出下列抗辩的，人民法院应予支持：（一）欠缺法定必要记载事项或者不符合法定格式的；（二）超过票据权利时效的；（三）人民法院作出的除权判决已经发生法律效力的；（四）以背书方式取得但背书不连续的；（五）其他依法不得享有票据权利的。本案仟舜永和公司已经诉请公示催告并取得了生效的除权判决，故仟舜永和公司对金恒力公司提出的抗辩成立，金恒力公司可以另行按照基础法律关系主张权利。且张某卫与金恒力公司存在利害关系，张某卫已经根据取得票据权利的基础法律关系向陈某左等人进行了主张，并为生效裁判文书所确认。综上所述，对金恒力公司请求仟舜永和公司赔偿票据金额20万元及利息损失的诉求，不予支持。

【法官后语】

本案争议焦点为二：一是票据追索权与票据利益偿还请求权的区分。二是票据权利（票据追索权）的有效抗辩的认定。首先，票据追索权与票据利益偿还请求权的区分。票据权利是指持票人向票据债务人请求支付票据金额的权利，包括付款请求权和追索权。票据追索权是指持票人依据《票据法》第六十一条的规定，在汇票到期被拒绝付款时可以向背书人、出票人以及汇票的其他债务人行使追索的权利。票据利益返还请求权是指持票人因超过票据权利时效或者因票据记载事项欠缺而丧失票据权利的，仍享有民事权利，可以请求出票人或者承兑人返还其与未支付的票据金额相当利益的权利。两者在性质、行使对象、行使条件、请求给付的金额及时效等方面存在区别：1. 权利性质不同。票据追索权是票据权利之一，是票据付款请求权的补充，而票据利益偿还请求权是民事权利，是持票人因经过时效或手续欠缺丧失票据权利时法律赋予的补救性权利。票据权利与票据利益偿还请求权不能同时存在，票据利益偿还请求权存在的前提为票据权利曾经存在。2. 权利行使对象不同。票据追索权行使对象包括主债务人、次债务人在内的票据债务人，如出票人、背书人、保证人等，利益偿还请求权的行使对象主要是获得额外利益的出票人、承兑人。3. 权利行使条件不同。票据追索权行使前提是票据付款请求权不能实现，利益偿还请求权的行使条件是持票人因经过票据权利时效或因票据记载事项欠缺而丧失票据权利。4. 请求给付的金额不同。票据追索权请求支付的金额包括票据金额、该金额在法定期间的利息及法定必要的费用。票据利益偿还请求权仅限于与未支付的票据金额相当的利益。5. 权利时效不同。《票据法》第十七条规定持票人对前手的追索权，自被拒绝承兑或者被拒绝付款之日起六个月，持票人对前手的再追索权自清偿日或者被提起诉讼之日起三个月不行使而消灭。票据利益偿还请求权适用一般债权的普通时效。本案中，金恒力公司作为持票人向票据背书人（票据债务人）仟舜永和公司主张票据金额及利息应是票据追索权。

其次，关于票据权利有效抗辩要件的认定问题。票据权利是指持票人向票据债务人请求支付票据金额的权利，包括付款请求权和追索权。依据《票据法》第六十一条的规定，票据追索权是指持票人在汇票到期被拒绝付款时可以向背书人、出票人以及汇票的其他债务人行使追索的权利。根据《最高人民法院关于审理票据纠纷案件若干问题的规定》第十六条规定："票据债务人依照票据法第九条、第十七条、第十八条、第二十二条和第三十一条的规定，对持票人提出下列抗辩的，人民法院应予支持：（一）欠缺法定必要记载事项或者不符合法定格式的；（二）超过票据权利时效的；（三）人民法院作出的除权判决已经发生法律效力的；（四）以背书方式取得但背书不连续的；（五）其他依法不得享有票据权利的。"《票据法》第九条规定："票据上的记载事项必须符合本法的规定。票据金额、日期、收款人名称不得更改，更改的票据无效。对票据上的其他记载事项，原记载人可以更改，更改时应当由原记载人签章证明。"《票据法》第十条第一款规定："票据的签发、取得和转让，应当遵循诚实信用的原则，具有真实的交易关系和债权债务关系。"《票据法》第十七条第一款规定："票据权利在下列期限内不行使而消灭：（一）持票人对票据的出票人和承兑人的权利，自票据到期日起二年。见票即付的汇票、本票，自出票日起二年；（二）持票人对支票出票人的权利，自出票日起六个月；（三）持票人对前手的追索权，自被拒绝承兑或者被拒绝付款之日起六个月；（四）持票人对前手的再追索权，自清偿日或者被提起诉讼之日起三个月。"第十八条规定："持票人因超过票据权利时效或者因票据记载事项欠缺而丧失票据权利的，仍享有民事权利，可以请求出票人或者承兑人返还其与未支付的票据金额相当的利益。"第三十一条规定："以背书转让的汇票，背书应当连续。持票人以背书的连续，证明其汇票权利；非经背书转让，而以其他合法方式取得汇票的，依法举证，证明其汇票权利。前款所称背书连续，是指在票据转让中，转让汇票的背书人与受让汇票的被背书人在汇票上的签章依次前后衔接。"本案中，仟舜永和公司系涉案票据的背书人，金恒力公司系目前涉案汇票持有人，从张某卫处获得汇票，而张某卫系金恒力公司管理人员，且与金恒力公司法定代表人张某生系兄弟，金恒力公司与张某卫并无真实支付对价，金恒力公司未支付汇票对价，且仟舜永和公司曾经以票据灭失为由向法院申请公示催告，金恒力公司在公示催告期间未向法院申报权利，法院对该票据作出了除权判决，宣告该票据无效，承兑人天津农商银行西青小孙庄分理处以银行汇票已挂失为由进行退票，该银行汇票逐次退回至金恒力公司，故被告仟舜永和公司针对原告金恒力公司所持有的涉案汇票所提出的抗辩有效，金恒力公司对涉案票据不享有票据追索权。

编写人：北京市密云区人民法院　李娇

（二）票据返还请求权纠纷

57

票据返还请求权基础以及票据权利的取得要件分析

——沁源县国新能源煤炭运销有限公司宁波梅山保税港区分公司诉山西中煤焦化运销有限责任公司等票据返还请求权案

【案件基本信息】

1. 判决书字号

上海市第二中级人民法院（2016）沪02民终5219号民事判决书

2. 案由：票据返还请求权纠纷

3. 当事人

原告（上诉人）：沁源县国新能源煤炭运销有限公司宁波梅山保税港区分公司

被告（被上诉人）：山西中煤焦化运销有限责任公司（以下简称山西中煤公司）、中国中煤能源股份有限公司山西晋南销售分公司（以下简称中国中煤分公司）、山煤国际能源集团销售有限公司（以下简称山煤国际公司）

【基本案情】

2014 年 11 月 20 日，原告在与案外人西山煤电（集团）有限责任公司多经煤炭运销分公司焦炭采购交易中取得中国银行上海市分行营业部出具的编号为 104000××××7337 银行承兑汇票，该汇票票面金额为 727 万元，出票日期为 2014 年 11 月 20 日，汇票到期日为 2015 年 5 月 20 日。根据该银行承兑汇票背面及粘单处记载，该汇票经多次背书转让，顺序为西山煤电（集团）有限责任公司多经煤炭运销分公司、原告、山煤国际公司、山西中煤公司、中国中煤分公司，2015 年 3 月中国中煤分公司又将该票据背书给山西中煤公司，现山西中煤公司为最后持票人。

2015 年 3 月，原告以遗失上述银行承兑汇票为由向本院申请公示催告，山西中煤公司在规定期间向本院申报权利，本院裁定终结公示催告程序。

审理中，原告称其通过焦炭采购交易取得票据后准备交与案外人中信信通分公司，该公司上海有办公地点，便请顺道去上海的朋友曹某楠转交。但之后曹某楠未将票据转交中信信通分公司，原告怀疑票据被遗失，故于 2015 年 3 月向法院申请公示催告。山煤国际公司提供太原市公安局公章备案证明及财务专用章、法定代表人名章印鉴样式，上述印鉴与系争汇票上被背书人栏内所盖山煤国际公司财务专用章及法定代表人印章均不一致。山西中煤公司申请证人曹某楠、曲某磊、闫某作为证人出庭作证，经本院通知曹某楠未出庭作证。曲某磊（山西中煤公司员工）和闫某（山西亚鑫能源集团有限公司的财务总监）到庭陈述了 1000 万元的银行承兑汇票交换的具体过程，可以证明山西中煤公司通过合法的票据交换成为票据持有人。本案审理过程中山西中煤公司另提供了证据证明上述票据置换的事实。原告认为其与本案三名被告均无任何业务来往，原告是该票据合法持有人，故本案三名被告属于非法取得票据，要求法院判令三名被告返还原告上述银行承兑汇票。

被告中国中煤分公司认为其取得票据是基于与前手山西中煤公司真实的购销关系，且在得知银行承兑汇票被挂失止付后又背书还给了山西中煤公司，其不是票据的持有者，故要求驳回原告诉讼请求。

被告山西中煤公司认为原告系自愿交付票据，故不是符合法律规定的失票人，无权要求返还票据。另外，山西中煤公司通过票据置换的方式取得系争票据，现山西中煤公司是最后合法持票人，故要求驳回原告诉讼请求。

被告山煤国际公司认为曹某楠并非公司员工，其与本案各当事人均无业务往来，也未持有过系争银行承兑汇票，该票据上山煤国际公司的财务专用章及法定代表人印章均系伪造，其不是票据持票人，故要求驳回原告诉讼请求。

【案件焦点】

1. 原告是否属于符合法律规定的失票人；2. 山煤国际公司背书印鉴与其真实印鉴不一致，票据上伪造、变造的签章是否影响票据本身的效力以及其后真实背书签章的法律效力；3. 最后的持票人山西中煤公司是否是票据的合法持有人。

【法院裁判要旨】

上海市黄浦区人民法院经审理认为：票据返还请求权纠纷是指丧失票据占有的人，对于以恶意或因重大过失而取得票据的人，请求其返还票据而引发的纠纷。原告起诉时称系争银行承兑汇票在到期日之前不慎遗失，庭审中又自认系争票据是交与曹某楠带到上海的其他公司，并非先前所述遗失票据，可见原告是将票据自愿交与曹某楠，没有证据能证明系争票据存在被盗、遗失或者灭失的情形。故原告不是符合法律规定的失票人。

审理过程中根据原告、山西中煤公司在庭审中对系争票据失票、取得的相关陈述，结合出庭证人证言，以及山西中煤公司提供的证据，可以证明山西中煤公司是通过票据交换的方式取得系争票据的事实。系争票据在原告交给曹某楠后已经发生多次背书转让，票据上的背书符合法律规定的形式上连续性。虽然，山煤国际公司背书印鉴与其真实印鉴不一致，但票据上即使有伪造、变造的签章不影响票据本身的效力以及其后真实背书签章的法律效力。

原告不符合法律规定的失票人条件，其没有证据证明最后的持票人山西中煤公司取得票据存在恶意或重大过失的情形，且中国中煤分公司、山煤国际公司并非最后持票人，不存在返还票据的问题。

上海市黄浦区人民法院判决：对原告要求三名被告返还票据的请求不予支持。

原告不服，提起上诉。

上海市第二中级人民法院经审理后判决：

驳回上诉，维持原判。

【法官后语】

实践中出现了一些非常态的票据行为，主要集中表现为伪报票据丧失而恶意申请公示催告的行为。由于市场交易制度不完善以及诚信缺失等因素，票据持有人委托他人贴现票据后，受托人未能按约将票款返还或者支付相应对价。委托人并未向受托人主张权利，而是径行虚构失票理由，伪报票据丧失，试图利用公示催告制度寻求救济。即使公示催告程序因持票人申报权利而终结后，失票人也并未罢休，仍从实体法角度主张持票人不享有票据权利。本案即系申请人伪报票据丧失的事实申请公示催告，又从实体法角度主张持票人不享有票据权利的票据返还请求权纠纷。

法院审理的重点与难点是票据返还请求权基础以及票据权利取得要件的分析与认定。该案具有典型性，对今后审理伪报票据丧失类型案件具有借鉴意义。要解决伪报票据丧失问题，应当遵循票据的无因性原则，将票据关系与票据基础关系有机联系，从而促进票据流通和维护交易安全。立基于当前的制度和实践困境，应当在制度上进一步加强落实票据无因性原则的实现，票据法上应明确肯定票据直接交付以及民间票据买卖行为的效力。此外，在公示催告程序启动上，应当明确公示催告的受理条件，加大公示催告申请的审查力度，对查证伪报票据丧失属实的，将加大对伪报票据的制裁力度。

编写人：上海市黄浦区人民法院　罗斌　练彬彬

（三）票据损害责任纠纷

58

付款人的审查责任及票据的无因性原则

——江苏昊盛实业有限公司诉北京银行股份有限公司西单支行票据损害责任案

【案件基本信息】

1. 裁判书字号

北京市第二中级人民法院（2017）京02民终4263号民事判决书

2. 案由：票据损害责任纠纷

3. 当事人

原告（上诉人）：江苏昊盛实业有限公司（以下简称昊盛公司）

被告（被上诉人）：北京银行股份有限公司西单支行（以下简称北京银行）

第三人（被上诉人）：神木县店塔镇石岩沟煤矿（以下简称石岩沟煤矿）

【基本案情】

2014年5月16日，北汽模塑公司作为出票人，向昊盛公司（收款人）开具银行承兑汇票一张，票据号码为31300051××××0876，出票金额为486000元，付款行为被告北京银行，汇票到期日为2014年11月16日。该汇票已经由北京银行承兑，承诺到期日由该行付款。

2014年10月16日，昊盛公司以上述票据遗失为由，向北京银行申请挂失止付，北京银行向其出具《挂失止付通知书》。2014年10月17日，昊盛公司向本院申请公示催告。公告期间，石岩沟煤矿向法院申报权利。2015年1月8日，本院作出（2014）西民催字第24462号民事裁定书，终结本案公示催告程序，同时告知申请人可以向人民法院起诉。2015年1月22日，昊盛公司又在北京银行办理了挂失止付手续。2015年2月3日，昊盛公司向神木县人民法院提起诉讼，要求石岩沟煤矿返还诉争汇票。诉讼中，石岩沟煤矿通过托收行中国建设银行股份有限公司神木人民广场支行向北京银行提示付款。北京银行出具的大额支付系统复查书中载明“银承×××是我行签发，该票曾被挂失和公示催告，无他查、质押、贴现，截至2015年2月28日09时00分，该票公催流程结束，无挂止冻，是手写票据，真伪请自辨”。2015年4月1日，北京银行将该汇票的票款486000元兑付给石岩沟煤矿，该汇票记载“已承兑付款”。

另查，根据北京银行提交的汇票显示，汇票背面显示有唐山汉明商贸有限公司作为第一手背书的被背书人，背书栏盖有“江苏昊盛实业有限公司财务专用章”和“张某江印”两枚印章。此后该汇票记载有连续8次背书，石岩沟煤矿作为持票人委托中国建设银行股份有限公司神木人民广场支行收款。该汇票已经兑付。

【案件焦点】

北京银行对兑付涉案票据是否存在过错，是否应当向昊盛公司承担赔偿责任问题。

【法院裁判要旨】

北京市西城区人民法院经审理认为：昊盛公司在本案中依据票据法律关系起诉北京银行及石岩沟煤矿，认为双方在票据兑付及请求付款的过程中存在过错，侵害其合法权益并要求赔偿损失。据此，法院确定本案案由为票据损害责任纠纷。《中华人民共和国票据法》（以下简称《票据法》）第五十七条规定，付款人及其代理付款人付款时，应当审查汇票背书的连续，并审查提示付款人的合法身份证明或者有效证件。付款人及其代理付款人以恶意或者有重大过失付款的，应当自行承担责任。上述规定将付款人的审查义务仅限于票据形式合法性的判断，而对票据的基础关系不负有法律上的审查义务。在实务操作中，基于非对称信息问题的客观存在，付款人无法对票据所记载的每一背书是否具有真实合法的基础关系进行核实审查，也不可能对票据上每一签章是否为权利人本人签字、是否与在工商行政管理机构预留印鉴相符进行调查确认。本案中的汇票，从形式上看，格式合法、记载事项完备、票据背书连续、提示付款人与票据上记载的最后被背书人一致，符合汇票兑付的条件。虽然昊盛公司在2015年1月22日向北京银行申请办理了挂失止付手续，但《票据管理实施办法》规定，付款人自收到挂失止付通知书之日起12日内没有收到人民法院的止付通知书的，自第13日起，挂失止付通知书失效。昊盛公司在规定的期限内，并未申请法院发出止付通知书，因此到2015年2月4日，北京银行的挂失止付通知书已失效。同时，昊盛公司于2015年2月3日向神木县人民法院就本案诉争汇票提起诉讼，但并未申请证据保全或止付，也未将北京银行列为该案当事人，北京银行对于票据是否涉诉并不知晓，因此在2015年4月1日为石岩沟煤矿办理了付款。该行未违反相关法律法规的规定，也没有证据证明其在兑付过程中存在恶意或者重大过失。因此昊盛公司要求北京银行承担付款及赔偿责任的诉讼请求，没有事实和法律依据，不予支持。

另外，虽然昊盛公司对于汇票第一手背书中的签章提出异议，认为涉嫌伪造，但未提出明确的证据。在背书栏背书人签章处盖有“张某江”字样的名章，而张某江并非昊盛公司的法定代表人，昊盛公司亦否认其代理身份，因此该签章确实存在伪造的可能性。

根据《票据法》第十四条第二款规定，票据上有伪造、变造的签章的，不影响票据上其他真实签章的效力。也就是说，即使本案中诉争的签章确系伪造，该汇票依然有效。石岩沟煤矿作为正当持票人，有权向北京银行提示付款，北京银行亦应在形式审查后足额支付。因此昊盛公司要求石岩沟煤矿给付票款的诉讼请求，没有事实依据，不予支持。

北京市西城区人民法院依照《中华人民共和国票据法》第十四条第二款、第五十七条，《中华人民共和国民事诉讼法》第六十四条第一款的规定，判决如下：

驳回原告江苏昊盛实业有限公司的诉讼请求。

北京市第二中级人民法院同意一审法院裁判意见，认为：一、涉案汇票在付款时，从形式上看，格式合法、记载事项完备、票据背书连续、提示付款人与票据上记载的最后被背书人一致，符合汇票兑付的条件。北京银行在2015年4月1日为石岩沟煤矿办理付款时，没有法律禁止止付的事由阻却北京银行按照《票据法》的相关规定对汇票审核后付款。二、石岩沟煤矿作为涉案票据的第八手被背书人和持票人，根据票据背书的连续性，即可作为自己为票据权利人的初步证据。另外，石岩沟煤矿亦说明了其与记载在涉案汇票上的前手系经过煤炭买卖交易合法获取的涉案票据。在止付事由消失后，汇票恢复正常功能。石岩沟煤矿作为涉案票据的持票人，有权向付款人要求兑付汇票。

北京市第二中级人民法院依照《中华人民共和国民事诉讼法》第一百七十条第一款第（一）项规定，判决如下：

驳回上诉，维持原判。

【法官后语】

票据法的精神在于促进票据流通，保护最后持票人的利益。票据行为要式性、无因性、独立性以及连带性等特征及相应的制度，加重票据义务人的负担，增强持票人对票据的信心，较短的时效和较严格的保全手续法律规定，敦促持票人按照要求尽快行使自己的权利。票据类纠纷特殊之处在于，票据关系通常因基础法律关系产生，又通常与基础关系相分离，且因为票据可流转的特性，一张票据背后往往存在数个基础关系。票据类纠纷中，往往有一个或多个基础关系存在瑕疵，票据流转过程中存在票据遗失或伪造、变造签章，就票据存在公示催告或就票据背后的法律关系存在多起诉讼等情形。在上述等等情形下，法官在处理票据纠纷时，如何准确把握票据行为要式性、无因性、独立性以及连带性等特征及其例外情形，是该类案件审理的难点。

在本案中，一审法院结合票据的无因性、要式性、独立性等特征，准确把握《票据法》及《票据纠纷若干规定》相关法条的立法宗旨、立法目的及相关精神，对票据付款人审查义务、伪冒签章对票据效力的影响进行充分说理与论证，并据此驳回了昊盛公司的诉讼请求。二审法院在确认一审认定的事实的基础上，对一审的判案理由进一步论述补强，并对昊盛公司及石岩沟煤矿的证明责任进行了明确，维持了一审判决。

编写人：北京市西城区人民法院　张学良

59

合法持票人在公示催告期间未能申报权利不丧失票据民事利益

——上海昭日化工有限公司诉贵州省铜仁市万山区金鑫汞业有限公司票据损害责任案

【案件基本信息】

1. 裁判书字号

江苏省无锡市中级人民法院（2017）苏02民终670号民事判决书

2. 案由：票据损害责任纠纷

3. 当事人

原告：上海昭日化工有限公司（以下简称昭日公司）

被告：贵州省铜仁市万山区金鑫汞业有限公司（以下简称金鑫公司）

【基本案情】

2015年11月，原告昭日公司因前手向其支付货款，取得一张10万元的银行承兑汇票（出票日期为2015年8月25日，到期日为2016年2月25日）。12月3日，昭日公司又将该票据背书转让给案外人巨石公司，用于清偿债务。

2015年12月30日，被告金鑫公司称财务人员乘车时因保管不善导致遗失一张承兑汇票（即上述10万元的承兑汇票），遂向原无锡市北塘区人民法院（以下简称原北塘法院，因区划调整，该院现合并成立无锡市梁溪区人民法院）申请公示催告。金鑫公司未在该票据上背书，其提供了与前手的买卖合同、发票等证据，以证明其是票据的最后持有人。原北塘法院于2016年1月4日发出公告，并通知银行停止支付。2016年3月7日，取得票据的巨石公司前往银行托收，银行以票据已挂失止付为由拒绝付款，之后巨石公司将票据退还给昭日公司。公示催告的公告期满后，原北塘法院于2016年3月30日作出除权判决，宣告票据无效。次日，金鑫公司凭除权判决书从银行取得了票款10万元。昭日公司收到巨石公司退还的票据后，立即持票据向法院申报权利，但此时票据已被判决除权。

昭日公司认为金鑫公司恶意挂失而取得票款，损害其票据权益，遂持承兑汇票原件，向无锡市梁溪区人民法院起诉要求金鑫公司赔偿票据利益损失10万元。

【案件焦点】

1. 昭日公司是否为涉案票据的合法持票人；2. 金鑫公司能否以巨石公司明知涉案票据处于公示催告期而未向法院申报权利对抗昭日公司的票据损害赔偿请求权。

【法院裁判要旨】

江苏省无锡市梁溪区人民法院审理认为：持票人以背书的连续，证明其汇票权利；非经背书转让，而以其他合法方式取得汇票的，依法举证，证明其汇票权利。现昭日公司、巨石公司在涉案票据上背书连续，昭日公司持有票据，金鑫公司无证据证明昭日公司系非法、恶意或重大过失取得涉案票据，应认定昭日公司为合法持票人。

金鑫公司无权以巨石公司明知涉案汇票处于公示催告期而未向法院申报权利对抗昭日公司的票据损害赔偿请求权。巨石公司在取得涉案票据之后托收被拒，此时巨石公司既有权向法院申报权利，也有权选择退票至昭日公司，向前手追索。昭日公司在收到涉案票据时，公示催告期已过，故未在公示催告期内申报权利并非昭日公司的过错。

票据已被判决除权，票据权利金鑫公司因除权判决取得涉案票据利益，昭日公司作为合法持票人有权要求金鑫公司赔偿票据利益损失10万元。

无锡市梁溪区人民法院判决支持了昭日公司的诉讼请求。

一审判决后，金鑫公司不服，提起上诉，江苏省无锡市中级人民法院经审理判决：

驳回上诉，维持原判。

【法官后语】

本案确立了合法持票人在公示催告时未向法院申报权利而选择向上手追索并不丧失票据民事利益的裁判规则。

关于合法持票者的认定问题。票据具有无因性，持票人在票据上背书的，形式上背书连续，即可以证明其票据权利；非经背书转让，而以其他合法方式取得票据的，应当举证来证明其票据权利。在票据上背书的持票人，且背书连续，无证据证明持票人系非法、恶意或重大过失取得票据，推定其为合法持票人。法院在裁判的价值选择上，既尊重票据交易规则，保护在票据上背书的合法持票人的权益，也维护交易稳定，背书的持票人不会被随意公示催告而丧失权益，打击通过恶意挂失取得票款的行为。对于真实遗失票据的失票人，需要通过向票据上背书的前手，逐手向上追查，来挽回己方的失票损失。

关于持票人未向法院申报权利是否享有票据利益损害赔偿权利的问题。本案的持票人将票据背书转让给后手，后手在托收遭拒后，票据被公示催告，此时基于票据追索权和保护交易安全的考虑，后手有权选择向法院申报权利，也有权选择向前手退票。持票人未向法院申报权利不存在过错，虽然此时票据已被判决除权，票据权利已灭失，公示催告的申请人凭借除权判决取得票据利益，但作为合法持票人仍享有民事权利，可以向取得票据利益者主张赔偿票据利益损失。

本案涉及对合法持票人权益的保护和真实失票人的权利救济之间的权衡问题，在持票人未申报权利无过错的情况下，维护的应是合法持票者的权益，具有示范效应。

编写人：江苏省无锡市梁溪区人民法院　姜海

（四）其他票据纠纷

60

超期提示付款情形下付款银行应承担的责任

——惠州市益源五金电器有限公司诉北京银行股份有限公司北辰路支行票据付款请求权案

【案件基本信息】

1. 裁判书字号

北京市朝阳区人民法院（2017）京0105民初33910号民事判决书

2. 案由：票据付款请求权纠纷

3. 当事人

原告：惠州市益源五金电器有限公司（以下简称益源公司）

被告：北京银行股份有限公司北辰路支行（以下简称北京银行北辰路支行）

【基本案情】

2015年7月10日，某汽车销售中心作为出票人向收款人保定某公司开具尾号为6670的可转让电子银行承兑汇票，票面记载金额为3万元，北京银行北辰路支行于出票当日作为承兑人承兑，承诺到期无条件付款。同年7月20日，保定某公司作为背书人将该汇票背书转让给被背书人天津某公司。8月28日天津某公司作为背书人将该汇票背书转让给德赛公司。后德赛公司又将该汇票背书转让给益源公司。

2016年4月左右，益源公司通过系统向北京银行北辰路支行提示请求付款，但处理失败，未能获得兑付。益源公司跟北京银行北辰路支行联系后，给北京银行北辰路支行邮寄一份证明，说明由于其财务人员疏忽忘记委托收款时间，造成时间上的延误，由此产生的经济纠纷由其负责，请求给予解付，但仍未获得兑付。

2017年2月28日，德赛公司出具有关背书转让汇票及益源公司请求付款遭拒等情况的说明，要求于3个工作日内支付票款。次日，益源公司人员电联北京银行北辰路支行，该行人员提出益源公司没有提交，看不见票，无法付款。益源公司人员说明2016年5月提交被告知过期，北京银行北辰路支行坚持称系统内没有显示该票据，无法支付，建议益源公司先提交一次票据，其试试能否看到票据，以及写延期说明是否行得通。2017年3月27日，益源公司通过系统提交票据，票据显示“人行处理失败，当前票据状态不允许发起此交易”。该汇票仍未获兑付，益源公司于2017年3月9日签订民事委托代理合同，委托北京泰维律师事务所代理本案至二审审理结束，并在签约三日内支付了代理费5000元。

益源公司表示：其3月27日之前提交票据请求付款的记载已无法显现，虑及不符合条件故未通过公示催告程序解决，现起诉要求北京银行北辰路支行承兑票据，支付3万元及利息（自2017年3月27日起至实际给付之日止，以3万元为基数，按照中国人民银行同期活期存款利率计算），支付律师费5000元。

被告北京银行北辰路支行辩称：益源公司因其自己的原因超过提示付款时间请求付款，以致银行系统未受理，现也无法操作对涉案汇票的支付，北京银行北辰路支行愿意支付票款，但不同意承担利息、律师费和诉讼费。

【案件焦点】

超期提示付款，承兑方应承担的责任及范围。

【法院裁判要旨】

北京市朝阳区人民法院经审理认为：现有证据表明益源公司从其前手德赛公司处取得涉案电子银行承兑汇票，该汇票必要记载事项齐全，签章符合要求，为合法有效票据。持票人有向承兑人请求支付票据金额的权利，但应在汇票到期日起十日内提示承兑。电子银行承兑汇票通过系统提交的视同提示承兑。益源公司首次提交已经超过了法律规定的提示承兑期。从其书面证明、催告函内容看，均达到了对超期提示做出说明的效果，故北京银行北辰路支行应当继续对持票人承担付款责任。涉案票据是电子银行承兑汇票，但电子系统是否可以成功完成对涉案汇票的支付，不足以成为承兑人不履行付款责任的理由。就争议的利息和律师费负担问题，票据法没有规定的，可适用合同法等民商事法律。付款人为承兑的票据行为，持票人接收票据，则在持票人与承兑人之间形成票据关系的同时，也形成一种合同之债。现益源公司主张的损失是自再次被拒绝之后起算的活期存款利息，应属法律规定的合理损失范围。在提交说明仍未获票据兑付的情形下，益源公司委托律师以诉讼方式主张权利，相应代理费尚属合理必要。

北京市朝阳区人民法院依照《中华人民共和国票据法》第四条第四款、第三十八条、第五十三条、第五十四条，《中华人民共和国合同法》第一百零七条、第一百一十三条，《最高人民法院关于审理票据纠纷案件若干问题的规定》第六十三条之规定，判决如下：

一、北京银行北辰路支行给付益源公司1313100000290201507100295 8××××号电子银行承兑汇票的票面金额3万元及利息（以3万元为基数，自2017年3月27日起至给付之日止，按中国人民银行同期同档次活期存款利率计算）；

二、北京银行北辰路支行给付益源公司律师费5000元。

【法官后语】

本案争议在于超期提示付款情形下，付款银行应承担的责任及范围。

首先，从我国票据法的一系列规定看，这个问题的答案应该是比较清晰的。即承兑是汇票付款人承诺在汇票到期日支付汇票金额的票据行为；付款人承兑汇票后，应当承担到期付款的责任；持票人有向票据债务人请求支付票据金额的付款请求权；持票人对于定日付款、出票后定期付款或者见票后定期付款的，应当自到期日起十日内向承兑人提示付款；持票人未按规定期限提示付款的，在做出说明后，承兑人或者付款人仍应当继续对持票人承担付款责任；通过委托收款银行或者通过票据交换系统向付款人提示付款的，视同持票人提示付款；持票人依规定提示付款的，付款人须在当日足额付款。票据法并没有对持票人做出说明的形式和内容加以限制。

实践中可能存在争议的通常是，持票人未按规定期限提示付款，付款银行要求做出说明，但对说明的形式或内容不满意，进而影响给付。对此，笔者认为，应从鼓励票据流转、最大限度保护票据权利人的立法本意出发，遵循诚实信用原则，不宜过度苛责说明的形式和内容。本案是电子汇票，双方虽未因说明而生异议，但也反映出电子汇票兑付的特点——过度依赖银行电子系统。本案被告北京银行北辰路支行即表示同意给付票款，但银行电子系统不接受，无法完成支付。总体而言，我国银行电子支付业务具有比较高的统一性，但各商业银行支付系统在细节上也存在一定差异。对于超期提示的电子票据，如何接受、审核持票人的说明并实施给付，没有统一的标准。但是正如法院判决所述，银行电子支付系统是否可以成功操作对涉案汇票的支付，并不足以成为承兑人不履行付款责任的理由。如果电子支付系统不能实现对这种权利人的救济，那么人工支付仍然应当也可以予以弥补。系统内的电子技术问题属于个体因素，不能成为阻碍法律实施的障碍与借口。对银行完善电子支付系统功能的建议，既是对银行要保障票据权利人正常行权的倡议，更是对银行如何规范执业、避免自身利益损失的提示。同时也是对法律不打折扣地在实践中应用的诠释。

编写人：北京市朝阳区人民法院　李有光

61

违法转让银行承兑汇票并不必然导致原票据受让人享有票据权利

——博乐博能电力有限责任公司诉石河子市华天宇物流有限公司票据案

【案件基本信息】

1. 判决书字号

新疆维吾尔自治区石河子市人民法院（2017）兵9001民初492号民事判决书

2. 案由：票据纠纷

3. 当事人

原告：博乐博能电力有限责任公司（以下简称博能公司）

被告：石河子市华天宇物流有限公司（以下简称天宇公司）

【基本案情】

2016年7月31日，被告天宇公司通过私下交易从廖某文手中取得银行承兑汇票三张，金额共计575487.50元。汇票的具体信息如下：票号31400051/××××9072，出票人全称江苏爱康实业集团有限公司，收款人全称江阴福奥特国际贸易有限公司，出票金额贰拾万元，出票日期为2016年7月15日，汇票到期日为2017年1月15日；票号31400051/××××9071，出票人全称江苏爱康实业集团有限公司，收款人全称江阴福奥特国际贸易有限公司，出票金额贰拾万元，出票日期为2016年7月15日，汇票到期日为2017年1月15日；票号31400051/××××9076，出票人全称江苏爱康实业集团有限公司，收款人全称江阴福奥特国际贸易有限公司，出票金额壹拾柒万伍仟肆佰捌拾柒元伍角，出票日期为2016年7月15日，汇票到期日为2017年1月15日。后被告将三张汇票转让给董某江，因董某江发现票号为31400051/××××9072的银行承兑汇票已被法院公示催告且通知支付人停止支付无法承兑，遂将该票退还给被告。2016年12月16日，被告天宇公司向江苏省张家港市人民法院申报权利。同年12月29日，江苏省张家港市人民法院作出民事裁定，终结本案的公示催告程序。后被告天宇公司将该承兑汇票200000元兑付。

另查明：一、吕某法与原告博能公司系工程挂靠关系。吕某法与廖某文系债权债务关系。2016年7月29日，因原告博能公司欠吕某法部分工程款561575.39元，该公司财务人员经批准遂将金额为575487.50元的银行承兑汇票三张交付给吕某法，同日，吕某法以汇票支付廖某文欠款，并让廖某文向博能公司账户存入工程补差款13912.11元（575487.50－561575.39）。后廖某文为兑付现金遂将三张银行承兑汇票转让给被告天宇公司。二、2016年8月15日，原告博能公司以票号为31400051/××××9072的银行承兑汇票遗失为由向江苏省张家港市人民法院申请公示催告，该院于2016年8月27日刊登公告，催促利害关系人自公告之日起至汇票到期日后15日内申报权利。三、2014年8月，江苏爱康实业集团有限公司与被告博能公司签订特克斯昱辉20MWP太阳能光伏电站项目建筑安装施工合同，博能公司的授权代表为吕某法。合同约定的结算方式为电汇或银行承兑。2016年7月，因江苏爱康实业集团有限公司欠博能公司工程款，该公司遂根据合同条款通过银行承兑汇票向博能公司结算（其中含本案诉争汇票）。江阴福奥特国际贸易有限公司与博能公司之间，没有合同对价关系。

【案件焦点】

原告应否享有票号为31400051/××××9072的银行承兑汇票的票据权利?

【法院裁判要旨】

新疆维吾尔自治区石河子市人民法院经审理认为:通过本案查明的事实,不存在原告持有的银行承兑汇票遗失的情况。根据吕某法、廖某文的当庭证言及其提供的相关证据,可以认定廖某文转让给被告天宇公司的银行承兑汇票系其从吕某法手中取得,而吕某法是从原告博能公司结算取得,虽然上述转让银行承兑汇票的形式违反票据法的规定,均属无权占有,但并不必然导致原告仍然享有该银行承兑汇票的权利,加之,被告天宇公司已通过合法形式将该银行承兑汇票贴现,原告主张享有该票据权利已无实际可能,故对原告的主张,不予支持。

新疆维吾尔自治区石河子市人民法院依照《中华人民共和国票据法》第十条、第十二条第二款,《中华人民共和国民事诉讼法》第十三条、第六十四条第一款之规定,判决如下:

驳回原告博乐博能电力有限责任公司的诉讼请求。

【法官后语】

本案中涉及三个问题,一是个人之间能否转让银行承兑汇票;二是原告应否享有诉争票据的票据权利;三是个人为牟利交易银行承兑汇票的法律责任。

本案中,诉争的银行承兑汇票被转让五手,不是个人之间的转让就是无交易关系或债权债务关系之间的转让,故上述前后手之间的转让,均属无效转让,其转让银行承兑汇票无效。

因原告非票据出票人,且被告天宇公司已通过"合法"形式将该银行承兑汇票贴现,故原告主张天宇公司返还票据并享有该票据权利无事实和法律依据。如果按照民事行为无效的原理支持原告的请求,只能平添诉累,打破目前已趋平衡的债权债务关系。

现实生活中,经常发生个人私下买卖银行承兑汇票牟利的行为。一些人买卖银行承兑汇票不是基于真实交易基础上的结算行为,而是为了套取现金,将未到期的汇票以低于票面金额的价格转卖获得现金;或者交易人为了赚取利差,以低于票面金额的价格买入汇票,等汇票到期后再到银行,按照票面金额承兑,或再次转让获取差价等。另外，还出现不法分子与他人串通成立空壳公司，伪造贸易合同，虚构贸易从银行开出多份银行承兑汇票转手倒卖，或从他人手中购买银行承兑汇票倒卖，从中获利等行为，这实际上已将汇票由一种支付手段异化为投资品。上述行为，情节严重的，已构成非法经营罪，必将受到法律严惩。

编写人：新疆维吾尔自治区石河子市人民法院　李忠民

62

未作出除权判决的公示催告程序对于其间的票据流转效力不发生影响

——绍兴滨洪贸易有限公司诉吴江市红诚企业管理服务有限公司票据案

【案件基本信息】

1. 裁判书字号

江苏省苏州市中级人民法院（2017）苏05民终1809号民事判决书

2. 案由：票据纠纷

3. 当事人

原告（上诉人）：绍兴滨洪贸易有限公司

被告（被上诉人）：吴江市红诚企业管理服务有限公司

【基本案情】

2016年1月19日17时25分，杭州市公安局萧山区分局新塘派出所接赵进仁报案称：2016年1月19日13时50分，其被骗八张共一百二十五万元承兑汇票。在新塘派出所出具的《接受案件回执单》“报案内容”一栏内详细列明了八张承兑汇票的票号，其中一张汇票的号码为“28××××11”。

2016年1月20日，洛阳市洛龙区人民法院立案受理了以本案原告绍兴滨洪贸易有限公司为申请人的公示催告案件。原告在该案中主张其遗失票号为31300052×

×××6911的银行承兑汇票一张，并向该院提交由浙江锦瑞纤维科技有限公司出具的《情况说明》一份。浙江锦瑞纤维科技有限公司在该份说明中注明，其与本案原告之间有真实的贸易背景，为支付货款，其向原告背书转让了包括案涉汇票在内的六张银行承兑汇票，并详细注明了六张汇票的票号、出票日期、到期日、出票人、收款人等信息。2016年1月26日，洛龙区人民法院在《人民日报》上刊发公告，公示案涉汇票信息及原告遗失情况，要求利害关系人在公告之日起60日内向该院申报权利。2016年7月19日，本案被告吴江市红诚企业管理服务有限公司持票向该院申报权利。洛龙区人民法院于2016年8月24日作出裁定，裁定终结该案公示催告程序，告知申请人或申报人可以向人民法院起诉。

经查，涉案银行承兑汇票出票人为洛阳市关林利得毛毯厂，收款人为江苏欧曼纺织科技有限公司，出票日期为2016年1月13日，到期日为2016年7月13日，票面金额为人民币100000元。该票据第一背书人为收款人江苏欧曼纺织科技有限公司，其后依次为：浙江锦瑞纤维科技有限公司、吴江市红诚企业管理服务有限公司，即本案被告，被告最后背书给吴江农村商业银行黎里支行委托收款。被告已于2016年10月下旬从承兑付款人洛阳银行处兑付了票款。

另查明，2016年2月底，案外人张某因资金流转需要，将案涉汇票转让给被告，被告扣除一定数额利息后向张某支付了票款。张某作为被告的委托诉讼代理人参与了本案庭审，并当庭陈述称其系从一彭姓客户处取得案涉汇票，其与该彭姓客户之间存在面料买卖业务。

【案件焦点】

1. 被告是否有权取得案涉汇票的票款；2. 即被告是否是案涉汇票的正当持票人；3. 是否享有完整的票据权利。

【法院裁判要旨】

江苏省苏州市吴江区人民法院经审理认为：本案现有证据可以证明，原告系基于真实的交易关系从浙江锦瑞纤维科技有限公司处取得案涉汇票，但在转让票据时并未在被背书人栏内填写原告名称；随后，由于抢夺行为，原告在未签章、亦未在被背书人栏内进行补记的情况下，丧失了对于案涉汇票的占有；因此，仅能认定原告曾经持有案涉票据。

作为完全有价证券，票据权利的享有和行使，以持有票据为前提和条件。失票人只有在通过公示催告程序获得除权判决的情况下，才可不必持票仅凭判决向付款人主张付款。在洛龙区人民法院终结原告申请的公示催告程序后，原告曾经享有的票据权利也因其对票据占有的丧失而随之消灭。

被告对案涉汇票的贴现行为，其交易的本质是民间借贷、融通资金活动，基于票据的无因性原理，在没有证据证明被告取得票据存在欺诈、偷盗、胁迫情形以及存在恶意或其他重大过失的情况下，被告依法应当享有完整的票据权利。

公示催告期间转让票据权利行为无效的认定，应建立在其后的除权判决由人民法院依法作出，且未被人民法院在利害关系人提起的诉讼中依法予以撤销的基础之上。本案中原告在洛龙区人民法院提起的公示催告程序已因被告的权利申报而被裁定终结，被告在该公示催告期间从案外人张某处受让票据的行为应为合法有效。

原告虽然因丧失对于案涉票据的占有而不再享有附着在该票据上的票据权利，但基于其曾经正当持有案涉票据的事实，其仍然享有基于票据基础关系所取得的民事权利，该权利因抢夺行为而受到损害，抢夺人依法应承担侵权损害赔偿责任，因此原告主张权利的对象应为抢夺人。

苏州市吴江区人民法院作出判决：

驳回原告绍兴滨洪贸易有限公司对被告吴江市红诚企业管理服务有限公司的诉讼请求。

宣判后，原告绍兴滨洪贸易有限公司提起上诉。江苏省苏州市中级人民法院判决：

驳回上诉，维持原判。

【法官后语】

我国在票据法领域，针对票据丧失情况，设立了公示催告及除权判决程序对失票人加以救济。一般认为，公示催告程序包含公示催告公告以及除权判决作出两个阶段，在两阶段之间，另给予申请人1个月的提交除权判决申请的期间。

如果除权判决并未作出，此前进行的公示催告程序是否仍然具有否定在该期间所发生票据流转效力的功能，笔者以为应予以否定为宜。理由在于：

第一，公示催告程序启动的门槛过低。仅凭一方当事人申请即可启动，启动程序的诉讼成本极低。司法实务中，存在申请公示催告主体并非适格主体的情形，往往会因合法持票的真实权利人申报权利而被法院裁定终结，真正的票据权利人往往也会通过提起票据损害赔偿纠纷或撤销除权判决之诉，而使得已经作出的除权判决归于无效。

第二，公示催告申请人身份及申请事由方面证明标准要求不高。在法院立案时，看似立案门槛颇高、审查票准颇为严格，但这些证据是否属实，在真实的票据出现以前均无法进一步核查。申请事由方面，申请人一般只能证明自己曾经持有票据，并声称存在被盗、遗失或被抢夺等情形，至多附有报案记录、证人证言之类的间接证据，却很难直接证实票据被盗、遗失或被抢夺等事实。

第三，公告寻找利害关系人的方式存在内在局限。《最高人民法院关于适用〈中华人民共和国民事诉讼法〉的解释》第四百四十八条规定，公告应当在有关报纸或者其他媒体上刊登，并于同日公布于人民法院公告栏内。人民法院所在地有证券交易所的，还应当同日在该交易所公布。最高人民法院以通知形式多次明确该报纸即为《人民法院报》，受制于《人民法院报》狭小的受众面及不高的公众知晓度，票据出让方及受让方均无从知晓相关票据是否已被申请公示催告的信息。

第四，否定公示催告期间票据流转效力的规定与票据善意取得原则相悖。

基于以上四点理由，笔者认为，如果不考虑除权判决是否最终做出的事实，在有利害关系人申报权利或者申请人怠于申请除权判决的情况下，一概否定公示催告期间票据流转的效力，将极大损害公示催告启动后通过合法手段取得票据的当事人的权利，并使得票据的支付功能和信用功能无法实现。

编写人：江苏省苏州市吴江区人民法院　陈竞

五、证券纷纷

63

证券虚假陈述责任纠纷案件的审理要点

——陈某峰诉华锐风电科技（集团）股份有限公司证券虚假陈述案

【案件基本信息】

1. 裁判书字号

北京市高级人民法院（2017）京民终723号民事判决书

2. 案由：证券虚假陈述纠纷

3. 当事人

原告（被上诉人）：陈某峰

被告（上诉人）：华锐风电科技（集团）股份有限公司（以下简称华锐风电）

【基本案情】

2011年1月，华锐风电的股票在上海证券交易所上市交易，股票代码为601558。2012年4月11日，华锐风电公告了《2011年年度报告》。2012年6月26日，华锐风电进行除权派息（股权登记日为2012年6月25日），每10股派发现金红利3.5元，同时，每10股转增10股。2013年3月7日，华锐风电公告《关于前期会计差错更正的提示性公告》并按规定履行停牌手续。经自查发现，华锐风电2011年度财务报表的有关账务处理存在会计差错。证监会出具的《中国证监会行政处罚决定书》认定华锐风电存在在2011年年报中通过提前确认收入的方式虚构营业收入、虚增利润的行为，违反了《证券法》第六十三条关于“发行人、上市公司依法披露的信息，必须真实、准确、完整，不得有虚假记载、误导性陈述或者重大遗漏”的规定，构成《证券法》第一百九十三条第一款所述“发行人、上市公司或者其他信息披露义务人未按照规定披露信息，或者所披露的信息有虚假记载、误导性陈述或者重大遗漏”的违法行为并对华锐风电及其高级管理人员进行了行政处罚。

截至2012年4月10日，陈某峰持有华锐风电3000股。陈某峰自2012年4月11日起至2012年6月25日止，共买入华锐风电0股；陈某峰自2012年6月26日起至2013年3月6日止，共买入华锐风电6000股，总成交金额为35620元，共卖出2000股；陈某峰自2013年3月7日起至2013年7月1日止共卖出华锐风电0股。2012年6月26日，华锐风电向陈某峰送股3000股。2012年6月29日，华锐风电向陈某峰派息。一审诉讼中，双方均认可华锐风电虚假陈述的实施日为2012年4月11日，虚假陈述的更正日为2013年3月7日，投资差额损失的基准日为2013年7月1日，基准价为5.26元。一审诉讼中，陈某峰明确其在起诉书中主张的损失包含投资差额损失和投资差额损失部分的印花税和佣金，其主张的投资差额损失部分的印花税税率按1‰计算、佣金按万分之三计收。

【案件焦点】

1. 华锐风电的虚假陈述所涉事件是否属于重大事件；2. 陈某峰所主张的经济损失与华锐风电虚假陈述之间是否存在因果关系；3. 陈某峰主张的损失是否系因证券市场系统风险所致；4. 陈某峰所主张的经济损失应如何计算。

【法院裁判要旨】

北京市第一中级人民法院审理认为：华锐风电的虚假陈述所涉事件属于重大事件。《最高人民法院关于审理证券市场因虚假陈述引发的民事赔偿案件的若干规定》（以下简称《若干规定》）第十七条规定，证券市场虚假陈述，是指信息披露义务人违反证券法律规定，在证券发行或者交易过程中，对重大事件作出违背事实真相的虚假记载、误导性陈述或者在披露信息时发生重大遗漏、不正当披露信息的行为。华锐风电在上市伊始的年报中即存在虚假记载，且所涉金额特别巨大，情节严重，性质恶劣。证监会认定华锐风电的上述虚假陈述行为违反了《证券法》第六十三条的规定，构成《证券法》第一百九十三条第一款所述的违法行为，并对此进行了行政处罚。因此，华锐风电的上述行为构成对重大事件作出了虚假陈述。

陈某峰所主张的经济损失与华锐风电虚假陈述之间存在因果关系。《若干规定》第十八条规定："投资人具有以下情形的，人民法院应当认定虚假陈述与损害结果之间存在因果关系：（一）投资人所投资的是与虚假陈述直接关联的证券；（二）投资人在虚假陈述实施日及以后，至揭露日或者更正日之前买入该证券；（三）投资人在虚假陈述揭露日或者更正日及以后，因卖出该证券发生亏损，或者因持续持有该证券而产生亏损。"陈某峰所投资的股票为华锐风电股票，其在虚假陈述实施日及以后至更正日之前买入并在更正日及以后卖出或持续持有华锐风电股票，符合上述规定的三个要件，故应确认华锐风电的虚假陈述与陈某峰主张的损害结果之间具有因果关系。

华锐风电提供的现有证据不足以证明本案存在系统风险。《若干规定》第十九条第（四）项规定了被告举证证明原告的损失或者部分损失是由证券市场的系统风险等其他因素所导致的，人民法院应当认定虚假陈述与损害结果之间不存在因果关系。对于系统风险，首先要由华锐风电举证证明造成系统风险的事由存在，其次应当证明该事由对股票市场产生了重大影响，引起全部股票价格大幅涨跌，导致了系统风险的发生。华锐风电并未明确引发系统风险的因素，其提供的证据亦不能证明存在引发系统风险的因素存在，且该因素对股票市场产生了重大影响，引起全部股票价格大幅涨跌，导致了系统风险的发生。

关于陈某峰的经济损失计算问题。因陈某峰在华锐风电虚假陈述实施日之前（2012年4月11日）即持有华锐风电股票3000股，且华锐风电在虚假陈述实施日至更正日之间（股权登记日为2012年6月25日）进行了除权派息，按照有利于保护证券投资者合法权益的原则，如果投资者在虚假陈述实施日至基准日期间有卖出股票的情况，按照"先入先出"的原则，先行抵扣投资者在虚假陈述实施日之前已经持有的股票，且对该部分股票收回的相应资金，不计入计算投资者买入证券平均价格或卖出证券平均价格的成本。

《若干规定》第三十条规定："虚假陈述行为人在证券交易市场承担民事赔偿责任的范围，以投资人因虚假陈述而实际发生的损失为限。投资人实际损失包括：（一）投资差额损失；（二）投资差额损失部分的佣金和印花税。前款所涉资金利息，自买入至卖出证券日或者基准日，按银行同期活期存款利率计算。"《若干规定》第三十二条规定："投资人在基准日之后卖出或者仍持有证券的，其投资差额损失，以买入证券平均价格与虚假陈述揭露日或者更正日起至基准日期间，每个交易日收盘价的平均价格之差，乘以投资人所持证券数量计算。"《若干规定》第三十五条规定："已经除权的证券，计算投资差额损失时，证券价格和证券数量应当复权计算。"依据上述规定，根据查明的事实，经审核计算，结合陈某峰的诉讼请求，陈某峰的投资差额损失为4060元，投资差额损失部分的印花税为4.06元，投资差额损失部分的佣金为1.22元，以上共计4065.28元。

北京市第一中级人民法院判决：

一、被告华锐风电科技（集团）股份有限公司于本判决生效之日起十日内赔偿因虚假陈述给原告陈某峰造成的经济损失4065.28元；

二、驳回原告陈某峰其他诉讼请求。

华锐风电以其虚假陈述信息不具有"重大性"，虚假陈述与陈某峰投资决定、投资损失之间均不存在因果关系以及应扣除系统风险、行业风险、经营风险等为理由上诉。

北京市高级人民法院同意一审法院裁判意见，判决：

驳回上诉，维持原判。

【法官后语】

审理证券市场虚假陈述案件的关键点在于要明确证券虚假陈述民事赔偿责任的构成要件。结合《若干规定》的规定并参照本案的审理情况，可以将审理证券市场虚假陈述民事赔偿案件的构成要件总结为以下几点：涉案事件是否属于虚假陈述行为；虚假陈述行为与投资人的损失是否具有因果关系；证券市场是否存在系统风险等阻却投资人的损失与证券虚假陈述行为存在因果关系的事由；赔偿损失的范围及计算方法。

首先，所谓证券市场虚假陈述是指信息披露义务人违反证券法律规定，在证券发行或者交易过程中，对重大事件作出违背事实真相的虚假记载、误导性陈述，或者在披露信息时发生重大遗漏、不正当披露信息的行为。本案华锐风电存在在2011年年报中通过提前确认收入的方式虚构营业收入、虚增利润的行为属于虚假陈述中的虚假记载行为。虚假记载是指信息披露义务人在披露信息时，将不存在的事实在信息披露文件中予以记载的行为。华锐风电在上诉理由中对一审法院认定华锐风电的虚假记载行为属于“重大事件”存在异议，认为虽然其涉案行为构成虚假陈述，但是该虚假陈述行为并不构成对重大事件作出的虚假陈述。对此，二审法院与一审法院意见一致，均认为华锐风电的行为已经遭到证监会的行政处罚并且对相关的责任人进行了处罚，可认定该事件具有重大性。

其次，关于投资人的损失与虚假陈述之间的因果关系，《若干规定》第十九条已经对虚假陈述与损失之间不存在因果关系的事由作出明确规定，也明确了举证责任由被告即虚假陈述行为人进行举证。华锐风电未能举出充分的证据证明本案存在“系统风险”，所以一审法院和二审法院都未支持其观点，同时，华锐风电还提出本案存在行业风险和经营风险，但是这两项风险都不是《若干规定》规定的阻却因果关系的事由，故一审、二审法院亦未支持此观点。

最后，投资人因虚假陈述造成的损失，根据《若干规定》的规定，包括：投资差额损失；投资差额损失部分的佣金和印花税。所涉资金利息，自买入至卖出证券日或者基准日，按银行同期活期存款利率计算。具体损失金额的计算，还要根据个案的不同情况进行分别计算。

编写人：北京市高级人民法院　龚晓娓

64

投资风险承担

——朱某源诉中国建设银行股份有限公司南宁明秀西路支行证券投资基金交易案

【案件基本信息】

1. 裁判书字号

广西壮族自治区南宁市中级人民法院（2016）桂01民终2443号民事判决书

2. 案由：证券投资基金交易纠纷

3. 当事人

原告（上诉人）：朱某源

被告（被上诉人）：中国建设银行股份有限公司南宁明秀西路支行

【基本案情】

2006年10月16日，原告在被告处开通卡号为955339928000033××××的证券卡。

2009年11月24日，原告签订一份《中国建设银行开放式证券投资基金业务客户须知》（以下简称客户须知），约定：在建设银行办理相关基金业务即视为同意并自愿遵守本须知的有关条款；基金不同于储蓄和国债，投资基金有获取收益的可能，也有损失本金的风险；不同的基金有不同的风险收益特征，收益越大，须相应承担的风险也越大，股票基金、混合基金、债券基金、货币市场基金可能取得的收益和承担的风险逐步降低；要对自己的风险承受能力和理财目标进行分析，投资于与客户风险承受能力相匹配的产品；中国建设银行是基金代理销售机构，负责将基金交易申请传送至相应基金管理公司及注册登记机构，申请资料最终确认结果（即是否认购、申购或赎回成功）由基金注册登记机构负责；中国建设银行代销任何基金产品，不表明中国建设银行对该基金的业绩和收益作出任何承诺；在签署本须知时，中国建设银行认定客户已经知晓客户所交易基金的相关情况，知晓基金投资风险可能导致的损失。其中“中国建设银行是基金代理销售机构，负责将基金交易申请传送至相应基金管理公司及注册登记机构，申请资料最终确认结果（即是否认购、申购或赎回成功）由基金注册登记机构负责”内容以加粗字体作了显著标识。

原告于2007年5月15日认购5000元国泰金牛基金、申购10000元博时沪深300指数基金；2007年5月25日认购18000元融通领先基金；2007年5月30日申购5000元华夏蓝筹基金；2007年7月24日认购5000元长城品牌基金；2009年11月24日认购35000元易深100ETF联接基金；2010年11月11日至2012年1月11日每月定投申购500元嘉实优质基金、500元华商盛世基金、500元信诚蓝筹基金；2010年11月30日认购60000元大摩消费领航基金。原告认购或申购及赎回基金的业务回单上均为原告本人签字确认，在原告认购或申购基金的部分业务回单中，有明确注明“投资有风险，买卖需谨慎”字样。

国泰金牛基金于2007年8月16日向原告分红247.04元，2009年12月29日向原告分红98.81元，2010年1月18日向原告分红123.52元；融通领先基金于2008年4月23日向原告分红533.65元，2010年1月28日向原告分红711.53元，2010年4月15日向原告分红711.53元，2011年1月19日向原告分红622.59元；华夏蓝筹基金于2010年9月10日向原告分红1643.65元。

原告于2010年11月8日赎回长城品牌基金4941.67份额，价值4222.16元；2010年11月8日赎回华夏蓝筹基金4834.26份额，扣除交易费用24.15元后价值4805.28元；2010年11月8日赎回博时沪深300指数基金9901.73份额，价值9446.25元；2010年11月8日赎回国泰金牛基金4940.71份额，价值5923.91元；2013年10月15日赎回华商盛世基金3516.04份额，扣除交易费用4.58元后价值7923.75元；2013年10月15日赎回信诚蓝筹基金3970.4份额，扣除交易费用4.41元后价值8003.89元；2013年10月23日赎回嘉实优质基金7935.09份额，扣除交易费用4.86元后价值8787.21元；2014年3月7日赎回大摩消费领航基金59289.74份额，价值59852.99元；2015年3月11日赎回融通领先基金17788.18份额，价值17254.53元；2015年3月17日赎回易深100ETF联接基金34656.97份额，价值36507.65元。

根据上述基金的申购或认购、分红及赎回情况，原告合计总盈利6919.94元。但原告认为其在上述基金的应得红利为基金申购或认购金额的10%，被告作为基金的管理人，未提示原告基金存在的投资风险，导致原告未获得10%的红利，遂诉至本院，提出上述诉讼请求。

原告在购买上述基金时，黄某时任被告的行长，现黄某已调到其他支行，黄某曾因上述纠纷向原告赔偿10000元。

【案件焦点】

被告是否应当赔偿原告红利损失53700元。

【法院裁判要旨】

广西壮族自治区南宁市西乡塘区人民法院经审理认为：原告签订的客户须知中已明确说明被告仅为基金代理销售机构并非基金管理人或托管人，基金的盈利或亏损与被告无关，被告不应作为向基金份额持有人分配收益的责任主体。客户须知以及原告认购或申购基金的业务回单中上已对基金存在风险作出明确说明及提示，且均有原告本人签名确认，应视为原告已知悉基金投资存在的风险，原告主张受到被告前任行长黄某的欺骗，被告未对基金存在风险作出说明或提示证据不足，应不予采信。原告与被告或基金公司之间并未明确约定红利的计算方式，基金作为风险投资产品，是根据市场价格的波动情况确定是否收益，并不存在固定收益，原告作为基金份额持有人，不仅可以享受收益，也应当承担风险，且部分基金公司已在原告持有基金份额的过程中向原告分红，原告购买上述基金合计并没有亏损。原告要求按基金认购或申购金额的10%支付红利没有合同依据，亦无法律依据，应不予支持。

南宁市西乡塘区人民法院依照《中华人民共和国证券投资基金法》第三条、第十九条第（四）项、第六十九条、第九十八条，《最高人民法院关于适用〈中华人民共和国民事诉讼法〉的解释》第九十条规定，判决：

驳回原告朱某源的诉讼请求。

二审法院同意一审法院裁判意见。

【法官后语】

本案系金融危机背景下产生的金融衍生产品纠纷，该案争议具有一定的代表性。个人投资者投资基金，因发生亏损而要求银行赔偿损失，对银行衍生产品的生存和发展提出了挑战，在现阶段金融环境下如何实现银行的风险揭示义务与投资客户注意义务的平衡。

在银行个人理财产品的销售中，由于有销售任务的压力和销售业绩的刺激，一些销售人员经常有意无意地向购买理财产品的客户弱化风险而强化收益。同时理财产品在售出后，银行不向客户披露理财资金的详细运用情况以及投资组合与风险收益变化情况的现象非常普遍，信息的不对称使得客户对理财资金的操作情况及风险状况了解甚少。

所以，作为基金代销机构的银行应当诚信披露理财产品的风险，而客户作为从事市场投资的商事主体，亦有承担关注所投资理财产品风险的合理注意义务。问题在于，如何在二者之间找到合理的平衡？具体到本案中，就是要在全面分析证券投资基金交易性质的基础上，充分考虑双方当事人的认识能力以及交易经验，进而在银行的信息披露与客户的合理注意义务间寻求一种平衡。

就银行而言，信息披露义务应当成为证券投资交易代售方的主要义务之一。

本案在原、被告签订的协议中，有体现风险提示的部分：“本产品为非保本浮动收益型投资产品。投资风险，可能导致客户收益甚至本金遭受损失。本理财计划有投资风险，预期收益率并不代表您一定获得的保证收益，您应仔细阅读本理财协议条款，充分认识投资风险，谨慎投资。”此段文字的陈述，以醒目的黑色加粗字体注明，清晰明确地提示合同相对人应注意投资风险。朱某源阅读的一系列文件中包含市场风险、信用风险、利率风险以及汇率风险在内的提示，并签字表示理解和承受其中阐述的风险，对相关风险造成的亏损本人愿意承担。朱某源的签字是在建行明秀西路支行充分进行了信息披露和风险披示后进行的，表明愿意承担涉案理财产品的收益及风险。因此，建行明秀西路支行对朱某源的风险告知义务履行完毕。

就购买基金理财产品的客户而言，所从事的是投资行为，而非一般个人所从事的消费行为，因而，应当具备较一般民事行为中民事主体更高的注意义务。该注意义务体现在，应尽可能结合自身的财务状况和理财需求，对基金产品的特点加以深入了解，充分了解基金产品中的各种风险与收益，并采取合理的资产投资组合，注意所购买基金产品的风险，慎重进行投资。原告作为一名具有完全民事行为能力的自然人，应对自身的行为负责，在购理财产品时对相关投资风险应有一个基本的认识。而其没有仔细阅读协议内容，对协议没有充分的认识和理解，应视为其个人放弃自己的知情权，责任在自己，由此产生的后果，应由原告自行承担。

编写人：广西壮族自治区南宁市西乡塘区人民法院　许晓彤　吴杨

六、信用证纠纷

65

信用证欺诈应当从严认定

——西班牙商业银行股份有限公司诉东亚泛海国际商务咨询（北京）有限公司信用证案

【案件基本信息】

1. 裁判书字号

北京市第二中级人民法院（2017）京02民终5995号民事判决书

2. 案由：信用证纠纷

3. 当事人

原告（上诉人）：西班牙商业银行股份有限公司（Caixabank，S. A.）（以下简称西班牙商业银行）

被告（被上诉人）：东亚泛海国际商务咨询（北京）有限公司（以下简称东亚咨询公司）

【基本案情】

2013年7月16日，西班牙商业银行应德卡公司的申请，通过swift（环球同业银行金融电讯协会）系统向中国农业银行北京分行工体路支行发送了×××号跟单信用证开立报文，开立了受益人为东亚咨询公司的不可撤销、可转让的跟单信用证，即案涉信用证。该跟单信用证载明：开证行为西班牙商业银行，开证申请人为德卡公司，受益人为东亚咨询公司，适用规则为最新版本跟单信用证统一惯例，即 UCP600。

在案涉信用证规定的期限内，东亚咨询公司依信用证的要求进行交单。2013 年 11 月 15 日，西班牙商业银行向通知行发送报文，该报文描述：关于贵司提款 × × × 美元，请知悉我行收到了下令“暂停处理关于 × × × 号跟单信用证之一切请求”的法院命令，请知会受益人并将贵司指示告知我行。后西班牙商业银行按照受益人的要求通过 DHL 寄送了法院下令“暂停处理关于 × × × 号跟单信用证之一切请求”的法令副本。

另查，2013 年 11 月 14 日西班牙加的斯法院作出的裁决书显示：德卡公司于 2013 年 11 月 14 日提交申请书，要求采取诉讼保全措施，内容是要求巴塞罗那储蓄银行（西班牙商业银行的曾用名称）中止支付编号为 × × × 号的跟单信用证项下的款项，计 × × × 美元。加的斯法院审查后认为，信用证的受益人即本案东亚咨询公司“恶意违反买卖合同，涉嫌诈骗，其向买方交付的商品与合同约定的规格不符，导致商品无法在市场上流通和出售”，故同意采取针对东亚咨询公司的保全措施，内容为要求巴塞罗那储蓄银行中止支付编号为 × × × 号的跟单信用证项下的款项。

【案件焦点】

1. 在信用证纠纷中，如何适用准据法；2. 如何认定信用证欺诈例外原则中的欺诈。

【法院裁判要旨】

北京市东城区人民法院经审理认为：一、关于本案的法律适用问题。对于信用证欺诈等 UCP600 没有涉及的内容应适用哪个国家的法律，东亚咨询公司与西班牙商业银行没有明确约定。对此，东亚咨询公司主张其为中华人民共和国法人，应以中华人民共和国法律作为准据法，西班牙商业银行在法庭辩论中亦援引中华人民共和国法律作为其主张东亚咨询公司构成信用证欺诈的法律依据，故应视为西班牙商业银行对于信用证欺诈的认定等内容适用中华人民共和国法律与东亚咨询公司达成了一致。

二、关于东亚咨询公司是否存在信用证欺诈的问题。本案中，西班牙商业银行依据加的斯法院裁决书中有关本案东亚咨询公司“恶意违反买卖合同、涉嫌欺诈、交付的商品无法在市场上流通和出售”的文字表述，认为东亚咨询公司交付的货物属于《最高人民法院关于审理信用证纠纷案件若干问题的规定》第八条第（二）

项规定的“交付的货物无价值”之情形，构成信用证欺诈。而东亚咨询公司认为其不存在违约行为，亦不存在欺诈。结合加的斯法院的裁决书与双方的陈述，一审法院认为，加的斯法院的裁决书并未对亦不可能对东亚咨询公司是否构成信用证欺诈做出最终认定。另，案涉信用证的拒绝条款规定“本信用证项下的所有付款义务应在提呈欧盟/西班牙当局宣布本跟单信用证项下的商品不适用人类食用的声明后停止”，然而西班牙商业银行未能向法庭提出确切证据。

北京市东城区人民法院依照相关法律规定，判决：西班牙商业银行给付东亚咨询公司59022.56美元并支付相应利息。

西班牙商业银行不服一审判决，提出上诉。北京市第二中级人民法院经审理认为：虽然西班牙商业银行在一审中并未明确表示同意适用中华人民共和国法律，但是二审中西班牙商业银行认可西班牙王国法律对于信用证欺诈的规定与中华人民共和国相关法律规定并无实质性区别。二审法院认为，如果不同国家的法律对于相关实体问题的规定不产生冲突，则实际上没有以牺牲诉讼效率、诉讼经济原则为代价，纠结讨论法律适用问题的必要。

本案中，西班牙商业银行依据加的斯法院在裁决书中有关东亚咨询公司“恶意违反买卖合同、涉嫌欺诈、交付的商品无法在市场上流通和出售”的文字表述，认为东亚咨询公司交付的货物属于“交付的货物无价值”的信用证欺诈情形，显然属于依据不足。西班牙商业银行既未能提出上述有关“不适用人类食用的声明”，又未能提交充分证据证明东亚咨询公司存在“交付货物无价值”等信用证欺诈行为，故西班牙商业银行有关东亚咨询公司构成信用证欺诈的主张，二审法院不予支持。

北京市第二中级人民法院作出判决：

驳回上诉，维持原判。

【法官后语】

本案主要涉及涉外民事法律关系中准据法的适用规则和信用证欺诈的认定标准两个问题。

案涉信用证已经明确适用最新版本跟单信用证统一惯例，即UCP600。但是UCP600没有规定信用证欺诈的内容，且双方认可没有约定关于信用证欺诈所适用的准据法。根据《中华人民共和国涉外民事关系法律适用法》第四十一条的规定，中华人民共和国的法律与该合同有最密切联系，适用中华人民共和国法律规定。同时，本案的特殊性在于就信用证欺诈而言，中华人民共和国的法律规定与西班牙王国的法律规定没有根本性的区别。法院在处理涉外民事法律关系中确定准据法的意义在于排除不同国家、地区对同一法律事实的不同规定，进而避免对同一法律关系作出不同的处理结果。本案中，无论适用中华人民共和国法律或西班牙王国法律，处理结果都是一致的。

案涉信用证例外条款明确规定“本信用证项下的所有付款义务应在提呈欧盟/西班牙当局宣布本跟单信用证项下的商品不适用人类食用的声明后停止”。本案中，西班牙商业银行以西班牙加的斯地方法院的裁决书中记载东亚咨询公司“恶意违反买卖合同、涉嫌欺诈、交付的商品无法在市场上流通和出售”为由拒绝承担信用证项下付款义务。但该裁决书记载的情形与案涉信用证的例外规定不符，因此不能适用该规定。《最高人民法院关于审理信用证纠纷案件若干问题的规定》（以下简称《信用证规定》）第十条规定，人民法院认定存在信用证欺诈的，应当裁定中止支付或者判决终止支付信用证项下款项。《信用证规定》第八条规定：“凡有下列情形之一的，应当认定存在信用证欺诈：（一）受益人伪造单据或者提交记载内容虚假的单据；（二）受益人恶意不支付货物或者交付的货物无价值；（三）受益人和开证申请人或者其他第三方串通提交假单据，而没有真实的基础交易；（四）其他进行信用证欺诈的情形。上述裁决书的表述是东亚咨询公司存在“恶意违反买卖合同、涉嫌欺诈、交付的商品无法在市场上流通和出售”的行为，而“商品无法在市场上流通和出售”与《信用证规定》第八条的表述不符。西班牙商业银行有关东亚咨询公司构成信用证欺诈的主张不应当得到支持。

编写人：北京市第二中级人民法院　葛红　佘周祺

七、融资租赁纠纷

66

回购责任是通过债权债务的转让实现出租人对租金足额回收的担保

——广西千里通机械设备有限公司诉黄某祖等追偿权案

【案件基本信息】

1. 判决书字号

广西壮族自治区南宁市江南区人民法院（2017）桂0105民初4980号民事判决书

2. 案由：追偿权纠纷

3. 当事人

原告：广西千里通机械设备有限公司

被告：黄某祖

第三人：中恒国际租赁有限公司

【基本案情】

被告以融资租赁方式向原告购买柳工挖掘机一台。第三人为融资租赁出租人，原告对被告按约支付融资租金向第三人承担回购责任。为此，被告分别与原告及第三人签订了《融资租赁合同》《设备买卖合同》《补充协议》等文件，原告及第三人签订了《融资租赁业务合作协议书》。《补充协议》约定，被告未按照《融资租赁合同》的约定支付租金，造成第三人要求原告承担担保责任垫付租金的，原告垫付后，被告应及时向原告偿付垫付款项，并愿意支付利息及违约金；被告未按照融资租赁合同约定支付租金的，原告有权在不事先通知被告的情况下将标的物拖回，被告应在15日内向原告偿还债务，逾期原告即委托评估机构对机械进行评估，以评估价变卖机械，用变卖得款偿还被告所欠债务，变卖得款不足以清偿全部债务的，被告对剩余债务仍有清偿义务。合同签订后，被告提机使用，但未按约支付融资款，导致原告被第三人通知承担担保回购责任，代被告向第三人代垫结清全部融资款。原告多次向被告追偿上述债务，并将被告依合同购买的挖掘机扣回并按约定进行评估，评估价值为252000元。因被告对挖掘机处置和债务偿还置之不理，原告将该机器以380000元变卖得款偿付被告的部分代垫款后，被告尚欠原告垫款101336.60元。

【案件焦点】

回购责任的法律定性是担保还是买卖。

【法院裁判要旨】

广西壮族自治区南宁市江南区人民法院经审理认为：原告为被告按时支付融资租赁租金提供回购担保，回购担保是指如承租人拖欠租金、逾期违约金及其他应付款项达一期租金金额时，第三人有权要求原告进行回购，回购价款为租赁合同项下承租人所欠全部到期未付租金、逾期违约金、未到期全部本金、设备留购价及第三人为实现债权在提出回购前已经支付的相关合理费用。而被告与第三人在《融资租赁合同》中约定：被告未按期支付租金的，视为被告违约，第三人有权向被告追索本合同项下被告应付的所有到期未付租金、逾期违约金、全部未到期租金、留购价款及其他与本合同相关的应付款项。因此，原告向第三人提供的回购担保，系原告为被告向第三人垫付被告应向第三人支付的款项，与担保的法律特征相符。原告为被告按时支付融资租赁租金提供保证担保，因被告未依约按时支付融资租赁租金，导致原告代垫。原告代垫后，被告应及时偿还代垫款，被告未依约向原告偿还代垫款，构成违约，应承担相应的民事责任。原告与被告在《设备买卖合同》补充协议中约定：被告未按照协议约定支付货款的，原告有权在不事先通知被告的情况下将标的物拖回保管，被告应在15日内向原告清偿完毕逾期欠款本金、违约金及律师费等费用损失，逾期原告有权委托评估机构对机械进行评估，以评估价变卖机械，用变卖所得款偿还被告所欠债务，变卖得款不足以清偿债务的，被告对剩余债务仍有清偿义务。因此，原告要求被告偿还全部代垫款，并以设备变卖得款冲抵尚欠代垫款，符合合同约定，于法不悖，予以支持。原告为被告向第三人代垫融资租赁款499336.60元，被告已偿还18000元。另，原告另行出售设备的价款为380000元。据此被告尚欠原告代垫款101336.60元。原告与被告在《设备买卖合同》补充协议中还约定：被告未按照《融资租赁合同》的约定支付租金，造成第三人要求原告承担担保责任垫付租金的，原告垫付后，被告及时向原告偿付代垫款项，并愿意按垫付款每日1.50‰比例向原告支付利息及违约金，自原告垫付款之日起至被告向原告偿还垫付款之日止；违反协议的约定，违约方还应赔偿守约方为催索债权产生的律师费等。故原告要求被告偿还代垫款及支付违约金、律师费符合合同约定及法律规定，予以支持。原告自愿将违约金的计算标准降低为按每日万分之五计算，系原告自由处分自己的民事权利，予以准许。根据该标准，截至2017年6月30日，被告应支付的违约金为80121.66元。

南宁市江南区法院依照《中华人民共和国合同法》第一百零七条、第一百一十四条，《中华人民共和国担保法》第三十一条，《中华人民共和国民事诉讼法》第一百四十四条和《最高人民法院关于适用〈中华人民共和国民事诉讼法〉的解释》第二百四十条之规定，作出判决：

一、被告黄某祖偿还原告广西千里通机械设备有限公司垫付款101336.60元；

二、被告黄某祖支付原告广西千里通机械设备有限公司违约金（违约金计算方法：截至2017年6月30日，违约金为80121.66元；从2017年7月1日起至实际付清之日止，以尚欠垫付款为基数，按每日万分之五计付）；

三、被告黄某祖支付原告广西千里通机械设备有限公司律师代理费8000元。

【法官后语】

法院审理融资租赁纠纷也随之增长，回购担保作为融资租赁业中管控风险的必要手段，大量应用于融资租赁交易中，故涉及回购担保的案件占比较高。

笔者认为，回购担保指向的基础法律关系是融资租赁，出租人在承租人出现履约风险后，要求回购人回购的是出租人对《融资租赁合同》和租赁物所享有的权利。其本质是通过债权债务的转让实现出租人对租金足额回收的担保。第一，回购担保合同重心为担保。出租人与出卖人订立回购担保合同，其目的不追求租赁物所有权与金钱的交换。而是让出卖人对承租人信用背书，一旦承租人违约，出租人就可以从出卖人处获得救济。出卖人提供担保，则是出于减少出租人的融资顾虑以促成融资租赁交易的目的。第二，回购作为一个中间环节，除对出租人履行回购责任外，还涉及回购责任后的追诉问题。这也是对出卖人履行回购责任后，对租赁物是否有权处置以及如何处置问题的研究。出卖人受让融资租赁合同时，必须同时受让融资租赁合同项下的债权，否则将影响到出卖人通过租赁物保全债权以及融资的债权。这意味着出租人将其于租赁物上的剩余权利义务让与出卖人，由出卖人继受履行权利义务。这点从融资租赁合同及回购责任的实际情况也可以看出：出卖人已经将租赁物销售给出租人并获得相应对价，而回购时出卖人向出租人支付的回购价款为承租人剩余未付租金，出卖人向出租人追偿的也仅为出卖人所支付的回购价款。

编写人：广西壮族自治区南宁市江南区人民法院　刘媛媛

67

承租人拒不支付租金导致融资租赁合同解除时的损害赔偿范围

——济宁广盛通新型建材有限公司诉吉运集团股份有限公司融资租赁合同案

【案件基本信息】

1. 裁判文书字号

北京市第二中级人民法院（2017）京02民终10045号民事判决书

2. 案由：融资租赁合同纠纷

3. 当事人

原告（被上诉人）：济宁广盛通新型建材有限公司（以下简称文广盛通公司）

被告（上诉人）：吉运集团股份有限公司（以下简称吉运集团）

【基本案情】

2013年4月25日，吉运公司（出租人、甲方）与陈某喜（承租人、乙方，系广运通公司的法定代表人）签订《融资租赁合同》，载明：甲方根据乙方的要求及乙方对出卖人和租赁物的完全自主选定，向出卖人购买租赁物，出租给乙方使用，乙方同意按本合同条款租入租赁物并向出租人支付租金。租赁物为东岳牌机动车（以下简称涉案车辆）。合同期限自2013年4月25日至2015年4月24日，还租期限自2013年4月25日至2015年4月24日，总租金是购买租赁物的剩余购置价与融资利息之和，租赁物的剩余购置价396000元，融资利息0元。合同期限内租赁物的所有权属于甲方，乙方对租赁物件只有使用权。如乙方不能按合同约定日期交付租金或违反本合同其他条款，甲方有权要求乙方即时付清全部租金和其他费用或收回租赁物自行处置，虽然甲方采取前述措施，并不免除本合同规定的乙方偿还租金及合同其他义务。乙方向甲方付清全部租金及其他款项，并再向甲方支付租赁物的残值1元后，由甲方向乙方出具租赁物所有权转移证明书，租赁物所有权即转归乙方所有。

另查，涉案车辆登记在广盛通公司名下。后广盛通公司未按约支付租金，吉运公司将涉案车辆开走。

2015年1月19日，吉运公司向陈某喜发送《催款函》，内容大致为："吉运公司（以下简称我方），就贵方拖欠我方融资租赁业务租金的有关情况，致函于贵方。双方《融资租赁合同》签署后，我方购买了上述租赁车辆，并交付给贵方使用，但贵方却未依约按期足额支付租金，截至2014年12月22日，贵方已连续两期未交纳租金，拖欠我方租金514376元，滞纳金137856元，管理费5000元，车款租赁费72465元。贵方上述迟延履行合同义务行为已构成根本违约，我方已收回涉案车辆，特此发函，望贵方在收到本《催款函》后的5日内按约定履行义务，向我方支付所有车辆剩余租金及所欠所有款项并承担收回车辆产生的相关费用。如贵方未在指定期限内履行上述付款义务，我方将按合同约定解除与贵方签署的《融资租赁合同》，依法拍卖、变卖被收回车辆，造成的一切经济损失及法律后果均由贵方及担保人承担。"

2015年1月28日，吉运公司向陈某喜发送《解除合同通知书》，内容大致为：经我方多次催促，您仍拒不履行支付租金的义务。基于您的严重违约行为，致使我公司签署合同的目的不能实现，现我公司正式通知您，自本通知书到达您时起，3个工作日后我公司与您签订的上述《融资租赁合同》正式解除。”

【案件焦点】

承租人拒不支付租金导致合同解除的，出租人对承租人主张损害赔偿的范围。

【法院裁判要旨】

北京市丰台区人民法院经审理认为：广盛通公司与吉运公司签订融资租赁合同，约定吉运公司向广盛通公司提供指定的租赁物，广盛通公司向吉运公司给付租金，该合同不违反法律法规的强制性规定，合法有效，双方均应按照合同约定行使权利、履行义务。广盛通公司没有按照约定支付租金，其行为已经构成违约。根据《合同法》第二百四十九条的规定及合同约定，广盛通公司欠付吉运公司租金115500元，吉运公司有权收回租赁物，但租赁物被收回时的价值为345300元，吉运公司应将扣除广盛通公司欠付的租金及合同约定的残值1元后的剩余费用返还给广盛通公司。另根据融资租赁合同的表述及车辆登记情况，该院有理由相信广盛通公司为融资租赁合同主体。庭审中吉运公司认为广盛通公司应承担违约金及租赁物变现的费用，但表示可另案起诉，对此部分内容，不在本案中处理。

北京市丰台区人民法院依照《中华人民共和国合同法》第二百三十七条、第二百四十九条之规定，作出如下判决：

吉运集团股份有限公司于本判决生效后七日内返还济宁广盛通新型建材有限公司229799元。

吉运公司不服一审民事判决提起上诉。北京市第二中级人民法院审理后认为：关于吉运集团返还款项的金额。根据《中华人民共和国合同法》第二百四十九条及《最高人民法院关于审理融资租赁合同纠纷案件适用法律问题的解释》第二十二条的规定，在融资租赁合同解除的情形下，出租人实际获得的利益不能超过合同履行利益。本案中吉运集团取回了涉案车辆，表明其以实际行为解除了《融资租赁合同》，此时吉运集团的债权范围为广盛通公司欠付的全部租金、其他费用、留购价款的总和减去租赁物的价值。广盛通公司欠付的全部租金为115500元，涉案车辆被收回时的价值为345300元，扣除广盛通公司欠付的租金及合同约定的残值1元后的剩余费用为229799元，因此吉运公司应将该款项返还给广盛通公司。

北京市第二中级人民法院依照《中华人民共和国民事诉讼法》第一百七十条第一款第（一）项规定，判决：

驳回上诉，维持原判。

【法官后语】

融资租赁合同的特殊性在于出租人的履行利益基础不在于租赁物使用价值的对价，而是对承租人融资的对价，合同法通过赋予出租人对租赁物法定取回权来保障其租金债权的同时，也必须解决肯定出租人融资后应得收益和取回租赁物所有权而导致的双重获利矛盾，因此出租人的损害赔偿请求权应作如下具体认定：(1) 确定承租人在整个合同履行期内的全部未付租金及利息，包括解除前未付的租金及利息和解除后将来应付的租金在解除时的现值。(2) 确定合同到期后租赁物的最终归属及残值数额。若合同约定租赁物归出租人所有，或合同未作约定，则承租人赔偿的数额应当排除租赁物残值；若合同约定租赁物归承租人所有，则出租人赔偿的数额应包括租赁物残值。(3) 确定出租人行使取回权时租赁物的价值及取回费用、变现费用。在出租人将租赁物收回后，为了防止出租人双重获益，则应将租赁物价值从损害赔偿的数额中扣除，其计算方法依《最高人民法院关于审理融资租赁合同纠纷案件适用法律问题的解释》（以下简称《融资租赁合同司法解释》）第二十九条确定。取回费用是出租人因承租人违约时依法行权遭受的损失，因租赁物一般对出租人无意义，仅作为租金债权的担保，出租人取回租赁物进行变现以抵偿租金债权是其应对承租人违约的替代性措施，亦属于出租人维权的损失。据此二费用应列入损害赔偿之列。(4) 确定其他特殊情况下的出租人的损失。综上，出租人可获得的履行利益的赔偿公式为：全部未付租金及利息＋租赁物残值（可能）＋取回费用和变现费用＋出租人其他损失－出租人取回时租赁物价值。结果为正数，出租人可继续主张赔偿；结果为零，双方债权债务消灭；结果为负数，出租人应将该金额返还于承租人。

本案的现实情形是对《融资租赁合同司法解释》第二十二条的反向适用，即承租人广盛通公司作为违约方，在出租人吉运公司已收回租赁物的情况下，要求吉运公司返还租赁物价值高于违约损害赔偿以外价值的部分，根据现有证据，广盛通公司欠付吉运公司全部租金11.55万元，合同约定涉案车辆的最终残值为1元，最终归属为吉运公司，而吉运公司在行使取回权时涉案车辆的价值为34.53万元，因此运用以上公式的计算结果为“-229799元”，若吉运公司可举证变现费用、取回费用等实际损失，亦可从中予以扣除，但其并未举证证明，最终两审法院裁判吉运公司应返还广盛通公司229799元。

编写人：北京市丰台区人民法院 赵昭 田磊

68

取回行为不宜认定为同时履行抗辩

——曹某会诉凯枫融资租赁（杭州）有限公司融资租赁案

【案件基本信息】

1. 裁判书字号

北京市朝阳区人民法院（2017）京0105民初53223号民事判决书

2. 案由：融资租赁纠纷

3. 当事人

原告：曹某会

被告：凯枫融资租赁（杭州）有限公司（以下简称凯枫公司）

【基本案情】

曹某会与凯枫公司签订《融资租赁回租合同》，约定：承租人将其拥有所有权的车辆转让给出租人，出租人向承租人购买车辆后再将车辆出租给承租人占有使用；本合同签约当日为起租日，租赁期限自起租日起共24个月；租赁期间，承租人应妥善保管和规范使用GPS系统，不得私自拆除、更换、挪作其他使用，如因承租人原因导致仪器丢失、损坏、承租人应当承担赔偿责任；在承租人出现严重违约时，或在本合同其他条款有规定时，承租人同意出租人有权为偿还租金及相关款项至目的控制车辆，承租人有义务配合，并将车辆交付给出租人，如果承租人拒绝配合或如果情况需要，出租人可以使用任何其他合法的方式控制车辆。曹某会在《融资租赁回租合同》上填写了手机号码13739621×××及紧急联系人手机号码15731922×××，并一并填写了常住地址、工作单位地址等信息。

此后，合同如约履行，曹某会获得车辆使用权。

2017年5月23日凌晨，凯枫公司委托第三方拖车公司将租赁车辆从河北省邯郸市拖回。

诉讼中，凯枫公司称拖车原因有三：一是微众银行反馈曹某会存在征信瑕疵；二是涉案车辆GPS存在异常，具体为无回传信号；三是根据曹某会所留的联系方式无法联系到曹某会或其联系人。凯枫公司为此提交GPS记录及电话回访记录，以证明拖车原因二和三。曹某会称GPS系凯枫公司加装的，曹某会不清楚其运行情况，也不知道为何没有传回信号，同时曹某会认为电话回访记录中的拨打次数有限，曹某会接不到电话很正常。

现曹某会起诉至法院，要求判令解除曹某会与凯枫公司签订的《融资租赁回租合同》，并赔偿损失。

【案件焦点】

1. 凯枫公司拖回车辆是否有充分合同依据，及相关引申融资租赁中的取回行为是否构成适当的同时履行抗辩；2. 损失如何确定。

【法院裁判要旨】

北京市朝阳区人民法院经审理认为：凯枫公司与曹某会签订的《融资租赁回租合同》合法有效，凯枫公司作为出租人，应当保证承租人对租赁物的占有和使用。凯枫公司辩称其拖车系基于在曹某会违约的情况下按照合同约定采取的补救措施，关于凯枫公司所称第一项拖车原因，曹某会已通过凯枫公司授信审批；关于凯枫公司所称第二项拖车原因，凯枫公司发现租赁物GPS信号传回异常，在未核实GPS异常原因、未采取修复、更换GPS等补救措施的情况下，径行拖回车辆，缺少合同及法律依据；关于凯枫公司所称第三项拖车原因，凯枫公司联系曹某会之方式有限、次数有限，且未涵盖曹某会所留全部手机号码。凯枫公司以电话联系不上曹某会为由拖回车辆，缺少合同及法律依据。故对于凯枫公司该项辩称意见不予采信。凯枫公司擅自拖回车辆，构成违约。现曹某会家庭已另行购置车辆，曹某会合同目的落空，其主张解除合同，于法有据。对于曹某会主张赔偿首付款及利息损失的诉讼请求，因双方未对租赁物价值、折旧进行约定，诉讼中也未能就租赁物价值、折旧达成一致意见，根据本案具体案情，依法酌定。

北京市朝阳区人民法院依照《中华人民共和国合同法》第九十四条、第九十七条、第二百四十五条，《最高人民法院关于审理融资租赁合同纠纷案件适用法律问题的解释》第十三条、第十七条之规定，判决如下：

一、确认原告曹某会与被告凯枫融资租赁（杭州）有限公司签订的《融资租赁回租合同》解除；

二、被告凯枫融资租赁（杭州）有限公司于本判决生效之日起十日内支付原告曹某会损失。

【法官后语】

本案涉及出租人取回行为及合同损失的认定，殊为典型。

在法理层面上，取回行为与融资租赁兼"融资"兼"融物"的法律特性存在一定冲突，承租人对租赁物平静占有使用权利被其间接架空，且仍负有需按期支付租金义务。本案中凯枫公司租赁称车辆 GPS 无回传信号且无法联系到曹某会，因此收回车辆，法院经过严格审查否定了其抗辩。

出租人取回租赁物只有两种正当事由，一是合同中明确约定了取回条件，此时即便行使条件约定低、不满足适当性要求，但因系双方当事人合意，也应视为承租人对己方权利的让渡；二是出租人行使合同解除权，以所有权人身份取回租赁物。除此之外的取回行为均非适当，承租人可依平静占有使用权利主张取回违约，并依据《最高人民法院关于审理融资租赁合同纠纷案件适用法律问题的解释》（以下简称《融资租赁解释》）第十三条规定解除合同、要求损失赔偿。以此规则裁判，能兼顾实际公平，使出租人形成对权利、义务边界合理预期。

本案曹某会未就直接损失举证，法院以租赁物残值酌定方式支持了其部分请求，支持依据为《融资租赁回租合同》中约定租期结束后曹某会有权以 1 元留购价获得车辆所有权，可认定为双方约定租期结束后承租人获得车辆所有权，曹某会据此享有期待利益。现因出租人违约导致该利益的丧失，曹某会有权主张赔偿。鉴于双方未就租赁物折旧达成约定，诉讼中也未就租赁物残值达成一致意见，法院综合租赁物现状酌定残值为 4 万元。

另外需要明确，普通租赁合同中承租人丧失对租赁物的占有，出租人无权主张未履行租期的租金，但融资租赁的法律构造与之不同，因其“融资”属性，一般情形下承租人仍负有丧失占有期间租金支付义务，对此的平衡系通过《融资租赁解释》第十三条承租人解约权实现，即承租人租金支付义务限于合同履行期间。

编写人：北京市朝阳区人民法院 林德森

69

售后回租式融资租赁合同关系的司法认定

——上海伟台融资租赁有限公司诉吕某群融资租赁合同案

【案件基本信息】

1. 裁判书字号

江苏省无锡市中级人民法院（2017）苏02民终3256号民事判决书

2. 案由：融资租赁合同纠纷

3. 当事人

原告（上诉人）：上海伟台融资租赁有限公司（以下简称伟台公司）

被告（被上诉人）：吕某群

【基本案情】

2016年11月22日，伟台公司与吕某群签订融资租赁合同和车辆抵押合同，约定吕某群将自有的苏B1G××车辆出售给伟台公司，在不改变车辆的使用权和占有权的条件下，再向伟台公司以租赁形式租回使用，并按约支付租金和其他应付款项；购买总价9.9万元，租赁期限18个月，每月租金6688元；未按约支付租金的，按未支付部分每日千分之八计收逾期费，直至全部费用付清为止；吕某群未按约履行，伟台公司有权取回租赁车辆，单方解除合同，要求吕某群立即偿还剩余全部租金和其他应付款项，并承担租金总额20%的违约金；吕某群违约致使伟台公司取回车辆、诉讼等产生的费用均由吕某群承担；吕某群以苏B1G××车辆提供抵押担保。次日，双方在登记机关办理了抵押车辆登记，伟台公司向吕某群支付9.9万元。吕某群向伟台公司交纳的租金总额等于购买总价9.9万元和按月利率1.2%计算的利息之和。

吕某群分别于2016年12月22日、2017年1月23日各支付伟台公司6688元后未再按约支付。伟台公司起诉请求：1. 吕某群立即支付租金107008元；并支付逾期利息和违约金（自2017年2月22日起至实际给付之日止，以107008元为基数，按年利率24%计算），以及伟台公司为实现债权支出的保全担保费1000元、律师费10700元；2. 对吕某群前述第1项债务，伟台公司有权以抵押车辆优先受偿。伟台公司为提起本案诉讼，支出律师费10700元、保全担保费1000元。

【案件焦点】

伟台公司与吕某群之间系融资租赁合同关系还是民间借贷关系。

【法院裁判要旨】

江苏省无锡市梁溪区人民法院经审理认为：伟台公司与吕某群并未办理过户登记，吕某群仍以车辆提供抵押担保，且租金以本金加利息之和确定，双方只有融资没有融物，属于名为售后回租式融资租赁合同实为借款合同，应按照实际法律关系处理。

江苏省无锡市梁溪区人民法院判决如下：

一、吕某群归还伟台公司借款本金87934元并支付逾期利息和违约金；

二、对前述债务，伟台公司有权以抵押车辆优先受偿；

三、驳回伟台公司的其他诉讼请求。

吕某群不服一审判决，提起上诉。江苏省无锡市中级人民法院经审理认为：根据当事人的合同约定以及履行情况，应当认定双方构成售后回租式融资租赁合同关系。首先，从合同约定看，具备融资租赁法律关系的形式要件，存在买卖合同和融资租赁合同两个合同，车辆即为融资物，且租金和车辆购买价值未发生背离。其次，从合同履行看，符合买卖和租赁的法律要件，案涉标的物为汽车，系特殊动产，交付为物权设立要件，登记为对抗要件，在伟台公司支付购车款后由吕某群继续占有车辆，系通过占有改定完成买卖合同中标的交付；伟台公司作为车辆所有权人，将车辆出租给吕某群使用并收取租金，亦符合租赁合同之要件。

江苏省无锡市中级人民法院判决如下：

一、撤销原审判决；

二、吕某群支付伟台公司租金107008元并支付逾期利息和违约金；

三、对前述债务，伟台公司有权以抵押车辆优先受偿；

四、驳回伟台公司的其他诉讼请求。

【法官后语】

与直租式融资租赁合同中涉及买卖合同、租赁合同两份合同和出卖人、买受人（出租人）、承租人三方当事人不同，售后回租式融资租赁合同中出卖人同时也是承租人，甚至租赁物同时也是抵押物，故在司法实践中，售后回租式融资租赁合同与抵押借款合同较易发生混淆导致误判。审理此类案件，应结合标的物的性质、价值、租金构成以及当事人的合同权利义务，对具体法律关系作出认定。

一是应根据不动产和动产的不同所有权变动规则，确定售后回租式融资租赁物有无完成交付的事实。售后回租式融资租赁的特殊之处在于租赁物的承租人也是出卖人，承租人在签订融资租赁合同之前已经取得标的物的所有权并占有，为避免交易手续烦琐，提高交易效率，一般即以占有改定方式完成动产标的物的交付。

二是将租赁物抵押给出租人的行为不能否定租赁物交付事实的成立。融资租赁交易容易造成租赁物的所有者和占有者分离，尤其对于普通动产租赁物来说，在承租人占有租赁物的情形下，客观上形成了承租人享有物权的假象。为避免出租人的重大经营风险，出租人需要寻求比“占有”具有更强公信力的公示方式——登记。由于目前没有租赁物登记机关，为了满足现实发展需要，融资租赁司法解释肯定了出租人授权承租人将租赁物抵押给出租人并在登记机关依法办理抵押权登记行为的合法性。

融资租赁合同与借款合同在租金构成、利息计算方面存在显著不同。前者租金系由设备价款、融资利息、各项费用以及出租人合理利润等组成，多为分期支付；后者本金通常在合同期满时一次性还清，仅以合同约定的利息为收益，且不得超过国家规定的借款合同利率保护范围，前者租金普遍高于后者本息之和。融资租赁的“融资”以“融物”为载体，如融资金额与标的物的市场价值差距甚大，此时租金不是由租赁公司购买成本、费用及合理利润构成，而主要由承租人占用的资金及利息构成，脱离了融资租赁以融物的方式进行融资的本质，实质是资金的借贷。本案中，双方的租金是根据涉案车辆购买总价和月利率1.2%计算的利息之和确定，租金和车辆价值并未发生背离，能够实现物权担保的功能。

编写人：江苏省无锡市中级人民法院　沈君　陈迪金　华敏洁

图书在版编目（CIP）数据

中国法院2019年度案例. 金融纠纷 / 国家法官学院案例开发研究中心编. —北京：中国法制出版社，2019. 4

ISBN 978 -7 -5216 -0047 -6

Ⅰ. ①中… Ⅱ. ①国… Ⅲ. ①金融 - 经济纠纷 - 案例 - 中国 Ⅳ. ①D920. 5

中国版本图书馆CIP数据核字（2019）第040366号

策划编辑：李小草（lixiaocao2008@ sina. cn）

责任编辑：马金风（editormjf@ 163. com）

封面设计：温培英、李宁

中国法院2019年度案例·金融纠纷

ZHONGGUO FAYUAN 2019 NIANDU ANLI · JINRONG JIUFEN

编者/国家法官学院案例开发研究中心

经销/新华书店

印刷/三河市紫恒印装有限公司

开本/730毫米×1030毫米 16开

印张/16 字数/200千

版次/2019年4月第1版

2019年4月第1次印刷

中国法制出版社出版

书号 ISBN 978 -7 -5216 -0047 -6

定价：48. 00元

北京西单横二条2号

邮政编码 100031

传真：010 -66031119

网址：http：//www. zgfzs. com

编辑部电话：010 -66070046

市场营销部电话：010 -66033393

邮购部电话：010 -66033288

（如有印装质量问题，请与本社印务部联系调换。电话：010 -66032926）

中国法院 2012 ~ 2019 年度案例系列

国家法官学院案例开发研究中心　编

简便易用、权威实用——打造“好读有用”的案例

1. 权威的作者：国家法官学院案例开发研究中心持续 20 余年编辑了享誉海内外的《中国审判案例要览》丛书，2012 年起推出《中国法院年度案例》丛书，旨在探索编辑案例的新方法、新模式，以弥补当前各种案例书的不足。

2. 强大的规模：2012、2013 年各推出 15 本，2014 年推出 18 本，2015 年推出 19 本，2016 年推出 20 本，2017 年推出 21 本，2018、2019 年推出 23 本，含传统和新近的所有热点纠纷，所有案例均是从全国各地法院收集到的上一年度审结的近万件典型案例中挑选出来的，具有广泛的选编基础和较强的代表性。

3. 独特的内容：不再有繁杂的案情，高度提炼案情和裁判要旨，突出争议焦点问题。不再有冗长的分析，主审法官撰写“法官后语”，展现裁判思路方法。

1. 婚姻家庭与继承纠纷
2. 物权纠纷
3. 土地纠纷（含林地纠纷）
4. 房屋买卖合同纠纷
5. 合同纠纷
6. 买卖合同纠纷
7. 借款担保纠纷
8. 民间借贷纠纷
9. 侵权赔偿纠纷
10. 道路交通纠纷
11. 雇员受害赔偿纠纷（含帮工受害纠纷）
12. 人格权纠纷（含生命、健康、身体、姓名、肖像、名誉权纠纷）
13. 劳动纠纷（含社会保险纠纷）
14. 公司纠纷
15. 保险纠纷
16. 金融纠纷
17. 知识产权纠纷
18. 行政纠纷
19. 刑事案例一
20. 刑事案例二
21. 刑事案例三
22. 刑事案例四
23. 执行案例

最高人民法院指导性案例裁判规则理解与适用系列

公司卷二	98 元	物权卷	88 元
公司卷（第二版）（上下册）	139 元	婚姻家庭卷（第二版）	68 元
民事诉讼卷（第二版）（上下册）	145 元	合同卷四（第二版）	98 元
侵权赔偿卷二	69 元	合同卷三（第二版）	98 元
侵权赔偿卷一	69 元	合同卷二（第二版）	108 元
房地产卷	98 元	合同卷一（第二版）	108 元
劳动争议卷	58 元	担保卷（第二版）（上下册）	139 元

最高人民法院知识产权审判实务系列

商标法适用的基本问题（增订版）	78 元
反不正当竞争法的创新性适用【精装】	68 元
知识产权保护的新思维——知识产权司法前沿问题	98 元
最高人民法院知识产权审判案例指导（第 9 辑）	88 元
最高人民法院知识产权审判案例指导（第 8 辑）	88 元
最高人民法院知识产权审判案例指导（第 7 辑）	98 元
最高人民法院知识产权审判案例指导（第 6 辑）	78 元
最高人民法院知识产权审判案例指导（第 5 辑）	88 元
最高人民法院知识产权审判案例指导（第 4 辑）	78 元
最高人民法院知识产权审判案例指导（第 3 辑）	78 元
最高人民法院知识产权审判案例指导（第 2 辑）	78 元
最高人民法院知识产权审判案例指导（第 1 辑）	48 元
中国知识产权指导案例评注（第 8 辑）	98 元
中国知识产权指导案例评注（第 7 辑）	118 元
中国知识产权指导案例评注（第 6 辑）	128 元
中国知识产权指导案例评注（第 5 辑）	118 元
中国知识产权指导案例评注（第 4 辑）	98 元
中国知识产权指导案例评注（第 3 辑）	98 元
中国知识产权指导案例评注（上、下卷）	188 元
知识产权法律适用的基本问题——司法哲学、司法政策与裁判方法	168 元
最高人民法院知识产权司法解释理解与适用（最新增订版）	69 元
最高人民法院知识产权案件年度报告（2008～2015）（中英文版）	198 元
知识产权司法实务新型疑难问题：专利、商标与著作权热点问题	138 元
知识产权司法实务新型疑难问题：知识产权司法保护与产业发展	120 元
商业特许经营合同原理解读与审判实务	58 元
赢在 IP：知识产权诉讼实战策略	49 元
网络游戏知识产权司法保护	68 元

最高人民法院审判指导书系

执行规范理解与适用——最新民事诉讼法与民诉法解释保全、执行条文关联解读（增订 2 版）	159 元
最高人民法院民事立案业务指导	108 元
最高人民法院审判监督业务指导	128 元
最高人民法院执行业务指导	128 元